中国古典哲学名著研读书系

学术顾问　陈　来　　总主编　孙熙国　张加才

儒家思想的奠基
《论　语》

肖　雁　孙熙国　◎著

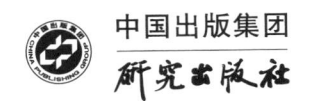

中国出版集团
研究出版社

图书在版编目(CIP)数据

儒家思想的奠基：《论语》/ 肖雁, 孙熙国著. --
北京：研究出版社, 2022.4
　ISBN 978-7-5199-1108-9

　Ⅰ.①儒… Ⅱ.①肖… ②孙… Ⅲ.①儒家②《论语》
-研究 Ⅳ.①B222.25

中国版本图书馆CIP数据核字(2021)第241108号

出　品　人：赵卜慧
出版统筹：张高里　丁　波
责任编辑：刘善军
助理编辑：于孟溪

儒家思想的奠基：《论语》
RUJIA SIXIANG DE DIANJI：LUNYU
肖雁　孙熙国　著
研究出版社 出版发行
（100006　北京市东城区灯市口大街100号华腾商务楼）
北京中科印刷有限公司印刷　新华书店经销
2022年4月第1版　2022年4月第1次印刷
开本：710毫米×1000毫米　1/16　印张：32.75
字数：406千字
ISBN 978-7-5199-1108-9　定价：89.00元
电话（010）64217619　64217612（发行部）

版权所有·侵权必究
凡购买本社图书，如有印制质量问题，我社负责调换。

中国古典哲学名著研读书系
编委会名单

学术顾问: 陈　来

总　主　编: 孙熙国　张加才

编　　委(以姓氏笔画为序):

　　　　王英杰　化　涛　白　奚　朱　岚　刘成有

　　　　李　琳　李良田　李道湘　肖　雁　宋立卿

　　　　张旭平　张艳清　林存光　董　艺

总序

陈来　著名哲学家、哲学史家
　　　清华大学国学研究院院长

  中华优秀传统文化是中华民族的"根"和"魂"，是中华民族的精神命脉，是涵养社会主义核心价值观的重要源泉，也是我们在世界文化激荡中站稳脚跟的坚实根基。在这一意义上说，丢弃了中华优秀传统文化就等于割断了我们的精神命脉。党的十八大以来，习近平总书记多次强调中华优秀传统文化之于中华民族的重要意义，强调中华优秀传统文化积淀着中华民族最深沉的精神追求，包含着中华民族根本的精神基因，代表着中华民族独特的精神标识。

  "文以载道，文以化人。当代中国是历史中国的延续和发展，当代中国思想文化也是中国传统思想文化的传承和升华，要认识今天的中国、今天的中国人，就要深入了解中国的文化血脉，准确把握滋养中国人的文化土壤。"这是2014年9月24日习近平总书记在纪念孔子诞辰2565周年国际学术研讨会暨国际儒学联合会第五届会员大会开幕会上的讲话中提出的一个重要论断。千百年来，中华优秀传统文化已深深地植根在中国人的内心和血液之中，潜移默化地影响着中国人的思想方式和行为方式。因此，要了解中国，做

总序

一个真正意义上的中国人,必须学习中华优秀传统文化,明白我们从哪里来,将来要到哪里去。

学习中华优秀传统文化,最有效的方式就是读中华文化经典,学中华文化原文,悟中华文化原理。但是,中华文化典籍浩如烟海,究竟应该读哪些典籍,从哪些典籍入手学习中华优秀传统文化呢?德国哲学家雅斯贝尔斯在《历史的起源与目标》一书中提出,公元前800年至公元前200年是人类文明的"轴心时代",是人类文明精神的重大突破时期。这一时期产生于古代希腊、古代中国、古代印度等国的伟大思想家的著述和思想塑造了人类文化的不同传统,直到今天还影响着人类的生活和实践。因此,本丛书选取了中华文明"轴心时代"具有重要代表意义的典籍《易经》《老子》《论语》《孙子兵法》《墨子》《大学·中庸》《孟子》《庄子》《荀子》《韩非子》,请相关专家进行注释、梳理和阐释,最后形成了《中华文化的源头:〈易经〉》《道法自然的境界:〈老子〉》《儒家思想的奠基:〈论语〉》《兵家圣典的智慧:〈孙子兵法〉》《兼爱天下的情怀:〈墨子〉》《止于至善的诠释:〈大学·中庸〉》《内圣外王的追寻:〈孟子〉》《天地精神的融通:〈庄子〉》《礼法并举的方略:〈荀子〉》《经世治国的谋略:〈韩非子〉》等十项成果。

我理解,本套丛书所做的这一工作,不仅仅是让读者读懂和了解中国先秦时期的思想和文化,还希望读者在学习和阅读的过程中,领会中华优秀传统文化的主要内容和独特创造,思考中华优秀传统文化的价值理念和鲜明特色,把握中华文化的历史渊源、发展脉络、基本走向。正如恩格斯所说:"在希腊哲学的多种多样的形式中,差不多可以找到以后各种观点的胚胎、萌芽。"中国也是一样。在中国先秦哲学的多种多样的形式中,差不多可以找到后来中国哲学演变发展的各种观点的胚胎、萌芽。只有学习了解和把握了先秦哲学，才能进一步了解和把握汉唐以来的中国哲学乃至整个中华文化的演变和发展。

参加本套丛书撰写的作者都是中国哲学专业的博士、有多年教学和研究经验的专家学者。我在阅读他们的初稿时，感受到他们有强烈的社会责任感、民族自信心和文化自豪感。他们的工作力图达到两个目的，一是让读者通过阅读中国古典哲学名著学习中华优秀传统文化，了解中华优秀传统文化是我们这个古老民族的"根"和"魂"，二是力图用当代中国的生活和实践激活中国古典哲学名著中所蕴含的思想智慧与合理内容，实现中华优秀传统文化的创造性转化和创新性发展，从而服务于当代中国的文化建设和文化发展。

不忘本来才能开辟未来，善于继承才能更好创新。我愿意向各位读者郑重推荐本套丛书，并期待着本套丛书能够为各位读者了解中华优秀传统文化，增强文化自觉和文化自信，坚定道路自信、理论自信、制度自信，发挥应有的作用。

2022 年 3 月于清华园

目　录

导言	01
第一章　学而篇	002
第二章　为政篇	020
第三章　八佾篇	042
第四章　里仁篇	066
第五章　公冶长篇	087
第六章　雍也篇	112
第七章　述而篇	139
第八章　泰伯篇	172
第九章　子罕篇	191
第十章　乡党篇	218
第十一章　先进篇	241
第十二章　颜渊篇	267
第十三章　子路篇	291
第十四章　宪问篇	320
第十五章　卫灵公篇	364
第十六章　季氏篇	400

第十七章　阳货篇……………………………418

第十八章　微子篇……………………………448

第十九章　子张篇……………………………465

第二十章　尧曰篇……………………………490

参考书目………………………………………499

后记……………………………………………501

导言

"仲尼，日月也，无得而逾焉。"

"夫子之不可及也，犹天之不可阶而升也。"

这是孔子的弟子子贡面对时人"子贡贤于仲尼"说法的回应。

"至圣先师"，"万世师表"……

这是后人戴在孔子头上的神圣光环。

"'高山仰止，景行行止。'虽不能至，然心向往之。"

这是司马迁在《史记·孔子世家》中对孔子的含蓄赞美。

"天不生仲尼，万古长如夜。"

这是宋人对孔子的仰慕和赞叹。

"先孔子而圣者，非孔子无以明；后孔子而圣者，非孔子无以法。"

这是元武宗的即位诏书中对孔子的定论之誉。

……

似乎所有的誉辞都不足以表达孔子之于中国文化的贡献。然而，孔子究竟告诉了我们什么？孔子究竟留给了我们什么？翻开《论语》这部影响中华民族文明历史的宝典，我们将会聆听到来自智者的精言妙语。穿越时空的隧道，先哲睿智的声音在我们的耳边回响：

"学而时习之，不亦说乎？"

"有朋自远方来,不亦乐乎?"

"人不知而不愠,不亦君子乎?"

"仁者,爱人。"

"人能弘道,非道弘人。"

……

每一句润物无声的细语,每一个包含先哲智慧的思想似乎都在告诉我们:"来吧,让我带你去看一个新世界,访问一种新生活!"

生于公元前551年、卒于公元前479年的孔子究竟留给了我们什么?孔子思想的实质和核心是什么?这是我们首先要知道的问题。

关于孔子思想的实质与核心问题,学界曾进行过多次争论,但迄今为止并未形成统一的认识和观点。蔡尚思先生在20世纪60年代曾撰文认为,"孔学主要是礼学",20世纪80年代初在他的《孔子思想体系》中又明确提出"孔子思想体系的中心是礼"。匡亚明先生则认为,"仁"是孔子的哲学,也是他的伦理道德学说、政治学说、教育学说,一句话,是他的全部博大庞杂的思想体系的"一以贯之"的总纲(匡亚明著《孔子评传》,第192页,齐鲁书社1985年版)。也有人提出,中庸是孔子思想的实质和核心(郭碧波《孔子思想核心的再认识》,载《哲学研究》1985年第9期),还有人认为"忠恕"是孔子思想的核心。但笔者认为,中庸或忠恕在孔子思想中一般是作为一种方法来使用的,因而,不可能成为孔子思想的实质和核心。而"仁"和"礼"虽然都是孔子思想中的一个重要范畴,但并不足以构成孔子思想的实质和核心,因为孔子评价"仁"和"礼"的标准是以治国安民为主要内容的社会实践,也就是"行"。"行"是孔子思想的最终目的和归宿,也是孔子方法论的根本。

孔子思想的核心是"仁"吗

我们认为,"仁"仅仅是孔子伦理思想中的一个环节、一个方面。众所周知,孔子的整个思想体系说到底就是教人如何成君子、做圣人,以便治国、平天下。为了达到这一目的,孔子建立了一套由许多环节和要素构成的伦理体系。

在这一体系中,比较低级的环节有"动容貌""正颜色""出辞气"(《论语·泰伯》,以下凡引《论语》只注篇名),因为严肃自己的容貌就可以避免别人的粗暴和懈怠;端正自己的脸色就容易使人相信;说话的时候多考虑言辞和声调,就可以避免鄙陋、粗野和错误。比较高级的一些修养环节和要素则有:"知""勇""恭""宽""惠""敏""信""慎""直"等。

更为高级的修养环节则有:"艺""德""道""天命""礼""仁"等。最高的修养环节则是"圣"。可见,"仁"只是孔子伦理思想中的一个环节和方面。孔子曾说过:"君子道者三,我无能焉:仁者不忧,知者不惑,勇者不惧。"(《宪问》)在这里"仁""知""勇"都是做君子的条件,做到了这三点就可以"不忧""不惑""不惧"。

但是,当司马牛问何为君子时,孔子只是简单地说"不忧不惧"(《颜渊》)。同样是问何为君子,为什么会有两种不同的回答呢?这是因为孔子在教学上特别注重"因材施教"的方法,因而当他在教导自己的弟子如何修身做人时,对于不同弟子所提出的同一问题,可能会有不同的回答。也许在孔子看来,司马牛是"知"的,而在"仁"与"勇"上或许还差了一点,因而就对"知"这一环节略而不谈,只是有针对性地说"不忧不惧"。

应当注意的是，这里的"仁"只是成为君子的一个条件，是孔子修养论中的一个环节。在《述而》篇中，孔子又说："志于道，据于德，依于仁，游于艺。"也是把"仁"当作修养的一个环节和要素。在同一篇中孔子又说："若圣与仁，则吾岂敢？抑为之不厌，诲人不倦，则可谓云尔已矣。"这里"仁""圣"对举，显然，二者都是孔子思想中的极高境界，要不然怎么连孔子都说"则吾岂敢"呢？即便如此，它们也都只是其修养体系中的一个环节、一个要素。《周礼·大司徒》言六德："知""仁""圣""义""忠""和"，也是把"仁"与"圣"作为儒家修养思想的一个环节。

然而，与"仁"相比，"圣"是更高的修养环节和层次，它是孔子伦理思想的最高范畴。因为子贡曾经问孔子："如有博施于民而能济众，何如？可谓仁乎？"孔子的回答是"何事于仁！必也圣乎！尧舜其犹病诸！"（《雍也》）这哪仅仅是仁啊！一定是圣了。可见，"圣"是较"仁"而言更高的一种修养境界。所以，我们认为，"仁"只是孔子思想体系诸要素、诸环节中的一个，它不是什么最高境界，也谈不上是什么思想体系的核心。

犹有可言者，与"仁""圣"等范畴相比，"行"在孔子思想中具有更为根本和关键的地位，它是孔子评价"仁"与"不仁"的标准。众所周知，孔子从不轻许人以"仁"，连他最得意的弟子颜回，他也只是说："其心三月不违仁"，其他弟子则只是"日月至焉而已矣"（《雍也》）。可是，单单那个人家杀了他辅佐的公子，而他又厚着脸皮去做了人家的"相"的既不知"礼"而又"器小""不俭"的管仲，却被孔子称作"仁"。

对此诸家有各种不同的解说。匡亚明先生认为，这说明了"仁"和"礼"有分离的情况：既然管氏有"三归""有反坫"，且其"官事不摄"

而又"器小""不俭",可谓严重地不知"礼",然孔子仍赞叹说:"如其仁!如其仁!"(《宪问》)"权衡轻重",无疑"仁"是在"礼"之上的。(匡亚明《孔子评传》)

然而,事实并非如此。"仁"与"礼"相分离、相矛盾的情况,在孔子的思想体系中是存在的,但是由此便权衡出"仁"在"礼"之上的结论,则是牵强的。那么,违礼的管仲何以如此被孔子所器重并许之以"仁"呢?

事实上,只要我们明白了孔子谈"仁"的标准是治国安民的社会实践("行"),这一问题就解决了。

对这一问题,连子路也曾迷惑过,他问孔子:齐桓公小白杀了他的哥哥公子纠,纠的师傅召忽自杀以报纠,但是,他的另一个师傅管仲不但活着,反而还去当了人家的"相",这能算作是"仁"吧?孔子解释说:"桓公九合诸侯,不以兵车,管仲之力也。如其仁!如其仁!"(《宪问》)齐桓公多次主持诸侯间的盟会,停止了战争,这都是管仲的力量,管仲之"仁"正是体现在这一治国安民的实效当中,而这一点正是孔子评价一个人"仁"与不"仁"的关键。

对于管仲之"仁",子贡也感到迷惑,孔子又为其解惑说:"管仲相桓公,霸诸侯,一匡天下,民到于今受其赐。微管仲,吾其被发左衽矣。"(《宪问》)可见,管仲之所以被孔子称作"仁",是因为他对上辅佐桓公称霸诸侯,使天下得以匡正;对下使人民百姓至于今仍蒙受其好处。如果没有管仲的话,我们都已经披头散发,沦落为衣襟向左边开的落后民族了。

因此,只要能"行"得好,"行"得国治天下平,至于是否合"礼",就是次要的事情了。这里的要害和关键是"行"。

孔子思想的核心是"礼"吗

孔子谈"礼"是在两种意义上使用的。

第一是政治学意义上的"礼",第二是伦理学意义上的"礼"。

政治学意义上的"礼"是孔子治国平天下的重要方略和实现其政治理想的重要手段,孔子讲:"为国以礼。"(《先进》)"能以礼让为国乎?何有?不能以礼让为国,如礼何?"(《里仁》)

很清楚,"礼"在这里为治国的手段。孔子的意思是:如果能以礼让来治理国家,这又有什么困难呢?如果不能以礼让来治理国家,又怎样来对待礼仪呢?可见"礼"在治国中的作用。所以,他又说:"道之以政,齐之以刑,民免而无耻;道之以德,齐之以礼,有耻且格。"(《为政》)"政""刑""德""礼"都是治国的手段,但"政"与"刑"是下等的为国之策,"德"与"礼"则是上等的为国之策。正是在这一意义上,孔子又说:"上好礼,则民易使也。"(《宪问》)"礼乐不兴,则刑罚不中"(《子路》)。

伦理学意义上的"礼",在孔子那里首先是一种修养方式和修养境界,其次还是孔子伦理思想中的一个环节和要素。作为修养方式和修养境界的"礼"与"仁"相比,具有自己鲜明的个性。如果说"仁"是从个体出发、由内而外的一种修养方式的话,那么"礼"则"自外作"(《礼记·乐记》),是由外而内的一种带有某种强制性的修养方式,因此,《礼记》云"礼也者,动于外者也。"(《祭义》)"礼所以修外也。"(《礼记·文王世子》)

值得注意的是,作为一种修养方式和修养境界的"礼"仅仅是孔子伦理思想中的一个环节、一个要素。孔子说过:"不知命,无以为君子也；不知礼，无以立也；不知言，无以知人也。"(《尧曰》)这里的"知命""知礼""知言"，都是孔子伦理思想体系中的环节和要素，而"礼"仅是其中之一个。

《礼记·经解》载孔子的言论说："温柔敦厚，诗教也；疏通知远，书教也；广博易良，乐教也；洁净精微，易教也；恭俭庄敬，礼教也；属辞比事，春秋教也。"《礼记》中所载孔子言论是否确实我们可暂且不论，但从这里我们可以看到在《礼记》中，"礼"也是教人修身诸条目中的一条。

孔子还对他的儿子伯鱼说："不学诗，无以言"，"不学礼，无以立。"（《季氏》）他在回答弟子子贡提出的问题"贫而无谄，富而无骄，何如？"时说"未若贫而乐，富而好礼者也。"（《学而》）在"仁"的方面孔子自认弗如的颜回曾说："夫子循循然善诱人，博我以文，约我以礼。"（《子罕》）

凡此等等，都表明"礼"在孔子那里仅仅是为人立世、成为君子的条件之一。

犹有可言者，无论是政治学意义上的"礼"，还是伦理学意义上的"礼"，在孔子思想中都不具有核心地位，因为孔子谈"礼"的最终标准是治国安民的社会实践。孔子不是书生，他不像后世的一些"小人儒"那样，为"礼"而"礼"，孔子于"礼"是取其实效，带有明显的"行"的特点。

鲁人林放曾经就"礼之本"问教于孔子，孔子高兴地说："大哉问！"接着便回答说："礼，与其奢也，宁俭；丧，与其易也，宁戚。"（《八佾》）《礼记·檀弓上》也有一段话，与此可互相印证，其云："子路曰：吾闻诸夫子，丧礼与其哀不足而礼有余也，不若礼不足而哀有余也。祭礼，与其敬不足而礼有余也，不若礼不足而敬有余也。"可见，孔子于"礼"皆取其实效，而不拘泥于外表的繁文缛节。

《阳货》篇中记载了两个故事，也说明了孔子谈"礼"的标准是治国安民的社会实践（"行"）。

第一个故事说的是，公山弗扰盘踞在费邑图谋造反，叫孔子去做官。孔子虽然觉得到叛乱分子那里去做事是严重地违"礼"，可是由于他以治国安民为己任，因而还是准备去。子路知道后很不高兴地说："末之也，已，何必公山氏之之也？"孔子回答说："夫召我者，而岂徒哉？如有用我者，吾其为东周乎！"在孔子看来，根本的问题不在于形式上是否符合礼仪，而在于能否实践自己的政治理想。因此，他就顾不得计较公山弗扰的叛乱是否合"礼"，而只是一心想着到人家那里去推行自己的学说。

第二个故事说的是另一个叛乱分子晋国的佛肸也曾召过孔子。孔子明知佛肸违"礼"背"善"，自己若入于"危邦"，居于"乱邦"，肯定与俗"礼"相悖，可是为了实践自己的政治学说，他还是准备前往。于是子路又出来劝道：我曾听老师说"亲于其身为不善者，君子不入也"，"佛肸以中牟畔，子之往也，如之何？"

孔子自然不能否认佛肸的不善和自己入于乱邦的违"礼"，可是，他更不想放弃实现自己政治主张的任何机会，在这种理论与现实发生矛盾的两难境况下，孔子选择的是现实，他说："不曰坚乎，磨而不磷；不曰白乎，涅而不缁。"意谓最坚硬的东西是磨也磨不薄的，最白的东西是染也染不黑的。佛肸虽然不善，但以孔子之至坚、至白，是磨而不薄、染而不黑的。

最后，孔子又用了一个巧妙的譬喻把他以实践为"礼"的最终标准的思想鲜明地勾画出来，他说："吾岂匏瓜也哉？焉能系而不食？"意谓我又不是挂着好看的匏瓜，怎能只挂着好看而不吃呢？

一句话，要"食"、要"行"、要改造世界，正是孔子思想的实质和归宿。

孔子思想的核心和归宿

孔子曾对《尚书》"孝乎惟孝，友于兄弟，施于有政"一句发表评论云："是亦为政，奚其为政？"(《为政》)也就是说，在孔子看来，侍奉父母之孝、友爱兄弟之悌都可以影响、施及政治，这也就是参与了政治。孝悌者，何也？孔子的学生有子云："孝弟也者，其为仁之本欤！"(《学而》)可见，孝悌是属于伦理修身的范畴。这样孔子的学生有子就首先把作为"仁之本"的孝悌与"治国""平天下"的"为政"联系在了一起。

接下来孔子又直接把"修身"与"治国""平天下"相联系。为什么要修身呢？孔子说："其身正，不令而行；其身不正，虽令不从。"(《子路》)因此，对于一个统治者来说，重要的是端正自己，端正了自己，于治国理政就无甚困难了；倘不能正己，又何以正人呢？故孔子云："苟正其身矣，于从政乎何有？不能正其身，如正人何？"(《子路》)这正说明了"正己""修身"是以"从政""治国"为目的。

正是在这一意义上，孔子又说，一个人如果只是"诵诗三百"，可是"授之以政"，结果"不达"；"使于四方"，结果"不能专对"，这样的知识就是再多，又有什么用呢？("虽多，亦奚以为？")(《子路》)

在《宪问》篇中，孔子回答子路说，君子有三个层次：第一，"修己以敬"；第二，"修己以安人"；第三，"修己以安百姓"。这里孔子从"修己"讲起，讲到安朋友九族，再到安万民百姓。其中，"修己"是起始点，也是手段；"安人""安百姓"是归宿，也是目的。在后两条中，"安百姓"又是君子的最高层次，因为此处"安人"之"人"只不过是"朋友九族"之谓也。所以，孔子才说，这个最高层次恐怕连尧舜也难做到啊！("尧舜其犹病诸！")

可见，孔子"正心""修身"是为了"治国""平天下"，孔子思想始终围绕的核心是"治国""平天下"的社会实践（"行"）。

《大学》中的一段话亦可与孔子的上述思想相印证，其云："大学之道，在明明德，在亲民，在止于至善。……古之欲明明德于天下者，先治其国；欲治其国者，先齐其家；欲齐其家者，先修其身；欲修其身者，先正其心；欲正其心者，先诚其意；欲诚其意者，先致其知；致知在格物。物格而后知至，知至而后意诚，意诚而后心正，心正而后身修，身修而后家齐，家齐而后国治，国治而后天下平。"

从这里我们不仅可以看到格物、致知、诚意、正心、修身、齐家是国治、天下平的前提条件，而且可以看到国治、天下平是"正心""修身"的目的和归宿。因此，治国平天下的社会实践不仅是孔子思想的实质和核心，而且是整个儒家思想的实质、核心、目的和归宿。

"忠恕"是孔子思想中"一以贯之"的范畴

孔子曾对他的得意门生曾参说："参乎！吾道一以贯之。"曾子曰："唯。"等到孔子出去后，别的学生问曾子："这是什么意思呀？"曾子回答说："夫子之道，忠恕而已矣。"（《里仁》）

我们认为，作为孔子的爱徒又被后人誉为"四圣"之一的曾子对于他老师学说的理解该是不会有什么错失的。如果这一点成立的话，那么贯彻孔子思想的基本概念就是"忠恕"。关于"恕"，孔子有自己的解释，那就是"己所不欲，勿施于人"（《卫灵公》）。

至于与"恕"相连而使用的"忠"，按照杨伯峻先生的说法，就是"己欲立而立人，己欲达而达人"（《雍也》）。可见，"忠"是从积极的角度讲"行"，"恕"则是从消极的角度讲"行"。

总之,"忠"也好,"恕"也好,说的都是"行"。因此,我们认为,孔子把"忠恕"视为自己学说的"一以贯之"的概念,不是偶然的,因为"忠恕"是孔子"行"的途径和方法,是与"行"紧紧联结在一起的一个概念。正是在此意义上我们说"忠恕"的实质和内容是"行",因此,以治国安民为最终指归的社会实践是孔子方法论的根本。

正因为贯穿孔子思想始终的概念是"忠恕","可以终身行之者"又是"恕",因而要真正做到这一点就比较困难了。对一般人而言,要做到"忠"似乎不太可能,能够做到"恕"已是相当不易了。即便如此,在"辩"的方面连孔子都自认不如的子贡都做不到"恕"。据《公冶长》载,子贡云:"我不欲人之加诸我也,吾亦欲无加诸人。"我不想欺负别人,也不想让别人欺负我,自今日看来是很容易办到的。可是,孔子不以为然,他认为子贡的这句话实际上就是"恕",它不过是"己所不欲,勿施于人"换了一种说法而已,所以就不容易做到了,是以孔子答曰:"赐也,非尔所及也。"

余论

以治国、安民为主要内容的社会实践("行")还是孔子评价人物的标准。孔子说过:"君子不以言举人"(《卫灵公》)。还说:"始吾于人也,听其言而信其行;今吾于人也,听其言而观其行。"(《公冶长》)

所谓"听其言而信其行"就有"以言举人"的味道,而"听其言而观其行"则重在"行",注重以人的实际行为作为评价的标准。《卫灵公》中孔子又说:"吾之于人也,谁毁谁誉?如有所誉者,其有所试矣。"唐人颜师古注释此句时云:"言于人有所称誉,辄试以事,取其实效也。"(《汉书·艺文志注释》)这就是说评价一个人要以其所行之事与其实际效果作为标准。

在具体涉及言行关系时，孔子反对"巧言令色"，主张身体力行。孔子说过，"君子耻其言而过其行"（《宪问》），"先行其言而后从之"（《为政》），这就是说君子要少说空话多干实事，要少言多行、先行后言。

孔子曾叫漆雕开去做官，漆对曰："吾斯之未能信"（《公冶长》），即我对做官这事没有把握，于是孔子高兴了。

还有一事，孔子曾谈及他最宠爱"其心三月不违仁"的弟子颜回时说："吾与回言终日，不违，如愚。"（《为政》）孔子整日与颜讲学，颜从不提反对意见和疑问，如此这般孔子就欣赏他了。可见，孔子不太喜欢夸夸其谈的人，子路即属此类。

有一次孔子与子路谈"正名"时，子路又冒冒失失地抢话头讲话，终于惹怒了孔子，说："野哉，由也！君子于其所不知，盖阙如也。"（《子路》）意谓君子于自己不明白的事情就要有所保留，不可乱说。

孔子还说过"刚毅木讷近仁"（《子路》），君子"敏于事而慎于言"（《学而》）。这些都说明在言行关系上，孔子不大看重言，反对巧言令色的夸夸其谈者，但特别重视实实在在的社会实践活动（"行"）。《述而》篇有言曰："子以四教：文、行、忠、信"，可见，"行"还是孔子教授学生的四科之一。

最后，还剩下一个问题必须交代清楚，这就是孔子的"行"到底是行什么？或者说他所讲的治国平天下的社会实践究竟包括哪些内容？是简单的行"仁"行"礼"，还是以"为东周"为其社会实践的主要内容？这是孔子研究中非常敏感的一个问题，我们说，孔子的"行"既不是单纯的行"仁"，亦非单纯的行"礼"。"仁"也罢，"礼"也好，两者都属于意识形态的领域，而孔子的理想王国绝不可能是单单靠"意识""精神"建构起来的"乌有乡"，而是需要以一定的物质条件为基础的。孔子的理想国一方面要看生产发展，但另一方面还要看精神教化。

《子路》篇记载说："子适卫，冉有仆。子曰：'庶矣哉！'冉有曰：'既庶矣，又何加焉？'曰：'富之'。曰：'既富矣，又何加焉？'子曰：'教之。'"在这里孔子谈了治国的三个步骤：一是庶矣；二是富之；三是教之。

"庶矣"是说一个国家首先要有众多的人口；"富之"译为今语就是生活富裕、生产发展；"教之"则属于社会教化、精神生活的领域。其重要内容是"仁"和"礼"，但又不全部是"仁"和"礼"。

那么，"为东周"是不是就把这两方面都包容进去了呢？我们承认孔子是非常崇尚文武周公之道的，以至于连做梦不见周公都发出"久矣，吾不复梦见周公"的感慨，可是他更注重"损益"，注重变化，不仅"殷因于夏""周因于殷"有"损益"和变化，以此类推，将来"继周者"也会有"损益"变化（《为政》）。对此孔子自己曾有过生动的描述："行夏之时，乘殷之辂，服周之冕，乐则韶舞。放郑声，远佞人。郑声淫，佞人殆。"（《卫灵公》）因此，孔子思想所指向的是整个社会的物质基础和精神生活，其思想体系所围绕的轴心是治国安民的社会实践。

"天不生仲尼，万古长如夜。"中国历史上对中国人的生活和思想影响最大的思想家莫过于孔子。《论语》是记载孔子和他弟子的言论总集。宋人有"半部《论语》治天下"的说法。

然而，孔子究竟告诉了我们什么？孔子究竟留给了我们什么？翻开《论语》这部影响中华民族文明历史的宝典，我们将会聆听到来自智者的纶音妙语。穿越时空的隧道，"至圣先师"将向我们诉说修齐治平的真谛。

第一章　学而篇

【原文】

子曰①："学而时习之，不亦说②乎？有朋自远方来③，不亦乐乎？人不知而不愠④，不亦君子⑤乎？"

【注释】

① 子：《论语》中"子曰"的"子"皆指孔子。
② 说（yuè）：同"悦"，高兴、愉快。
③ 朋：在同一师门受学者，这里指志同道合的朋友。
④ 愠（yùn）：怨恨，愤怒。
⑤ 君子：《论语》中的"君子"一般是指有德、有位的人。

【译文】

学习然后定期复习，不也是件高兴的事情吗？有志同道合的朋友自远方来，不也是件快乐的事情吗？别人不了解我，我却不怨恨他，不正是君子的风度吗？

【品鉴】

人生有三件事是让人快乐的。第一件事是学习,第二件事是有志同道合的朋友,第三件事是做君子。三件事当中,前两件事是出发点,是手段。最后一件事,"做君子",是核心,是目的。有志同道合的朋友一起谈学论道,可以更好地促进自己的学习;学习的目的是成为君子、圣人,只有成为君子和圣人以后,才能从事安定百姓、治理国家的伟业。安百姓、治国家、平天下,这是孔子思想的目的和归宿。为了实现这一目的,首先和必须要做的一件事就是学习。

【原文】

有子①曰:"其为人也孝弟②,而好③犯上者,鲜④矣;不好犯上,而好作乱者,未之有也。君子务本⑤,本立而道生。孝弟也者,其为仁之本与⑥!"

【注释】

① 有子:姓有,名若,春秋时期鲁国人,孔子弟子。《史记·仲尼弟子列传》说他"状似孔子",为此还发生过一段小插曲:孔子去世以后,弟子们都非常怀念他。因为有若长得很像孔子,所以弟子们共同拥戴他当老师,就像当年侍奉孔子一样对待他。有一天,一个弟子进来问他:"从前先生正要出行,就告诉弟子们带好雨具,结果就真下起雨来。弟子们请教说:'先生怎么知道要下雨呢?'先生回答说:《诗经》里不是说了吗:月亮经过毕星,就会下大雨。昨天夜里月亮不是没有依附在毕星的位子上吗?'有一天,月亮依附在毕星的位子上了,竟然真的没有下雨。商瞿年纪大了还没有儿子,他的母亲要替他另外娶妻。先生派他到齐国出使,商瞿的母亲请求不

要派他。先生说:'别担忧,商瞿四十岁以后会有五个男孩子。'结果真是这样。冒昧请问,先生当年怎么能够预先知道是这样的呢?"有若沉默无以回答。学生们站起来说:"有子先生,您起来吧,这个位子不是您能坐的啊!"子游也曾经说:"有子之言似夫子也。"(《礼记·檀弓上》)可见,有子虽然长得像老师,学习也勤奋,也能深刻理解和掌握老师的思想,但是毕竟其才学、威望远远不能和孔子相比,子贡也说:"夫子之不可及也,犹天之不可阶而升也。"(《子张》)老师,那就是天、是日月,他老人家根本是不可超越的!孟子感慨说:"自有生民以来未有盛于孔子也。"(《孟子·公孙丑上》)谁能和孔子相提并论?自有生民以来,从未有过比孔子更伟大的人了!

② 弟(tì):同"悌",敬顺兄长。

③ 好(hào):爱好,喜爱。

④ 鲜(xiǎn):少。

⑤ 务本:务,致力,从事;本,根本,基础的东西,在这里指"孝弟"。

⑥ 与(yú):同"欤"。句末语气词,表示疑问或感叹。

【译文】

有子说:"为人懂得孝敬父母,顺从兄长,却喜欢犯上,这样的人少见;不喜欢犯上,却喜欢造反作乱,这样的人是没有的。君子想问题,做事情,要致力于根本,根本立起来了,大道自然就会产生。孝敬父母,顺从兄长,这就是仁德的根本。"

【品鉴】

学习，要抓住根本；安百姓、治国家、平天下，也要抓住根本。这个根本就是孝悌。孝悌是"仁"的根本，是"大道"的根本，是我们想问题、做事情的出发点。这是儒家的一贯思想。作为"四书"之一的《大学》提出了儒家思想的总纲，这就是"格物致知""诚意正心""修身齐家""治国平天下"。"格物致知""诚意正心"的目的是"修身"，"修身"的目的是"齐家"，"齐家"的目的是"治国"，"治国"的目的是"平天下"。平天下是最后的目的，但"事功"的第一步是齐家。怎样才能做到齐家呢？孔子认为，最关键最根本的事情就是两件：一是孝敬父母，二是友爱兄弟。这两件事情做好了，最终就会国治天下平。

【原文】

子曰："巧①言令②色③，鲜④矣仁！"

【注释】

① 巧：虚浮不实，伪诈。

② 令：善，美好。

③ 色：脸色，表情。

④ 鲜（xiǎn）：少。

【译文】

孔子说："花言巧语，即使表情再和善，也是缺乏仁德的！"

【品鉴】

孔子的这一思想已经越来越被现代社会所接纳。比如说，"善辩"和

"巧言",在今人的评判体系中,就有许多负面的意思在里面。当我们说一个人"善辩""巧言"的时候,往往很少有"褒奖"和"赞许"的意思。

孔子喜欢刚毅木讷,厌恶巧言令色。他在《子路》篇中说:"刚毅木讷近仁。"意思是说,刚强、果决、质朴、木讷的人,是接近于仁德的人。花言巧语、面貌伪善的人,是远离仁德的人。这两句话遥相呼应,反映孔子对"仁"的表现形式的一种基本观念和认识。

【原文】

曾子①曰:"吾日三省②吾身。为人谋而不忠乎?与朋友交而不信乎?传③不习乎?"

【注释】

① 曾子:姓曾,名参(shēn),字子舆。春秋时期鲁国人,孔子弟子。曾子是曾点的儿子,父子两人都授业于孔子。孔子在《先进》篇中说他"曾也鲁",意思是曾参的性格属于迟钝型的。从曾参平时的言论来看,他为人小心谨慎,态度谦逊,一辈子"战战兢兢,如履薄冰","君子思不出其位",始终恪守着道德礼义,到临死还以此教育他的学生。尽管这样,曾参却仍不失"大丈夫"的勇气,他曾说:"士不可以不弘毅,任重而道远。仁以为己任,不亦重乎?死而后已,不亦远乎?"(《泰伯》)倡导大丈夫要以仁为己任,任重而道远。《孟子·公孙丑上》记载了曾子对"勇"的看法,他说:"自反而不缩,虽褐宽博,吾不惴焉;自反而缩,虽千万人,吾往矣。"当反省自己觉得理亏的时候,即使面对普通百姓,我也不恐惧;反省自己觉得理直的时候,纵使面对千万人,我也勇往直前。曾子之勇,蕴含着大无畏的道义精神,使他在谨慎小心、有点迟钝的性格中又

带着正义、果敢、坚韧不拔的毅力和勇气，曾参的好男儿的鲜活形象跃然纸上。

② 三省（xǐng）：三，泛指多次；省，反省检查。

③ 传（chuán）：传达，传授。

【译文】

曾子说："我每天多次反省自己：是否尽心竭力地为别人谋事？与朋友交往是否守信？老师传授的东西复习了没有？"

【品鉴】

"修身"是儒家思想的一个重要环节。怎样才能做好"修身"的工作呢？笼统地说，《大学》认为需要"诚意"，需要"正心"。具体地说，修身的功夫有很多，孔子在这里讲了极为关键的一条，就是"反思自我"。怎样反思自我？反思什么东西呢？就是这三点：一个是"忠"，一个是"信"，一个是"习"。

【原文】

子曰："道①千乘②之国，敬事而信③，节用而爱人，使民以时④。"

【注释】

① 道（dǎo）：通导，治理。

② 乘（shèng）：量词，古时一车四马叫"乘"。有时"乘"又作为"四"的代称。千乘之国，是指拥有千辆战车的国家。

③ 敬事：指严恭的治事态度。

④ 时：这里指农时。

【译文】

孔子说:"治理大的国家,需要凡事敬慎而有诚信,节省财用而有爱人之心,使用百姓要不妨碍农务。"

【品鉴】

这一节讲的是"治国之道"。孔子认为,治理好一个国家有五点值得注意:一是敬业,二是诚信,三是节俭,四是爱民,五是农时。这里的最后两点都涉及了对待"人""民"的态度问题。"爱人"和"使民以时",包含着古朴的人本主义思想的萌芽,对我们坚持"以人为本"的思想具有重要的启迪。

【原文】

子曰:"弟子①入则孝,出则弟,谨而信,泛②爱众而亲仁。行有余力,则以学文③。"

【注释】

① 弟子:年轻人、学生、门徒。
② 泛:广泛、普遍。
③ 文:古代的文献,一般指《诗》《书》《礼》《易》《乐》《春秋》。

【译文】

为人子弟,在父母跟前要知道恭敬孝顺,出门则懂得兄弟友爱,谨慎而诚信,宽博而爱人,亲近有仁德的人。当这些都做到了,如果还有余力,则要学习文献知识。

【品鉴】

　　这一节是前面六节的概括和总结。在一定意义上可以说，它是儒家思想的大纲。在这一节中，孔子主要谈了儒家思想的一些重要内容和基本观念，如孝悌、敬信、爱人、亲仁等。这些内容，应该属于我们所说的"世界观、人生观和价值观"的范围。在孔子的教育系统中，这方面的知识是最重要、最根本的，掌握这些知识远比掌握具体的文化知识重要。只有学好了这些知识，行有余力，才能再去学习具体的文献知识。

【原文】

　　子夏①曰："贤贤易色②；事父母，能竭其力；事君，能致其身③；与朋友交，言而有信。虽曰未学，吾必谓之学矣。"

【注释】

　　① 子夏：姓卜，名商，字子夏。生于公元前507年，小孔子44岁。孔子弟子中学术成就最高的人之一，故有"诗书礼乐，定自孔子。发明章句，始于子夏"的说法。其学术活动影响甚大，以至于西河人把他当成孔子（《礼记·檀弓》）。曾为"魏文侯师"（《史记·仲尼弟子列传》）。

　　② 色：脸色、表情，引申为性情。

　　③ 致：奉献。

【译文】

　　子夏说："崇尚贤人能够变化性情；对待父母，能够竭尽其力；侍奉君主，能够致献忠节，不顾性命；与朋友交往，则说话必须有诚信。如果能做到这些，即使没有去学习具体的知识，我也认为他必定是学习过了。"

【品鉴】

这一节讲的是学习的内容，人应该学习什么？什么样的知识才是人最需要的知识？孔子认为，有三种知识必须引起我们的高度重视，这就是：事亲之道，事君之道，交友之道。孝是事亲之道，它要求人们要竭尽全力地去侍奉父母。忠是事君之道，它要求人们要鞠躬尽瘁地侍奉君主。信是交友之道，它要求人们要诚心诚意地和朋友相处。儒家认为，这三种知识是人们最需要掌握的知识，因而也是最重要的知识。孔子的这一思想是对第六节思想的进一步阐发。

【原文】

子曰："君子不重①则不威，学则不固②。主③忠信，无友不如己者④，过则勿⑤惮⑥改。"

【注释】

① 重：庄重。

② 固：坚固，鄙陋。

③ 主：亲。

④ 不如己：指道德品性不同于己者。

⑤ 勿：莫。

⑥ 惮（dàn）：畏难，畏惧。《说文解字》解释说："惮，忌难也。"段玉裁说："凡畏难曰惮，以难相恐吓亦曰惮。"

【译文】

孔子说:"君子不庄重则没有威严,不断学习则不会故步自封。崇奉忠厚信实,不与忠信不如自己的人为伍,有过错则不怕改正。"

【品鉴】

前人和时贤,多将"无友不如己者"理解为"不要跟不如自己的人交朋友"。试想,如果每个人都不与"不如己者"为友,那么,交友相处就成为不可能。因为不如己者,你不愿和他相处为友;胜于己者,别人若遵循此原则,同样也不会愿意和你相处为友。这句话可以这样理解:每一个人都有自己的优点,此一方面不如你,可能彼一方面又会胜过你。如果一个人在忠信方面不及你,那就不要和他交朋友了。

【原文】

曾子曰:"慎终①追远②,民德归厚矣。"

【注释】

① 慎终:谨慎对待父母的死亡。
② 追远:追念先祖。

【译文】

曾子说:"对待父母的死亡要表达出自己的哀伤,祭祀先祖的仪式要表露出对先祖的敬意,这样民德就会归于敦厚。"

【品鉴】

百行之大,孝行为先。曾子是孔门弟子中以倡导"孝"闻名的学者。

曾子认为，对待健在的父母要尽孝，对待死去了的祖先也要"孝"。对待死去了的祖先的孝，要做好两件事情。一件是"丧尽其哀"，另一件是"祭尽其敬"。儒家认为，对亡祖表达内心的哀伤，这属于内容的方面。祭祀的礼仪是内心哀伤的外在表现形式，它属于形式的方面。"孝"使得子孙对祖先的情感在内容和形式上得到了统一。

【原文】

子禽①问于子贡②曰："夫子③至于是邦④也，必闻⑤其政。求之与？抑⑥与之与⑦？"子贡曰："夫子温、良、恭、俭、让以得之。夫子之求之也，其诸⑧异乎人之求之与！"

【注释】

① 子禽：《孔子家语·七十二弟子解》说，陈亢，陈人，字子禽，小孔子四十岁。郑玄认为，子禽是孔子的弟子。

② 子贡：姓端木，名赐，是孔子的弟子。《史记·仲尼弟子列传》说子贡小孔子三十一岁。

③ 夫子：古代一种敬称，凡是做过大夫的人都可以被称作夫子。

④ 邦：国家。汉代刘邦称帝，才开始讳"邦"而称"国家"。

⑤ 闻：听见，知悉。

⑥ 抑：语词。

⑦ 与：语词。

⑧ 其诸：大概、可能、恐怕。

【译文】

子禽问子贡："夫子到了别的国家，一定会听闻朝政，是夫子求他们,还是他们自愿告诉夫子的?"子贡回答说:"夫子是凭着自己的温和、恭敬、简朴、谦让,熟悉和懂得了他国的政道。夫子求道的方式,恐怕和一般人求道的方式不一样啊!"

【品鉴】

在今天看来,"温""良""恭""俭""让",讲的是与人相处的方法。在孔子那里,则首先是学习和求道的方法。学习、求道要有好的态度,所以,《礼记·曲礼上》说"礼闻来学,不闻往教。"学生拜师学道,要前往老师的府上,要有温、良、恭、俭、让的学习态度,恭恭敬敬地行拜师礼。不管学生的政治地位有多高,如果让老师跑到学生府中去施教,就大违儒家之道。以这样的方式求道,丢弃了温、良、恭、俭、让的学习态度和求学方式,违背了儒家施教的基本思想和原则,即便是老师答应施教,所学到的知识恐怕也要大打折扣。

【原文】

子曰:"父在,观其①志②;父没③,观其行。三年无改于父之道④,可谓孝矣。"

【注释】

① 其:指儿子。
② 志:心意,在心为志。
③ 没(mò):通"殁",死。
④ 道:路,引申为规律、法则,主张、思想、学说。

【译文】

孔子说:"当他的父亲在世的时候,观察他的趣向意气;当他的父亲去世了,要观察他的行动。若他父亲去世三年了他还能够坚守父亲的思想主张,可算是孝了。"

【品鉴】

父之道可以是善的,也可以是恶的。善的父之道,不去改正它,当然很好。但若是不好的"父之道",也不去改正它,就很麻烦了。但孔子认为,这就是孝。在今天看来,这样的孝,缺乏权衡和变通,自然是一种"愚孝"。

【原文】

有子曰:"礼之用,和①为贵。先王之道,斯②为美;小大由之。有所不行,知和而和,不以礼节③之,亦不可行也。"

【注释】

① 和:和谐、协调。恰当,恰到好处。引申为通权达变。
② 斯:此。
③ 节:节制。

【译文】

有子说:"礼的作用,就是以通权达变为最可贵。先王圣君治理国家最可贵的地方,就在于此。做每件事,不管是大事情还是小事情,都应当以适度的礼来节制它。如果有什么事情做不通了,就需要通权达变,不用礼来节制和约束,大道终究是行不通的。"

【品鉴】

"礼",学者多释为"礼仪",不妥。这里的"礼"是一个具有高度抽象意义的哲学范畴,类似于老子的"道",后儒的"理"。它的具体意义是指宇宙人生的最普遍的规律和最一般的本质。《礼记·乐记》说:"礼者,天地之序也。""序,故群物皆别。"天地万物之序,也就是宇宙的原理和法则。正是这些不同事物的不同原理和法则,把世间万事万物区别开来。

【原文】

有子曰:"信①近于义②,言可复③也。恭近于礼,远耻辱也。因④不失其亲,亦可宗⑤也。"

【注释】

① 信:言语真实,讲信用。

② 义:善、美好、适宜。

③ 复:实行,践履。

④ 因:依靠、凭借,亲。注或以"因"通"姻",意为缔结婚姻择其可亲之人。

⑤ 宗:主,可靠。

【译文】

有子说:"忠信近乎义,所说的话就可以践履实行了。恭敬近乎礼,则能远离耻辱。亲可以亲的人,也可以把他们看作自己的宗主。"

【品鉴】

"信"是儒家的重要观念。在有子看来,"信"和"义"并不是在什么情况下都是统一的。有的"信",是合乎"义"的;也有的"信",是不合乎"义"的。合乎"义"的"信",就值得人们去践履。《史记·苏秦列传》中有一则故事说的是,一位名叫尾生的人与一女子相约在桥下,女子一直没有来,结果大水却来了,尾生痴等那个女子恪守信约而不离去,最终抱柱而死。尾生的做法无疑是"信",但确不合于"义",因而,不值得我们去效法。

【原文】

子曰:"君子食无求饱,居无求安。敏于事而慎于言,就有道①而正焉,可谓好学也已。"

【注释】

① 有道:有道德的人。

【译文】

孔子说:"君子吃饭不求一定要吃饱,居住不求一定要舒适。做事敏捷,谨慎言行,接近有道德的人,并以他们为榜样纠正自己,这样就算是好学习的人了。"

【品鉴】

做君子、成圣人,是儒者的不懈追求。在这一节中,孔子对君子提出了三点要求。一是饮食起居上的要求,二是言行关系上的要求,三是学习上的要求。在饮食起居上,君子要做到"食无求饱,居无求安";在言行关系上，君子要做到"敏于事而慎于言"；在学习上，君子要做到"就有道而正焉"。接近有道高贤，不断匡正自己，最终成为君子和圣人，这才是真正的好学。

【原文】

子贡①曰："贫而无谄②，富而无骄。何如？"子曰："可也；未若贫而乐③，富而好礼者也。"子贡曰："《诗》云：'如切如磋，如琢如磨。'④其斯之谓与？"子曰："赐也，始可与言《诗》已矣。告诸往而知来者。"

【注释】

① 子贡：姓端木，名赐，字子贡，孔子弟子。生于公元前520年，卒年不详。据说从师孔子之前，是个商人。在孔子眼里，子贡是个能言善辩的人，性格活泼，通达事理，喜欢评论别人的善恶是非。
② 谄（chǎn）：奉承，巴结。
③ 未若贫而乐：一本"乐"下有"道"字。
④ 如切如磋，如琢如磨：《诗经·卫风·淇奥》中的两句诗。用刀切割，谓之切；用锉锉平，谓之磋；用刀雕刻，谓之琢；把器物磨光滑，谓之磨。切、磋、琢、磨，是古人打磨玉器、骨器的不同工艺，由此引申为学习知识、锤炼品德应该精益求精。

【译文】

子贡说："一个人在贫穷的时候能够做到不奉承巴结，在富有的时候能够做到不骄傲欺人，这样的人德行怎样？"孔子回答说："可以了；但是这样的人还是不如贫穷却简朴快乐、富有却谦虚好礼的人。"子贡说：

《诗经》中说：'如切割骨器，如削锉象牙，如雕琢玉器，如打磨石器。'说的就是这个意思吧？"孔子说："赐啊，现在可以与你讨论《诗经》了。因为告诉你以往的，你就能预知未来的了。"

【品鉴】

　　一般说来，贫困时不谄媚，富贵时不骄横，就已经是很高的境界了。但是，孔子认为，仅仅做到这一点还不够，人生的最高境界是"贫而乐，富而好礼"。贫而所乐者，道也；富而所好者，礼也。一个人在贫困的时候，还能不忘大道，做到以志道、求道、行道为乐；一个人在富贵的时候，还能不忘长幼尊卑之序，做到知礼、循礼、行礼，这才是最为难得的。

【原文】

　　子曰："不患①人之不己知，患不知人也。"

【注释】

　　① 患：忧虑，担心。

【译文】

　　孔子说："不担心别人不知道自己，担心自己不了解别人。"

【品鉴】

　　生活中，当我们与他人发生矛盾时，常常会认为他人不了解自己，不能理解自己，所以常常会发出"知我者鲜矣"的感慨。但是，在孔子看来，"理解他人"和"理解自己"相比较，前者更重要。事实上，对于每一个人来讲,"理解他人"都远比让他人"理解自己"重要。因为只有理解了他人,群体才会稳定,社会才会和谐。如果你是一个领导者,只有积极地去理解别人,才能更好地协调和领导大家把工作做得更好。

第二章　为政篇

【原文】

子曰:"为政以德,譬如北辰①居其所而众星共②之。"

【注释】

① 北辰:北极星。

② 共:同"拱",环抱、环绕。

【译文】

孔子说:"以德为政,以德治国,就像北极星一样,自己处在中心的位置上,而众星都环绕在它的周围。"

【品鉴】

儒家倡导德治,认为解决问题的根本出路在道德。这一点类似于德国古典哲学的终结者费尔巴哈。费尔巴哈认为,解决社会问题的根本办法不是改变现有的经济和政治状况,而是感情关系的改善。如果人与人之间能够做到真诚相爱,一切社会问题就迎刃而解了。马克思不同意这样的说法,尖锐指出:"批判的武器不能代替武器的批判,物质力量只能用物质力量摧毁。"(《马克思恩格斯选集》第一卷,第9页,人民出版社,1995年版)要想站起来,仅仅在思想中站起来还是远远不够的,现实的枷锁依然套在人们的头上。

【原文】

子曰:"《诗》三百①,一言以蔽②之,曰:'思无邪③'。"

【注释】

①《诗》三百:即《诗经》,共三百零五篇,三百举其整数。
② 蔽:概括。
③ 思无邪:语见《诗经·鲁颂·駉》,"思"原为语首助词,无义。这里全句意谓,思想感情纯心无邪。

【译文】

孔子说:"《诗经》三百篇,用一句话来概括,就是'思想纯正无邪念'。"

【品鉴】

在孔子看来,《诗经》的要旨就是教人做到"心正"。"心正"是儒家思想的一个重要内容,也是儒家修身的一个重要环节。从格物致知,到诚意正心,再到修身齐家治国平天下,这"八目"通常可以视为儒家思想的大纲。

【原文】

子曰:"道①之以政,齐②之以刑,民免而无耻;道之以德,齐之以礼,有耻且格③。"

【注释】

① 道：引导，治理。

② 齐：齐整、一致。

③ 格：正、纠正。

【译文】

孔子说："以政教治理国家，以刑罚来整饬百姓，百姓可以免于惩罚但却没有廉耻之心；以行德教来治理国家，以礼来规范百姓，则民众知道廉耻，而且民心归于正道。"

【品鉴】

这一段话是孔子德政思想的鲜明表述。在孔子看来，以政治的手段，辅之以刑罚方式整饬国民，只能使民众免受惩罚，但是无益于让他们从心灵上感知耻辱之心，辨别善恶；而以德教方法，辅之以礼的教化，使用软实力的精神教化的方式作向导，才能使百姓既懂得了廉耻又知道了该怎样做才是正确的。廉耻之心是一个民族得以自强自立的前提，没有了廉耻之心，辨不清黑白善恶，这才是最可悲的事。因此，对民众施行道德礼仪的化育，培养他们的廉耻之心，从而达到天下归正的局面，应该是孔子政治思想的核心和关键。

【原文】

子曰："吾十有①五而志于学，三十而立，四十而不惑，五十而知天命②，六十而耳顺，七十而从心所欲不逾矩。"

【注释】

① 有：通"又"。

② 天命：物质世界的必然性，物质世界的客观秩序与法则。天就是物质世界；命就是客观必然的秩序和法则，简单地说，就是必然性。

【译文】

孔子说："我十五岁的时候就立志于学习，三十岁的时候事业有成，四十岁的时候能分辨是非不迷惑，五十岁时认识了宇宙人生的秩序和法则，六十岁时听什么都听得进去，七十岁时则能够做到随心所欲从不违背法度。"

【品鉴】

孔子五十岁才做到了"知天命"。这里的天命不能理解为迷信意义上的天命，不能理解为迷信意义上的"命运"，而是指物质世界的客观必然性，物质世界的客观秩序与法则。人只有掌握了物质世界的客观规律，才会在面对宇宙人生的许多问题时，都能够予以理解，也就是"耳顺"；人只有懂得了宇宙人生的基本原理与法则，想问题、做事情时，才会不逾越客观秩序和法则的限制，才会既能从心所欲，又不超出客观必然性的限约。

【原文】

孟懿子①问孝。子曰："无违。②"

樊迟御③，子告之曰："孟孙④问孝于我，我对曰，无违。"樊迟曰："何谓也？"子曰："生，事之以礼；死，葬之以礼，祭之以礼。"

【注释】

① 孟懿子：鲁国大夫。姓仲孙，名何忌，谥号懿。其父孟僖子临死前曾要求他侍奉孔子，向孔子学礼。这一故事载于《左传·昭公七年》。

② 无违：不要违背礼仪。这里的礼仪，主要是指侍奉父母的礼仪。王充《论衡·问孔》篇指出，"无违者，礼也。"但是，在这里孔子只是简单地说"无违"，而没有说"无违"什么，这就让人生疑，是无违礼，还是无违父母的意愿？樊迟不明白，所以才进一步追问孔子：这是什么意思啊？这时孔子才不慌不忙地说："生，事之以礼。死，葬之以礼，祭之以礼。"

③ 樊迟：姓樊，名须，字子迟，故称樊迟。据《孔子家语·七十二弟子解》说，樊迟"少孔子四十六岁"。他曾三次问"仁"与孔子，这一点和其他弟子形成了鲜明的区别。据《论语》，孔子的其他弟子，如颜渊、子夏、子张、仲弓、司马牛等，只是一次问"仁"于孔子。可见，樊迟对他老师的"仁"学既感兴趣，又存有很多的疑惑。御：驾车。

④ 孟孙：即孟懿子。

【译文】

孟懿子向孔子请教什么是孝。孔子说："不要违背礼。"有一天樊迟替孔子赶车，孔子对他说："孟孙问我什么是孝道，我对他说孝道就是不要违背礼。"樊迟说："这是什么意思？"孔子说："父母活着的时候，要按礼的仪式侍奉他们；父母去世后，要按礼的仪式埋葬、祭祀他们。"

【品鉴】

"礼"是人之为人的一个重要方面，是人区别于动物的一个重要方面。对待老人，仅仅是供给他吃的喝的，是不足够的，更重要的是要按照礼仪来侍奉老人；等到老人百年之后，还要按照礼仪来给他送终，按照礼仪来祭祀。这才是真正的孝。

【原文】

孟武伯①问孝。子曰："父母唯其②疾之忧。"

【注释】

① 孟武伯：鲁国大夫，孟懿子之子。姓仲孙，名彘（zhì），谥号武。
② 其：指子女。

【译文】

孟武伯向孔子请教什么是孝。孔子说："做父母的往往为孩子的疾病忧心不已。"

【品鉴】

孝有不同的内容和方式，会因人因时而异。孟武伯问孔子什么是孝？孔子并没有正面作答，只是淡淡地说："父母最忧心的是孩子生病。"这就从反面告诉子女，对父母的"孝"，首先应做到不要让父母为自己担忧，应起居有时，饮食有节。孟武伯生于大夫豪门，易于纵欲失节而致疾，因此，对他来说，最重要的是别让父母为他的疾病而担心，做到了这一点也就是孝了。

【原文】

子游①问孝。子曰:"今之孝者,是谓能养。至于犬马,皆能有养②。不敬,何以别乎?"

【注释】

① 子游:孔子学生,姓言,名偃,字子游。
② 至于两句:有两说,一说犬马也得到人的饲养。另一说犬的守御,马能代劳,即犬马也能养人。今从前说。

【译文】

子游问孔子什么是孝。孔子回答说:"现在所说的孝,指的是能供养父母。可是养狗养马也是养,对父母之养如果没有恭敬之心,这和养狗、养马有什么区别呢?"

【品鉴】

通常认为,能够赡养父母就是孝。孔子却不这样理解,狗和马之类的畜生也可以养活。但是,养而不敬不是孝;孟子也说过:"爱而不敬,兽畜之也。"人们宠爱珍禽奇犬,只是珍爱,而不是恭敬,更不是孝。孝是指对人的赡养,是包含尊敬之心在内的有着思想感情的养。对待父母的态度就是这样,不仅仅给他们衣服穿,给他们饭食吃,更重要的,也是与养狗养马相区别的是对他们的尊敬,给予他们包含着儿女情感在内的敬养,这样的孝才是真正意义上的孝。

但是有一点必须要强调,孔子在这里只是片面强调子女对长辈的孝敬,这就容易让人误读这一思想,认为,无论父母做什么,孩子都应该无条件地遵照执行。但问题在于,父"慈"才能子"孝",兄"友"才能弟"恭"。也就是说,"孝"和"慈"、"恭"和"友"都是紧密联系在一起的,离开了一方,另一方也就不存在了。

【原文】

子夏问孝。子曰:"色难①。有事②,弟子服其劳;有酒食③,先生馔④,曾⑤是以为孝乎?"

【注释】

① 色:容色,这里指子女侍奉父母时的和颜悦色。
② 有事:役使之事。
③ 食(旧读 sì):饭。
④ 先生:年长者,这里指父母。馔(zhuàn),饮食。
⑤ 曾(zēng):竟,乃,表示疑问。

【译文】

子夏请教什么是孝。孔子说:"侍奉父母时,始终保持愉悦的脸色才是困难的。遇到事情的时候,子女抢先去做;有酒食的时候,让长者先吃,难道说这就算是孝吗?"

【品鉴】

有长者在场,为人子女者要先劳后食,做在前面,吃在后面,而且还要保持愉悦的容色,就是说要心甘情愿,从心里觉得愉快高兴,两者具备才是孝。所以在孔子看来,孝不仅要有孝的行动,更重要的还是发自心底的愉悦感受。

【原文】

子曰:"吾与回①言终日,不违,如愚。退而省其私,亦足以发。回也不愚。"

【注释】

① 回:姓颜名回,字子渊,也称颜渊。据《淮南子·人间训》记载:"颜回何如人也?"孔子回答说:"仁人也。丘弗如也。"在仁的方面连孔子都认为自己不如颜回。

【译文】

孔子说:"我整天与颜回谈话,颜回从不提出反对意见,好像很愚钝的样子。可是我私下观察他的言行,却发现他对我的思想还能阐发。可见他并不愚。"

【品鉴】

这段话既表现出颜回重视思考,善于精研义理,深明大体,又表现出他刚毅木讷、内秀外钝的精神气象。

【原文】

子曰:"视其所以①,观其所由②,察其所安③,人焉廋④哉!人焉廋哉!"

【注释】

① 以:用、为。
② 由:经历。

③ 安：情志所向。

④ 廋（sōu）：隐匿、隐藏。

【译文】

孔子说："看看他现在所做的，考察他往日的经历，观察他现在是否安心，这样就可以整体把握一个人，这个人在你面前就没有什么可以隐藏的了！就没有什么可以隐藏的了！"

【品鉴】

观察一个人德行怎样，要看他以前的经历，现在的状况，以及现在是否安于这种现状，这是考察一个人言行德行的最重要的依据。

【原文】

子曰："温①故而知新，可以为师矣。"

【注释】

① 温：温习。

【译文】

孔子说："温习学过的知识而能举一反三，有新体会新发现，这样就能够为人老师了。"

【品鉴】

温故而知新，知什么新呢？为什么知新才可以为师？每个人都可以有自己的解读。不断温习旧的学过的东西，并能够灵活运用，举一反三，发现新情况，解决新问题，这才是一个为人师者所应该具备的基本条件。言外之意，作为教师，不仅仅要教会学生知识，更重要的是要教会学生怎样从所学知识中有所体悟、有所心得，教给学生灵活运用知识的能力。

辩证、灵活、创新的思想在孔子言论中随处可见。

【原文】

子曰："君子不器①。"

【注释】

① 器：器物。《周易·系辞传》说："形而上者谓之道，形而下者谓之器。"器指的是固定有形的器具。

【译文】

孔子说："为君子者不应该像器皿那样只有具体用途。"

【品鉴】

对于一般人来说，只懂得某一方面的知识、只具备某一方面的本领就行了，但对于君子来说，还远远不够。君子除了具有某一方面的技能外，还应懂得宇宙人生的大道理。

据柏拉图的《泰阿泰德》记载，古希腊的著名哲学家泰勒斯，有一次仰望星辰，不小心掉到枯井里，结果遭到了一位聪明的色雷斯女仆的嘲讽。只顾仰望天空，竟然忘记了脚下的事情。于是，柏拉图提醒我们："每一位献身哲学的人要随时准备接受这种嘲讽。"但是，问题在于，泰勒斯之所以掉到枯井里面，不是因为他仰望天空的缘故。在我们看来，仰望天空是为了更好地走好脚下的路。柏拉图在善意地提醒大家的时候，恰恰忘记了这一点。正如黑格尔所说："一个民族要有一些仰望天空的人才会有希望。只是关注脚下的事情，那是没有未来的。"君子就是那仰望天空的人，只有仰望天空，洞悉了宇宙人生大道的人，才能在生活和实践中从容应对，游刃有余。

【原文】

子贡问君子。子曰："先行①其言而后从之。"

【注释】

① 行：做，执行、实行。

【译文】

子贡向孔子请教什么是君子。孔子说："君子做事情要行在前，言在后，即先把要说的话做了，然后才能说出来。"

【品鉴】

对于一般人来说，往往是言多而行少，言先而行后，言有余而行不足，但是，君子不能这样。君子反对"巧言令色"，主张身体力行。孔子说过，"君子耻其言而过其行"（《宪问》），这就是说君子要少说空话多干实事，要少言多行、先行后言。

孔子曾叫漆雕开去做官，漆思考了一会说："吾斯之未能信"（《公冶长》），即我对做官这事没有把握，于是乎孔子高兴了。还记载一事，孔子曾谈及他最宠爱的"其心三月不违仁"的弟子颜回时说："吾与回言终日，不违，如愚。"（《为政》）孔子整日与颜讲学，颜从不提反对意见和疑问，如此这般孔子就欣赏他了。可见，孔子是不太喜欢夸夸其谈的人的，子路即属此类。有一次孔子与子路谈"正名"时，子路又冒冒失失抢话头讲话，终于惹怒了孔子，说："野哉，由也！君子于其所不知，盖阙如也。"(《子路》)意谓君子于自己不明白的事情就要有所保留，不可乱说。孔子还说过"刚毅木讷近仁"(《子路》)，君子"敏于事而慎于言"(《学而》)。这些都说明在言行关系上，孔子不大看重言，反对巧言令色的夸夸其谈者，却特别重视实实在在的社会实践活动（"行"）。

【原文】

子曰："君子周①而不比②，小人比而不周。"

【注释】

① 周：因忠信而亲密、亲和、调和。
② 比：勾结。

【译文】

孔子说："君子是团结而不是勾结，小人是勾结而不是团结。"

【品鉴】

君子不以个人私利为出发点，而是以大局为重，团结周围的人。这与小人不同，小人是以自己的营私小利为重，以实现个人私利为目的而勾结在一起。

【原文】

子曰："学而不思则罔①，思而不学则殆②。"

【注释】

① 罔（wǎng）：迷惘。

② 殆（dài）：1.危险、不安；2.通"怠"：懒惰、松懈；3.疑惑。

【译文】

只会读书而不思考，容易陷入迷惑；只会空想而不读书，容易导致懈怠和危险。

【品鉴】

做学问需要两种功夫，一是学，二是思。两者缺一不可，不能偏废。如果光读书不思考，学的东西就是死的、教条的，遇到问题不会解释，无法处理，这样就会使人感到迷惘，困惑；只是空想，不去读书，思而不学，不注意学习借鉴前人经验，没有扎实的基础知识，遇到事情就会无从下手，心里没底，空虚不安。

【原文】

子曰："攻①乎异端②，斯③害也已④。"

【注释】

① 攻：整治，研究。

② 异端：事物不同的另一方。

③ 斯：那么，就。

④ 斯害也已：为害很深。

【译文】

孔子说:"研究异端邪说,它的危害太深了。"

【品鉴】

这句话一般解释为,抨击异端邪说,其伤害就停止了。但是问题在于,异端邪说不是因为你抨击它,它就停止害人,就没有危害了,故这一解释于理不通。音韵训诂学家黄侃(1886—1935)认为:"攻,治也。"攻是治的意思,我们经常说"治学"就是这个意思。"斯害也已"指的是"为害之深也。"

【原文】

子曰:"由①,诲②女③知之乎!知之为知之,不知为不知,是知④也。"

【注释】

① 由:孔子的学生,性情直爽勇敢。姓仲名由,字子路,小孔子九岁。

② 诲:教导、指教。

③ 女:通"汝",你。

④ 知:同"智"。

【译文】

孔子说:"子路啊,让我告诉你什么是知吧!知道就是知道,不知道就是不知道,这就是知。"

【品鉴】

"知"是一种很高的境界,要想达到这种境界,首先应对自己有一个正确的认识和把握,知道自己知道什么,不知道什么。

任何人都不可能穷尽对天下万物的认识,任何人的知都是有限的。智者的高明,不在于他的无所不知,而在于他能够正确地对待自己的"知"与"不知"。

【原文】

子张①学干②禄③。子曰:"多闻阙④疑,慎言其余,则寡尤⑤;多见阙殆⑥,慎行其余,则寡悔。言寡尤,行寡悔,禄在其中矣。"

【注释】

① 子张:孔子弟子。姓颛孙,名师,字子张,陈人,小孔子四十八岁。

② 干:求。

③ 禄:旧时官吏的薪俸。

④ 阙(quē):缺。

⑤ 尤:过关。

⑥ 殆:危。

【译文】

子张请教如何求官得禄,孔子回答说:"多听则疑惑少,其余不疑惑的地方要谨慎说出,则减少过失;多见则危险少,其余没有危险的地方还要谨慎行动,则减少后悔。话少担忧少,行动谨慎则后悔少,求官职挣俸禄的道理就在这里。"

【品鉴】

　　这是孔子对为人豪爽、性格直率的子张的劝诫和忠告。听得多了知道的就多，知道的多了，疑惑就少，则说出话来必然直率勇敢，但孔子认为，这时候还是要慎言其余，觉得自己都明白的事情还是要谨慎说出，这样才能减少担忧。见的多了明白的就多，危险就少，行动起来就容易鲁莽大胆，但孔子认为，这个时候还是要行动谨慎，这样才能做到减少后悔。一个觉得自己"见多识广"的人，往往容易导致敢说敢做，言语直率，行动大胆，而这样做恰恰是很危险的，也是很不成熟的表现，尤其是想在官场做事的人，更不应该这样。慎言谨行是孔子思想的一贯主张。

【原文】

　　哀公①问曰："何为则民服？"孔子对曰："举直错②诸枉③，则民服；举枉错诸直，则民不服。"

【注释】

　　①哀公：鲁国国君，姓姬，名蒋，谥号哀。

　　②错：通"措"，放，置。

　　③枉：与直相对。不正直、不正派。

【译文】

　　鲁哀公问孔子："怎样做才能使民众服从？"孔子回答说："提拔任用正直的人，不使用那些邪僻不正直的人，则民众心服；任用心有邪念不正直的人而不提拔任用正直的人，则民众不会服从。"

【品鉴】

在孔子看来,领导者要取得民心,其实很容易。在一个团队中,不同的人都在以不同的方式和力量发挥着作用。是把邪僻不正的人放到正直的君子上面,让他们来统治正直的君子,还是把正直的君子放到邪僻不正的人上面,让他们来统治邪僻不正的人?这就是领导者能否获得民心的关键。

【原文】

季康子①问:"使民敬、忠以②劝③,如之何?"子曰:"临④之以庄则敬,孝慈则忠,举善而教不能则劝。"

【注释】

① 季康子:鲁国大夫,姓季孙,名肥,谥号康。
② 以:作连词"而"。
③ 劝:勉励、奖励。
④ 临:从高处往低处看。

【译文】

季康子问孔子:"要使民众学会敬上、忠孝和劝勉,应该怎样做呢?"孔子说:"让民众看见你的庄重严肃,他们就学会恭敬;让民众看见你的孝慈,他们则学会忠;举荐善者而教诲那些做不到的人,民众则相互劝勉为善。"

【品鉴】

　　既提倡主动推举贤善之人，又倡导用教育手段感化教诲那些不能为善的人，这样做才能使民众心服口服，上行下效，勤勉为善。

【原文】

　　或①谓孔子曰："子奚②不为政？"子曰："《书》③云：'孝乎惟孝，友于兄弟，施于有政④。'是亦为政，奚其为为政？"

【注释】

　　① 或：有人。
　　② 奚：为何，为什么。
　　③《书》：即《尚书》。
　　④ 惟孝，友于兄弟，施于有政：见《尚书·君陈》，原文是："惟孝，友于兄弟，克施有政。"或以为"施于有政"一语是孔子的话。有，语助词，无义。

【译文】

　　有人问孔子："先生为什么不去从政？"孔子说："《尚书》上讲：'孝，就是孝敬父母，友爱兄长，把这些做法推而广之就是为政。'这样做就是为政了，为何非要当官才叫为政呢？"

【品鉴】

　　什么是"为政"？在儒家看来，正人之不正以归于正，这就是"为政"。正人是"为政"，正己也是"为政"；正国是为政，正家也是"为政"。如果每个人、每一家皆归于正，则天下必归于正。所以，《大学》

说:"身修而后家齐,家齐而后国治,国治而后天下平。"

【原文】

子曰:"人而无信,不知其可也。大车①无輗②,小车无軏③,其何以行之哉!"

【注释】

① 大车:牛车。
② 輗(ní):车辕与驾辕的衡木相衔接的销子。
③ 小车:指马车。軏(yuè),插在车辕前端与车衡连接处的活销。

【译文】

孔子说:"人如果没有诚信,不知还可以做什么。大车如果没有'輗'和牛连接起来,小车如果没有'軏'和马连接起来,大车、小车怎么能够行走!"

【品鉴】

"人而无信,不知其可也。""信"是儒家"五常"之一,人无信不立。人而无信,就不能立足于社会。晋人傅玄说:"以信待人,不信思信。不信待人,信思不信。"(《诸子百家丛书·傅子·义信》)意思是说,如果你用信来对待别人,不讲信的人也愿意对你讲信。如果你用不信来对待别人,就是讲信的人也不愿意和你讲信了。

【原文】

子张问:"十世①可知也?"子曰:"殷因②于夏礼,所损益,可知也。周因于殷礼，所损益，可知也。其或继周者，虽百世，可知也。"

【注释】

① 十世：十代。古人以三十年为一世。
② 因：沿袭。

【译文】

子张问孔子："十代以后的事情能不能知道？"孔子回答说："殷代沿袭夏代的礼仪制度，对夏礼的增减，是可以知道的。周代沿袭殷代的礼仪制度，对殷礼的增减，是可以知道的。周代以后的朝代，即使过了百世，也是预先可以知道的。"

【品鉴】

事历古今，世世相因，百代仍袭，是因为每个朝代所沿袭继承的前一朝代的那个道统是不能改变的。这个道统就是"殷因"，是"因"的对象，即是指"三纲五常"，其所定位的"三纲"，指的是君臣、父子、夫妇这三种基本关系，其中君为臣纲、父为子纲、夫为妻纲。"纲"指的是"起决定作用的部分"，也就是说在这三种关系中，君、父、夫分别起着决定性的作用，或者说是主导作用；而"五常"的内容指的是仁、义、礼、智、信五种基本道德，这是人性所决定的，因此是永恒不变的。孔子认为这就是道统，它涵盖人伦之始，天地之正，也是礼的大体。我们可以从先贤的著述中看到，所有对人、对社会、对历史的基本认识，都逃逸不开对这个道统的论述。

历史可以更迭，但不可以重复。有兴必有废，有废必有兴。朝代变了，所因袭的道统也要有所损益。"益之损之，与时宜之。"（程树德《论语集释》）所损、所益的部分一定是新的朝代通过对以往历史经验的总结，对所沿袭的礼仪制度不断给以符合当下时代的新的诠释。"夏尚质，殷尚鬼，周尚文"，周代更崇尚"文"，这个改变就是因袭损益的结果，也正是周代在文化制度上的大胆变革。

因此，当子张问孔子十世以后的事情怎么才能知道时，孔子就把损益思想拿出来回答子张。在孔子看来，要根据社会历史的变化发展，要通过对以往朝代礼仪制度的继承，并在继承的基础上有所增加或者减少，从而对以往礼仪制度进行适合于自己朝代的革新和改造。认识既往，把握未来，按照这样一种认识方式，就是历史发展到一百年以后，也是可以预知的。

【原文】

子曰："非其鬼①而祭之，谄也。见义不为，无勇也。"

【注释】

① 鬼：古代人死为"鬼"，一般指死去的祖先。

【译文】

孔子说："不是你家的祖先却祭祀他，这是献媚。遇到应该挺身而出的事情却袖手旁观，这不是勇敢。"

【品鉴】

不是自己的祖先却去祭祀他，并非是应当做的事。见义勇为，是应当做的事。去做不本应该做的事，就是谄媚，就是无耻。对应当做的事却无所作为，是无勇，也是无耻。

第三章　八佾篇

【原文】

孔子谓季氏①："八佾②舞于庭,是可忍③也,孰④不可忍也!"

【注释】

① 季氏:季平子。季孙氏、孟孙氏、叔孙氏,曾轮流在鲁国执政。但这里的季氏究竟是谁,历史上有不同说法。《左传·昭公二十五年》《汉书·刘向传》认为此季氏就是季平子,即季孙意如。韩婴《韩诗外传》认为此季氏是季康子。马融《论语注》认为此季氏是季桓子。《左传》的记载可信度应更高些,因此,这里的季氏是季平子的可能性大些。

② 八佾(yì):佾,列。八佾,古代乐舞的行列,一列八人为一佾。八佾是八列,八八六十四人,只有天子才能用,诸侯用六佾,大夫用四佾,士用二佾。古代舞蹈用人的多少,表示贵族之间的等级差别。

③ 忍:忍心,容忍。

④ 孰(shú):什么。何、谁。"谁"专指人,"孰"可以指人,也可以指物。

【译文】

孔子谈到季氏时说:"他用六十四人在庭院中舞蹈奏乐,做这种事情都能够容忍,还有什么不能容忍的!"

【品鉴】

"礼"在儒家思想中具有重要的位置。复旦大学原副校长、著名历史学家蔡尚思先生认为,"礼"是孔子思想的中心概念。一个人不小心犯错误,一般来说,是可以原谅的。但是,一个人若是违背了"礼",就无论如何也不能原谅。季孙氏公然"八佾舞于庭",就属于严重违礼的错误。正如清代的哲学家戴震所说:"人死于法,犹有怜之。死于理,其谁怜之!"因此,在儒家看来,违背人伦礼仪的大错,既是不能容忍的,也是无法原谅的。

【原文】

三家①者以《雍》②彻③。子曰:"'相④维⑤辟公⑥,天子穆穆⑦。'奚⑧取于三家之堂⑨?"

【注释】

① 三家:鲁国当政的卿大夫仲孙、叔孙、季孙,大夫称家,故称三家。
②《雍》:《诗经·周颂》里的一篇诗歌,是周天子祭祀先祖时用以演奏的歌颂先王功德的作品。
③ 彻:同"撤",撤去、撤除。
④ 相(xiàng):助。
⑤ 维:虚词。

⑥ 辟公：诸侯。

⑦ 天子：主祭的周天子。穆穆：形容端庄恭敬的仪态。

⑧ 奚：疑问代词。什么、哪里。

⑨ 堂：神堂。

【译文】

仲孙、叔孙、季孙三家举办的家祭，居然使用天子之礼，演奏《雝》来撤祭。孔子说："《雝》诗里说：'助祭的是诸侯，肃穆主祭的是天子。'但是，三家祭祀的时候，哪里有诸侯来助祭，哪里有天子来主祭！《诗经·雝》的这句话怎能用于三家祭祖的大厅上呢？"

【品鉴】

古人认为，乐是区别礼序差等、尊贵卑贱的。故行礼奏乐时，要注意区分天子之乐和士人之乐。如果你是士人，则不能僭越级别去行上一级别的乐。仲孙、叔孙、季孙三家在当时的鲁国虽然控制着鲁国的实权，但却不是天子，不能配享天子祭祀时用的乐歌。这和上一篇说季氏不能享用天子的八佾之舞乐一样，违反礼序，"是可忍，孰不可忍"。

【原文】

子曰："人而不仁，如礼何？人而不仁，如乐何？"

【译文】

孔子说："一个人没有仁爱之心，只知道遵守礼仪有什么用呢？一个人没有仁爱之心，礼乐又有什么用呢？"

【品鉴】

"仁"是孔子伦理思想的核心,"仁者爱人","为仁由己"。钱穆先生说:"仁乃人与人间之真情厚意。"一个人心中若没有一番真情厚意、真情实感,践礼奏乐都没有用。因此,从仁出发理解一个人,是为人的最基本的要求。作为一个人,最重要的是他是否是一个仁人,连识仁都做不到,就谈不上行礼,更不要说还能作乐了。所以,孔子在这一章里充分强调了仁在礼乐中的重要地位。仁是礼乐的内在基础和根本,礼乐又是仁的外在表现和形式。以仁为核心,行礼作乐,则符合整个社会的道德规范和要求。

在孔子看来,季氏使用天子才能使用的八佾之舞,三家使用天子才能使用的诗歌,都是僭越行为,严重违反了礼乐制度,因而,为孔子所不齿。

【原文】

林放①问礼之本。子曰:"大哉问!礼,与其奢也,宁俭;丧,与其易②也,宁戚③。"

【注释】

① 林放:鲁国人,生卒年不详,当在春秋末年。汉代《文翁礼殿图》有他的画像和名字,疑是孔子弟子。

② 易:治理,引申为周备。

③ 戚:忧伤、悲哀。

【译文】

孔子门人林放请教什么是礼的本质。孔子说:"问得好!讲究礼仪,与其追求奢侈浮华，不如约省节俭；置办丧事，与其礼仪周备，不如真切表达内心的悲伤与哀愁。"

【品鉴】

《礼记·檀弓上》有一段话，与此可互相印证，其云："子路曰：吾闻诸夫子，丧礼与其哀不足而礼有余也，不若礼不足而哀有余也。祭礼，与其敬不足而礼有余也，不若礼不足而敬有余也。"可见。孔子于"礼"皆取其实效，而不拘泥于外表的繁文缛节。

【原文】

子曰："夷狄①之有君，不如诸夏②之亡③也。"

【注释】

① 夷狄：中原周边的少数民族地区，如东夷、西戎、南蛮、北狄。
② 诸夏：周天子分封的诸侯国。
③ 亡：通"无"。

【译文】

孔子说："文化落后的少数民族虽然有君主，还不如中原诸夏没有君主。"

【品鉴】

孔子非常重视礼乐教化，在他看来，中原诸国之所以高于周边文化落后的少数民族地区，就在于中原诸国尊卑有序，上下有分，礼兴乐盛。但是，看看周朝的诸侯国，诸侯可以挟持天子，陪臣可以执掌国政。这样的局面如果长期不能改变，中原诸国和周边的少数民族之地又有什么不同呢？

【原文】

季氏旅①于泰山。子谓冉有②曰："女弗能救③与？"对曰："不能。"子曰："呜呼！曾谓泰山，不如林放乎④？"

【注释】

① 旅：祭祀。郑玄注《周礼·天官》："国有故而祭亦曰旅。"何晏注《论语·八佾》："旅，祭名也。"季氏作为鲁大夫去祭泰山是僭越行为。

② 冉有：姓冉，名求，字子有。鲁国人，小孔子二十九岁，曾为季氏家臣。

③ 救：阻止。

④ "曾谓泰山，不如林放乎"：难道说泰山神还不如林放知礼，而会接受季氏的祭祀吗？

【译文】

季氏去泰山祭祀。孔子对冉有说："你不能阻止他吗？"冉有回答说："不能。"孔子说："唉！林放都知道问礼，难道说泰山神还比不上一个林放吗？"

【品鉴】

按照当时礼制的规定，天子和诸侯才有资格祭祀名山大川，而诸侯的祭祀活动应严格限制在自己的封地之内。季氏只是鲁国的大夫，却去祭祀泰山，显然不合礼制，是僭礼的行为。

【原文】

子曰："君子无所争。必也射①乎！揖让而升②，下而饮，其争也君子。"

【注释】

① 射：指射礼，有大射、乡射等名目，统治阶层通过射箭比赛选士或会民，其过程有固定的仪式程序。
② 揖让：宾主相见的礼节。升：指登堂。射礼在堂上进行。

【译文】

孔子说："君子没有什么可以与别人争个高低的事情，如果有，一定是射箭比赛吧！相互揖让着走上堂去，比赛过后走下堂来，举杯对饮，这就是君子之争。"

【品鉴】

君子不争，非要有的话，那就是在赛场上。场上认真参加比赛，遵守比赛规则，奋力拼搏，场外又相互尊重，团结友爱。君子是以其不争，故天下莫能与之争的风度出现的。

【原文】

子夏问曰："'巧笑倩①兮，美目盼②兮，素③以为绚④兮。'何谓也？"子曰："绘⑤事后素。"

曰："礼后乎⑥？"子曰："起⑦予者商也！始可以言《诗》已矣。"

【注释】

①倩：美好动人，笑貌。

②盼：眼睛黑白分明，形容眼里流转的美丽。

③素：没有染色的绢，白色的。

④绚：有文采，色彩绚丽。

⑤绘：彩绣、绘画。

⑥礼后乎：意谓礼形成于仁义基础上。

⑦起：启发。

【译文】

子夏问孔子说："'巧好的一笑真靓丽呀，一双眉目盈盈流盼好清亮呀，洁白的衣服上秀的花好绚丽呀。'《诗经》里的这几句诗是什么意思？"孔子回答说："先有白色的底子，然后再绘上图画。"

子夏又说："就是说礼是后来产生的了？"孔子说："卜商啊，能启发我的人就是你啊，现在我可以与你谈论《诗经》了。"

【品鉴】

为什么巧好的笑容会那么美丽？为什么一双流盼的眼睛会那么动人？为什么一身洁白的衣服绣上花显得那么绚丽？这些和礼有什么关系？孔子说，这是因为先有一个没有污染的白色的底子，这样绣上的花儿看起来才更美丽。从一个人的长相来说，一定是要先具备一颗纯洁善良的心，那么她的笑才是最动人的。对于一个人来说，要首先学会做一个人，做一个具有真实情感的人，一个仁人，加上外在的礼义，人才能活得精彩。在这一意义上，礼是后起于仁义的。

【原文】

子曰:"夏礼,吾能言之,杞①不足徵②也。殷礼,吾能言之,宋③不足徵也。文献④不足故也。足,则吾能徵之矣。"

【注释】

① 杞:夏王朝后裔的封地。

② 徵:在古代"征"和"徵"是两个字,意义不同。此处徵是证明的意思。

③ 宋:国名,国君是商汤的后代。

④ 文:指典籍。献:贤者。

【译文】

孔子说:"夏代的礼仪制度,我能说出来,杞国不能证明。殷代的礼仪制度,我能说出来,宋国不能证明。这些都是因为留存文献不足的缘故。如果文献齐全,我也能证明出来了。"

【品鉴】

孔子凭借什么可以自信地说出夏礼和殷礼,而且还是在文献不足的情况下?他是根据什么来说的?

孔颖达说,是"夏商之后不能行先王之礼也",杞、宋两国的国君昏乱,对夏朝礼仪制度的文献保存不全,因此不能对过去的礼仪制度给以足够的证明。而孔子却能,为什么?这是因为虽然夏和殷已经灭亡,但西周把杞国和宋国分封给它们的后裔,所以它们各自的文化还是有一些遗风留存的,而最重要的,是文化的性格和精神,不论文化的风貌、形式如何演变,只要历史没有中断,总能够辨认出它独特的气质和个性。

这就是孔子看重和崇尚的自尧舜以来的儒家一以贯之的道统精神。

【原文】

子曰:"禘①自既灌②而往者,吾不欲观之矣。"

【注释】

① 禘(dì):古代帝王或诸侯在祖庙里祭祀先祖的大礼。
② 灌:禘祭开始时第一次献酒,酌(zhuó)以郁金草汁所和的鬯(chàng)酒(香酒)献尸(尸:古代祭祀时代表死者来接受祭祀的人)。尸受酒后,将酒灌地,以求降神。

【译文】

孔子说:"禘礼的仪式从第一次献酒以后,我就不想看了。"

【品鉴】

鲁国因其始祖周公旦有功勋于天下,周成王特赐以天子礼乐祭周公,所以鲁国周公庙有禘礼。因为没有天子主祭,所以主祭人要由鲁君担任。孔子认为不合礼。

【原文】

或问禘之说。子曰:"不知也。知其说者之于天下也,其如示①诸斯乎!"指其掌。

【注释】

① 示:通"置"。

【译文】

有人向孔子请教关于禘祭的问题。孔子说:"我不知道。知道禘祭说法的人,对于治理天下来说,就如同把东西放在这里一样吧!"孔子一边说,一边指着自己的手掌。

【品鉴】

礼是天地的秩序。孔子认为,知礼,就可以治天下。禘祭是非常隆重的祭祀仪式,南宋哲学家朱熹说过:"禘是追远之中又追远,报本之中又报本。""禘之意最深长。"(黎靖德《朱子语类》,)因此,若能洞悉禘祭的程序和包含其中的深意,也就明白了治国平天下的基本道理了。

【原文】

祭①如在,祭神如神在。子曰:"吾不与②祭,如不祭。"

【注释】

① 祭:这里指祭祖先。
② 与(yù):参加。

【译文】

祭祀祖先的时候,要感觉祖先就在那里,祭祀神的时候,要感觉神就在那里。孔子说:"我要是不能亲自参加祭祀,就不如不祭。"

【品鉴】

《春秋繁露·祭义》说:"'祭然后能见不见之者。'见不见之见,然后知天命鬼神。知天命鬼神，然后明祭之意。明祭之意，乃知重祭祀。"儒家非常重视祭祀行为，认为："事死如事生""事亡如事存"，对待过世的祖先应该像对待他生前一样，虽然我们再不能见到他活生生的样子，但是要以心期待他。祭祀的时候，你要能够感觉到祖先仿佛就站在那里，栩栩如生。这就是心的感知，也就是心诚的力量、诚信的力量。祖先已亡，祭祀仪式应能够承载起这种力量，这就是祭祀的意义。通过祭祀，活着的人要懂得天命鬼神，从而畏天命而不敢欺骗天命，信天命而不敢任性独行，敬事天命而又不能过度依赖它，这就是对待生的态度。祭祀百神也是如此，神不可测，不可见，但既然去祭祀，就应以真诚心相待。祭祀先祖百神时，要觉得他们就在自己面前。所以，朱熹说："诚敬以聚吾之精神"，这种精神便是"祖考精神"。因此，"圣人制祭祀之意深远。非常人所能知"。（黎靖德《朱子语类》）

孔子既重视祭祀的内容又重视祭祀的形式，所以他说，如果自己不能亲自去祭祀，那就还不如不祭。自己不能参与祭祀仪式，自己的心没有承载的对象，还不如不参加，没有意义。

【原文】

王孙贾①问曰："与其媚于奥②，宁媚于灶③。何谓也？"子曰："不然。获罪于天，无所祷也④。"

【注释】

① 王孙贾：卫国的执政大臣。

② 奥：屋子里的西南角。西南角比较隐秘，所以是尊贵的家神所处的地方。

③ 灶：灶神，掌握着饮食大权。虽然地位卑下，但是能解家人急用。这里可能分别以奥神和灶神比喻朝中近臣和权臣。

④ 无所祷也：此句意谓祭什么神都没有用处了。

【译文】

王孙贾问孔子："与其朝着西南角的尊贵的奥神献媚，不如讨好有实权的灶王爷的赐福。这是什么意思？"孔子回答："我不是这样看。要是犯下滔天大罪，怎么着都没用。"

【品鉴】

"获罪于天，无所祷也。"天是至上的，唯一的，一个人要是得罪了上天，无论去求谁，都没用了。"天"是孔子哲学的最高范畴，它既是客观存在着的物质世界，也是物质世界的原理与法则，还具有情感意志的内涵。不懂得天命，不把握物质世界的原理和法则，就不能成为对社会有大用的君子，所以，他说："不知命，无以为君子。"

【原文】

子曰："周监①于二代②。郁郁③乎文④哉！吾从周。"

【注释】

① 监（jiàn）：借鉴。

② 二代：指夏、商两朝。

③ 郁郁：文采繁盛之貌。

④ 文：指礼乐仪制。

【译文】

孔子说:"周礼借鉴了夏、商两代的礼制。真是丰富多彩啊!我赞同周礼。"

【品鉴】

孔子之所以"从周",是因为周朝的礼制周备,文化繁荣,用他的话说就是"郁郁乎文哉"。但是周王朝为什么能够出现"郁郁乎文哉"的盛世繁荣景象呢?原因就在于"周监于二代",周朝对夏商二代的礼制有"损"有"益",继承了夏商"二代"物质文明和精神文明的优秀成果,抛弃了夏商"二代"消极落后的因素,并增添了为夏商所不能容纳的新内容。

【原文】

子入太庙①,每事问。或曰:"孰谓鄹人②之子知礼乎?入太庙,每事问。"子闻之曰:"是礼也。"

【注释】

① 太庙:古代开国之君叫太祖,太祖的庙叫太庙。鲁国太庙是周公庙。
② 鄹(zōu)人:鄹,地名。孔子的父亲叔梁纥,他曾经做过鄹大夫。

【译文】

孔子到了周公庙,每件事都要问。有人因此说:"谁说叔梁纥的儿子懂礼?他到了太庙,什么事都要问别人。"孔子听到这话说:"这正是礼啊!"

【品鉴】

"子入太庙，每事问。"孔子到了鲁国周公庙，什么事情都仔细询问，既表明他对太庙祭礼做过深入思考和研究，兴致甚浓，又表明他对祭礼怀有敬慎谦恭之情。

在一般人看来，不懂才问，问是因为不懂。但问题还有另外一面，这就是，只有当我们能提出某一方面的问题时，才表明我们对这一方面的内容有所思考，有所研究。研究得越深，能够提出的问题也就越多。若连问题都提不出来，连问题都发现不了，那就表明我们对这一方面的内容真的就一无所知了。

【原文】

子曰："射①不主皮②，为力不同科③，古之道也。"

【注释】

① 射：指演习礼乐的射。
② 皮：古时箭靶用布或兽皮做成，故用皮代指箭靶子。
③ 科：等级、类别。

【译文】

孔子说："射箭比赛时不一定要射穿箭靶子，只要射中就行了，人的力气大小不同，这是自古以来的规矩。"

【品鉴】

大射观德，小射观力。每个人的力量有大小，重要的在于其精神。人在射箭时的精神和样态是不受力气大小限制的，只要你努力去做就行了。所以朱熹认为，只要"内志正，外体直"，虽"射不贯革，其礼容自可取"。

【原文】

子贡欲去告朔①之饩②羊。子曰："赐也！尔爱其羊，我爱其礼。"

【注释】

① 告朔：朔：阴历的每月初一。每年的冬季，天子就把第二年的历书颁发给诸侯，诸侯接受了这个历书就要将它藏在祖庙，每月初一，便杀一只活羊祭在庙里，叫作"告朔"。
② 饩（xì）：祭祀用的活羊。

【译文】

子贡想要撤掉鲁国每月初一告祭祖庙的那只活羊。孔子说："赐呀，你在意那只羊，而我在意它所表达出来的礼。"

【品鉴】

"告朔"活动，到春秋时逐渐就名存实亡了。鲁国从文公时就不再到祖庙举行"告朔"，祖庙的人只是杀一只活羊应付了事，因此，子贡说那就不必留这个形式，干脆不要再杀羊了，但孔子不同意，鲁君虽然不行告朔的仪式，但后人见有告朔的羊，也认为还有这样一个告朔仪式，如果再去掉告朔的羊，那就让后人无从知道还有告朔之礼了。可见，孔子对祭礼还是情有独钟的。

【原文】

子曰:"事君尽礼,人以为谄也。"

【译文】

孔子说:"服侍君主要依照臣子的礼节去做,别人却以为你在献媚。"

【品鉴】

孔子生活的春秋末年,正是"礼崩乐坏"的时代,君臣多无礼,但是孔子依然尊君如尊父,尽心恪守和维护着君臣之礼,所以别人不理解他,诋毁他,认为他这是在向君王献媚讨好。但在孔子看来,"礼"是天地之序、人伦之则,任何情况下都不能废弃。

【原文】

定公①问:"君使②臣,臣事君,如之何?"孔子对曰:"君使臣以礼,臣事君以忠③。"

【注释】

① 定公:鲁定公,名宋。鲁哀公的父亲。鲁昭公的弟弟,继昭公而立,在位十五年,"定"是其死后的谥号。
② 使:任用、驱使。
③ 忠:尽心竭力,忠诚无私。

【译文】

定公问道:"君主使唤臣子,臣子侍奉君主,应该怎么做?"孔子回答说:"君主对待臣子应该遵守礼仪,臣子侍奉君主应该尽心竭力,忠诚无私。"

【品鉴】

在君臣关系中，君主当知为君之道，懂得使用臣子不是可以颐指气使、随意指派的，而是必须做到礼贤下士，依礼而行；而臣下当尽为臣之道，奉君主应尽献忠诚。君以礼御臣，臣以信奉君。君臣各尽其道，则天下可治！

【原文】

子曰："《关雎》①乐而不淫②，哀而不伤③。"

【注释】

①《关雎》：《诗经》的第一篇。

②淫：过度，没有节制。

③伤：这里指过度悲伤。

【译文】

孔子说："《关雎》之乐的特点是，乐而有节制，悲哀而又不至于伤感。"

【品鉴】

古代的诗歌原本都是配乐演唱的，因此都和音乐有着极为密切的关系。悲和喜是情感的两极，快乐到极点，情感上升到抛物线的顶端，接下来必然会遭受失落，可谓乐极生悲。音乐可以用来表达情感，宣泄情欲。在孔子看来，音乐应该是以一种健康的方式来表达情感，以正确的方法实现情欲的宣泄。能够做到乐而有节制，哀而不伤感，这才是音乐中和之美的极致。

【原文】

哀公问社①于宰我②。宰我对曰："夏后氏③以松，殷人以柏，周人以栗。曰使民战栗。"子闻之曰："成事不说，遂④事不谏⑤，既往不咎⑥。"

【注释】

① 社：土地神。这里指为土地神做成的牌位。
② 宰我：孔子学生，姓宰，名予，字子我。
③ 夏后氏：即夏朝。
④ 遂：完成、成就、顺利地做到。
⑤ 谏：规劝、纠正。
⑥ 咎：归罪、责怪。

【译文】

鲁哀公问宰我土地神的牌位是用什么材料做成的。宰我回答说："夏代用松木，殷代用柏木，周代用栗木。意思是让民众战栗。"孔子听了这话后说："已经做了的事就不再责备了，已经成为事实的事情就不要再挽救了，已经造成后果的事情就不要再批评了，过去的事情就不要再追究了。"

【品鉴】

孔子是一个现实主义者，凡事都主张向前看。比如说，宰我替哀公出主意，但不合时宜，且有失言之过。事已至此，都过去了，再责备他已经没有用了。孔子对宰我的言论采取了理性宽容的态度。诚如朱熹所说："孔子以宰我所对，非立社之本意，又启时君杀伐之心，而其言

已出，不可复救，故历言此以深责之，欲使谨其后也。"(《四书章句集注》)

【原文】

子曰："管仲①之器②小哉！"

或曰："管仲俭乎？"曰："管氏有三归③，官事不摄④，焉得俭？"

"然则管仲知礼乎？"曰："邦君⑤树塞门⑥，管氏亦树塞门。邦君为两君之好，有反坫⑦，管氏亦有反坫。管氏而知礼，孰不知礼？"

【注释】

① 管仲：春秋时期齐国人，名夷吾，字仲，齐桓公的卿。

② 器：气量、度量。

③ 归：女子出嫁。

④ 摄：兼职。

⑤ 邦君：国君。

⑥ 树塞门：古代诸侯在门口立屏以遮蔽视线，以别内外。树：屏，影壁。塞：遮蔽的意思。按礼制，此为天子诸侯所用。

⑦ 反坫（diàn）：古代君主招待别国国君时，放置献过酒的空杯子的土台。

【译文】

孔子说："管仲的气量很小啊！"有人说："那是管仲节俭吧？"孔子说："管仲有三处家室，手下的人又不兼差，哪里来的节俭？"又问："那么，管仲懂得礼节吗？"孔子说："国君在门口立屏风，管仲也这么做。国君招待邻国的国君时，堂内设置放酒杯的台子，管仲在自己家里也放这样的台子。如果管仲这样做都叫作知礼，还有谁不知礼？"

【品鉴】

在孔子看来，管仲其人有两面性，一方面是严重的"不知礼"，另一方面孔子又称他是个"仁"人。管仲有"三归""有反坫"，且其"官事不摄"而又"器小""不俭"，这都是严重地不知"礼"。但是，在《宪问》篇，孔子说管仲帮助"桓公九合诸侯，不以兵车"，"管仲相桓公，霸诸侯，一匡天下，民到于今受其赐。"这又是管仲之"仁"的表现。

那么，仁和礼相比较，谁高谁低呢？匡亚明认为，管仲违礼，但孔子又以仁相称，表明在孔子思想体系中"仁"是在"礼"之上的。但是在我们看来，违礼的管仲何以如此被孔子器重并许之以"仁"，原因在于，孔子谈"仁"的标准是治国安民的社会实践（"行"）。只要能"行"得好，"行"得国治天下平，至于是否合"礼"，就是次要的事情了。这里的要害和关键是"行"。

【原文】

子语①鲁大师②乐，曰："乐其可知也：始作，翕③如也；从④之，纯如也，皦⑤如也，绎⑥如也。以成。"

【注释】

① 语（yù）：告诉。

② 大（tài）师：乐官名。大，通"太"。

③ 翕（xī）：盛大。

④ 从（zòng）：放纵、奔放、展开。

⑤ 皦（jiǎo）：清晰、分明。

⑥ 绎：连续不断。

【译文】

孔子对鲁国的大师讲音乐时说："演习乐曲的道理是可以知道的：开始演奏的时候，五声盛大而又热烈奔放；接下来，五音纯正和谐，清晰有致；最后，绎绎相续，缭绕不绝。至此，演奏完毕。"

【品鉴】

《礼记·乐记》说："乐者，天地之和也。""乐由天作，礼以地制。""明于天地，然后能兴礼乐也。"这表明乐和礼，都是天地万物的反映。只有掌握了天地万物的基本规律，才能制礼兴乐。

【原文】

仪封人①请见，曰："君子之至于斯也，吾未尝不得见也。"从者见之。出曰："二三子②何患于丧③乎？天下无道也久矣，天将以夫子为木铎④。"

【注释】

① 仪封人：仪，地名。封，边界。封人，镇守边疆的官。

② 二三子：为封人引见孔子的几个弟子。

③ 丧：这里指失去官位。

④ 木铎：铜质木舌的铃铛，是古代用来发布政令的工具。铎是铃铛，其体为金，舌有金、木之异，分金铎和木铎。武事的时候振金铎，

文事的时候振木铎。这里比喻孔子将传道天下。

【译文】

仪这个地方的官请求谒见孔子，说："贤人君子到我这个地方来，我都想见一面。"随从孔子的学生让他见到了孔子。从孔子处出来后，便说："学生们何必要担心文明要丧失呢？天下无道已经很久了，上天将让孔夫子他老人家传播文明教化。"

【品鉴】

孔子生于天下无道的时代，故常怀匡济天下之心，他的这种匡世情怀，会感染周围的每一个人。所以，当仪封人拜访孔子后，自然就发出了"天下无道也久矣，天将以夫子为木铎"的感慨。意谓传播文化，实施政教，匡济天下，是上天赋予孔子的使命。

【原文】

子谓《韶》①："尽美矣，又尽善也。"谓《武》②："尽美矣，未尽善也。"

【注释】

①《韶》：舜时期的乐曲名。
②《武》：周武王时期的乐曲名。

【译文】

孔子谈到《韶》时说："美极了，内容又好极了。"谈到《武》时说："美极了，但是内容还没有足够好。"

【品鉴】

《韶》是舜时期的乐曲名。舜的天子之位是由尧"禅让"而得来的,所以《韶》乐表达的是圣德之至,是最大的德,可以说《韶》乐崇尚道德;而《武》乐是周武王征伐取天下时候的乐曲,形式固然很美,但《武》乐崇尚武力,缺乏内在的仁义善美。孔子是个"尚德"不"尚力"的人,所以他不会欣赏《武》。

【原文】

子曰:"居上不宽,为礼不敬,临丧不哀,吾何以观之哉?"

【译文】

孔子说:"居统治地位的人不宽宏大量,践行礼仪不庄严敬重,亲临丧事不表达悲哀,这个样子我还怎么能够看得下去?"

【品鉴】

从八佾舞于庭、季氏祭祀泰山,到居上不宽,为礼不敬,临丧不哀,孔子生活的春秋时代,礼崩乐坏,违礼、僭礼现象处处可见。在这样的大环境下,孔子依然坚持不懈地弘扬礼制,传布文明,教化天下。其学足为人师,其行足为当世典范。

第四章　里仁篇

【原文】

子曰:"里①仁为美。择不处仁,焉②得知③?"

【注释】

① 里:居住。

② 焉:安,怎么。

③ 知:智,智慧。

【译文】

孔子说:"选择有仁义风尚的地方居住才好。选择没有仁义风俗的地方居住,怎能算是聪明呢?"

【品鉴】

18世纪法国著名哲学家爱尔维修在《论精神》中提出了"环境"和"人"的关系问题。但是,他陷入了究竟是"环境决定人",还是"人的观念决定环境"这一悖论中。"里仁为美",讲的是环境对人的重要作用。"孟母三迁"的故事,说的是孟子的母亲为了让儿子能够住在一个良好的环境中，才三次搬迁。"近朱者赤，近墨者黑"，如果周围的人都懂得礼义廉耻，就能形成良好的人文环境和社会氛围，身在其中便被熏陶渐染以成道德仁人。因此，孔子才说："里仁为美"。

【原文】

子曰："不仁者，不可以久处约①，不可以长处乐②。仁者安仁，知者利仁。"

【注释】

① 约：节俭，贫困。
② 乐：安乐，引申为富贵。

【译文】

孔子说："不仁的人，不可以长久处于贫困节俭之中，不可以长期处于富贵安乐之中。仁者安心于自己现存的生活，有智慧的人则能够去除私意、判断是非而行仁义。"

【品鉴】

没有仁德的人，就没有信心和力量长期过一种贫困节俭的生活；没有仁德的人，也不可能长期生活在富贵和安乐之中。唯有仁人君子才会既能在困苦之中保持仁德之心，又能在富贵欢乐的生活中保持平静谦逊善良的心。唯有自处于仁义的君子，才能自始至终乐德好仁；唯有有智慧的人，才能够去除私意，明辨是非，践仁行义。

这里有一个"由仁义行""行仁义"的区别。"由仁义行"，是说内心有了仁义的大原则，不管做什么，都会"随心所欲而不逾矩"，这就是

"有仁义之心而行仁义之事"。而"行仁义"呢？一个人可能有仁义之心，也可能没有，但是没有仁义之心的人也可能做好事，就像一些恶人可以装模作样地做好事，这就是"无仁义之心而行仁义之事"。

【原文】

子曰："唯仁者能好①人，能恶②人。"

【注释】

① 好（hào）：喜欢、喜爱。
② 恶（wù）：讨厌、不喜欢。

【译文】

孔子说："唯有仁人能知道爱应当爱的人，憎应当憎的人。"

【品鉴】

"仁人"并不是不辨是非、对谁都好的"好好先生"。孔子在评价他最得意的弟子之一颜渊时，称赞颜渊是"仁人也"，并感慨地说："丘弗如也。"意思是说，在"仁"的方面，孔子赶不上他的弟子颜渊。但是，孔子接着又指出，自己高于颜渊的地方在于，他"仁且忍"。孔子把"忍"作为"仁"的对立面来使用，有"残忍""狠心"的意思。如果说颜渊是不分对象和条件无原则地讲"仁"，孔子则是把"仁"和"忍"很好地结合起来，在"仁"和"忍"之间保持合适的尺度和张力，当"仁"时就"仁"，当"忍"时就"忍"。这无疑是一种远远高于他的弟子颜渊的一种"仁"的境界。

【原文】

子曰:"苟①志②于仁矣,无恶也。"

【注释】

① 苟:如果。朱熹解为"诚也",亦通。
② 志:立志。

【译文】

孔子说:"如果真正立志于仁德,就不会做坏事了。"

【品鉴】

孔子认为,人的本性是相近的,只是后天的生活和实践才使得人性呈现出了巨大的差异。一个人如果能够矢志于仁,诚信向善,不管他怎样变化,起码能做到不去做坏事。

【原文】

子曰:"富与贵,是人之所欲也,不以其道得之,不处也;贫与贱,是人之所恶也,不以其道得①之,不去也。君子去仁,恶乎②成名?君子无终食③之间违仁,造次④必于是,颠沛⑤必于是。"

【注释】

① 得:或以为"去"字之说。今仍据原文译之。
② 恶(wū)乎:从哪里,在哪里。
③ 终食:一顿饭时间。

④ 造次：仓促。

⑤ 颠沛：倾覆流离。

【译文】

孔子说："富裕和显达，都是人们所渴望的，但是，若以不正当方式获得，宁可不要；贫穷和卑贱，是人们所厌恶的，若以不正当方式摆脱，宁可不去摆脱它。君子不行仁，怎么担当得起君子的名声呢？真正的君子一刻也不会离开仁，在忙碌不堪的时候恪守仁，在流离失所的时候恪守仁。"

【品鉴】

"取之以道"是儒家义利观的基本思想。在儒家看来，一个人想取得财富和禄位，原本无可厚非，但关键是看你用什么方法取得。南宋哲学家朱熹说："正其谊，则利自在；明其道，则功自在。专去计较厉害，定未必有利，未必有功。"（黎靖德《朱子语类》）正义、明道，是取得"功利"的正途。

"仁"是君子的内在德性，也是君子之为君子的根本。如果丢掉了"仁"，就不成其为君子了。所以，"君子无终食之间违仁"。

【原文】

子曰："我未见好仁者，恶①不仁者。好仁者，无以尚②之；恶不仁者，其为仁矣，不使不仁者加乎其身。有能一日用其力于仁矣乎？我未见力不足者。盖有之矣，我未之见也。"

【注释】

① 恶（wù）：讨厌、不喜欢。

② 尚：超过、高出。

【译文】

孔子说："我没有见到过既能好仁，又能厌恶不仁的人。好仁的人，那是最好不过了；厌恶不仁的人，就是仁人，这样的仁人不让自己身上沾染上不仁德的东西。有没有能够一天用尽他的力量来致力于仁呢？我没有见过力量不足的人。也许有，只是我没有见过。"

【品鉴】

在孔子思想中："唯仁者能好人，能恶人。"这是仁者心中应该具有的基本价值评价。仁人是极高的道德境界。仁人既能爱好仁，又能憎恨和分辨不仁的人，做到爱憎分明。那些只知道爱好仁的人，不能分辨不仁的人，糊里糊涂做人的人，还达不到仁的标准；而那些只知道厌恶不仁的人，却不注意自己的道德修养，虽然可以避免自己成为不仁的人，但是还是次一等的仁人。唯有能"好人"同时又能"恶人"，爱憎分明的人才是孔子心目中的仁人。尽心致力于做一个真正的仁人，虽然很难，但是人人都可以做得到，只是我们没有尽力罢了。

【原文】

子曰："人之过也，各于其党①。观过，斯知仁②矣。"

【注释】

① 党：亲族，引申为族类、群体。古代地方编制以五百家为一党。

《周礼·地官大司徒》说："五族为党"，郑玄解释说："族，百家。党，五百家。"

② 仁：通"人"。

【译文】

孔子说："人所犯的过错，往往和他所处的群体紧密联系在一起。观他人之过，可以知道仁是怎么一回事。"

【品鉴】

物以类聚，人以群分。人和人之间是有差别的，不同的人做不同的事情。耕夫如果不会种田，那就是他的过失，如果他不会读书，就不是他的过错了，这恰是人的有限性。人不可能成为完人，因此，知道仁的方法，就是看看他人有什么不足。

【原文】

子曰："朝闻道，夕死可矣。"

【译文】

孔子说："早上知道了大道，晚上死去都可以了。"

【品鉴】

有一次朋友提出了这样一个问题："用什么证明我们是人？""用什么证明我们是中国人？"显然，这里的"人"绝不仅仅是自然意义上的人，更重要的是社会意义上的人。有人贬低他人时，喜欢说一句话："他不是人。"有时，人们会说某一位男士："不是个男人！"这都是从社会意义上对人作出的规定和评判。

在孔子看来，人的社会属性也就是"道"。"道"是人之为人的根本。得到了它，虽死犹生，失去了它，虽生犹死。"道"的内容有很多，如"仁""义""礼""智""信"等，都属于"道"的范畴。《礼记·中庸》讲："仁者，人也。"《孟子·尽心下》说："仁也者，人也。"朱熹说得更为直截了当："仁者，人之所以为人之理也。"（《孟子集注》）这是把"仁"看作是人之为人的根本。一个人只有明白了宇宙人生的根本，才能以真正的人的方式存在和发展，才是真正意义上的人。

【原文】

子曰："士①志于道，而耻恶衣恶食者，未足与议也。"

【注释】

① 士：读书人。

【译文】

孔子说："读书的人有志于大道，但是又以自己穿得不好，吃得不好为羞耻，这样的人是不值得和他谈论大道的。"

【品鉴】

求"道"、知"道"，是读书人的追求和使命。人一生有两大追求，一是"心乐"，二是"体安"。"心乐"是要依靠"精神"（"义"）来实现，"体安"则要靠"物质"（"得"）来实现，所以，董仲舒说："利以养其体，义以养其心。心不得义不能乐，体不得利不能安。义者心之养也，利者体之养也。"（《春秋繁露》）

一个人若有志于求道，则其所思所行，都应以"道义"（"心乐"）为主轴。如果离开了道义，整天汲汲于"利"，所思所行都离不开"利"，这怎能算是"志于道"者所为？"心乐"与"体安"，二者得兼，是人类的美好追求。但是，"义"与"利"不能得兼时，就只能舍"利"而取"义"了。

【原文】

子曰："君子之于天下也，无适①也，无莫②也，义③之与比④。"

【注释】

① 适：厚，亲。
② 莫：薄，漠然。
③ 义：合宜的道德、行为或者道理。
④ 比：靠近，依从。

【译文】

孔子说："君子对于天下一切的事情，没有规定一定要怎样才是可以的，也没有规定一定要怎样做才是不可以的，君子做事的唯一标准就是义。"

【品鉴】

我们常说"大道无术"。君子做事情，只考虑道义，不去过多的思考厚薄亲疏。君子所思所行都在道义上面，而不在具体的方式和方法上纠缠。按照道义行事，可进时自然知进，可退时自然知退；可速时自然知速，可缓时自然知缓；可仕时自然知仕，可隐时自然知隐。以道义为标杆，知进退、速缓、仕隐、存亡之道者，就是君子。

【原文】

子曰："君子怀①德，小人怀土；君子怀刑，小人怀惠。"

【注释】

① 怀：（人心）归向。

【译文】

孔子说："君子执着于道德，小人贪恋眼前；君子关心法度，小人心系恩惠。"

【品鉴】

君子的胸怀是放眼人类，关注大道，专注于精神境界的提升，心中装的是社会他人和自身的道德修养；小人则没有大视野，只是关注物质利益，贪恋眼前的恩惠小利。

在古代社会，君子和小人是对处于统治和被统治地位的两种人的不同称谓。君子指统治者、领导者，小人则指被统治者劳动者。

【原文】

子曰："放①于利而行，多怨。"

【注释】

① 放（fǎng）：依照、仿效。

【译文】

孔子说:"凡事只想着个人的利益,就会招致多方面的怨恨。"

【品鉴】

一个凡事只想着个人私利的人,万事私利当头,关键时候甚至可以牺牲国家社稷、父母子女、兄弟姐妹乃至亲朋好友利益的人,必是为众人所不齿的人。

【原文】

子曰:"能以礼让为国①乎?何有②?不能以礼让为国,如礼何?"

【注释】

① 为:治。
② 何有:何难之有,有什么难的?

【译文】

孔子说:"能以礼让来治理国家吗?这有什么困难的呢?不以礼让治国,礼还有什么用呢?"

【品鉴】

朱熹说:"让,礼之实也。"(《论语集注》)礼的本质在于"让","礼节民心,让则不争。"如果去掉了"让",空有其表的"礼",又如何能完成治国平天下的目标呢?

【原文】

子曰:"不患①无位,患所以立。不患莫己知,求为可知也。"

【注释】

① 患:担忧,忧心。

【译文】

孔子说:"不要担心没有施展自己才能的职位,而应该担心自己是否具备做好这项工作的本领。不要担心别人不理解自己,要去追求让别人能够理解自己的本领。"

【品鉴】

这里涉及知人与知己的关系问题。因为孔子思想的核心是治国平天下的社会实践。在孔子看来,知人的目的是治人,要想治人必先知人,知人之后才能治人。一个是让他人来"知己",一个是让自己去"治人",两者相比较,显然后者更重要。

所以,孔子才认为,一个人首先担心的不应该是有没有自己施展才能的舞台,而应该考虑自己有没有在这个舞台上挥洒自如的表演技能。当不当官、有没有职位都不要紧,要紧的是你有没有这个能力。孔子让人们在能力上下功夫,你有了这个能力,就不怕别人不知道你。

【原文】

子曰:"参乎!吾道一以贯之。"曾子曰:"唯。"

子出,门人问曰:"何谓也?"曾子曰:"夫子之道,忠①恕②而已矣。"

【注释】

① 忠：尽心竭力。

② 恕：用自己的心去推想别人的心。

【译文】

孔子说："参啊！我的道是以一理统摄天下万物之理。"曾子说："是的。"孔子出去后，其他弟子问曾子："这是什么意思？"曾子回答说："他老人家所说的一以贯之之道，就是忠恕之道。"

【品鉴】

作为孔子的爱徒，又被后人誉为"四圣"之一的曾子对于他老师学说的理解该是不会有什么错失的。如果这一点成立的话，那么贯彻孔子思想始终的概念就是"忠恕"。关于"恕"，孔子有自己的解释，那就是"己所不欲，勿施于人"（《卫灵公》）。至于与"恕"相连而使用的"忠"，按照杨伯峻先生的说法，就是"己欲立而立人，己欲达而达人"（《雍也》）。可见，"忠"是从自身的角度去讲，"恕"则是从他人的角度去讲。对一般人而言，要做到"忠"似乎不太可能，能够做到"恕"已是相当不易了。

正因为贯穿孔子思想始终的概念是"忠恕"，"可以终身行之者"又是"恕"，因而要真正做到这一点就比较困难了。即便如此，在"辩"的方面连孔子都自认不如的子贡也做不到"恕"。据《公冶长》载，子贡云："我不欲人之加诸我，吾亦欲无加诸人。"我不想欺负别人，也不想让别人欺负我，在今日看来是很容易办到的。孔子认为子贡的这句话实际上就是"恕"，它不过是"己所不欲，勿施于人"换了一种说法而已，所以孔子答曰："赐也，非尔所及也。""这不是你子贡能做到的啊！"

【原文】

子曰:"君子喻①于义,小人喻于利。"

【注释】

① 喻:告知,晓谕。

【译文】

孔子说:"君子通晓的是义,小人懂得的是利。"

【品鉴】

有人把这句话作为孔子乃至儒家具有"重义轻利"思想特征的依据,这实际上是对孔子思想的误解。"君子"一词,在古书中可以指有道德修为的人,也可以指领导者。"小人"一词,可以指道德修为低下的人,也可以指老百姓。领导者是路线方针政策的制定者、宣传者,因此,必须懂得路线方针政策等大义;老百姓则不然,他们主要从事物质生产,因此,就须懂得物质利益。物质生产和精神生产,是人类生活不可或缺的两个方面。在社会生活中,虽然有物质生产和精神生产的分工,但我们不能因为孔子看到并明确地指出了这种分工,就断定他轻视物质生产和物质利益。

【原文】

子曰:"见贤思齐①焉,见不贤而内自省也。"

【注释】

① 齐:同等。

【译文】

孔子说:"见到贤人要向他学习,见到不贤的人要反省自身有没有像他那样不贤的地方。"

【品鉴】

凡事都有两个方面。看到贤人时,不是嫉妒人家,也不是仅仅羡慕人家,而应该多比较和对照一下自己与贤人的区别,知道了自己的差距在哪里,然后以贤人为榜样,努力赶上贤人。见到不贤的人,甚至犯了错误的人,也不要去嘲讽或看不起人家,而应多思考一下,他为什么不贤,为什么会犯错误,自己如何才能克服不贤者的不足或避免犯类似的错误。

【原文】

子曰:"事父母,几①谏②。见志不从,又敬不违。劳③而不怨。"

【注释】

① 几(jī):隐微、不明显。
② 谏:规劝君主、尊长或朋友,使之改正过失或错误。
③ 劳:忧愁。

【译文】

孔子说:"侍奉父母的时候,应当委婉劝告。看到自己的劝告不被接纳,仍然对父母恭恭敬敬而不违背。忧愁而不抱怨。"

【品鉴】

"几谏"是子女对父母过失和错误的纠正和劝谏。"孝"的一个重要内容是"无违",即不违背父母的意愿。但是,父母也有犯错误的时候。这时,做子女的,就不能再盲目地"无违"了,而应注意方式和策略,在父母心情好的时候,和颜悦色地加以劝谏。子女和父母相处是这样。晚辈和长辈相处时,下级和上级时,都应懂得"几谏"的道理。

【原文】

子曰:"父母在,不远游,游必有方①。"

【注释】

① 方:方位、去处。

【译文】

孔子说:"父母健在,不要远离家乡,出去也可以,只是要告诉父母确定的去处。"

【品鉴】

"不远游",体现的是子女对父母的孝道和爱心。在儒家看来,做子女的仅仅给父母提供丰厚的物质生活条件还不够,更重要的是"常回家看看"。所以,《礼记·曲礼上》说:"夫为人子者,出必告,反必面。所游必有常,所习必有业。"《礼记·玉藻》说:"亲老,出不易方,复不过时。"做子女的,出去时要告诉父母,从外面回家时要面见父母。"所游"要有固定的地方,"所习"要有固定的行业。在外时不要随便更改在外的地方,回家面见父母要及时,不要无故拖延。

【原文】

子曰:"三年无改于父之道,可谓孝矣。"

【译文】

孔子说:"三年不改变父亲的志向,就可以说是孝了。"

【品鉴】

见《学而篇》"三年无改于父之道,可谓孝矣。"

【原文】

子曰:"父母之年①,不可不知也。一则以喜,一则以惧②。"

【注释】

① 年:年纪、岁数。
② 惧:恐惧,害怕。

【译文】

孔子说:"父母的年纪,不能不知道。一来可以为父母高寿而高兴,二来又为他们会随时离去而担心。"

【品鉴】

古语云:"树欲静而风不止,子欲养而亲不待也。"(《韩诗外传》卷九)据说孔子的弟子们听到这话后,"辞归而养亲者十有三人"。父母健在时,做子女的可能会因为学习、工作、事业和照顾自己的子女,而难以抽出大段时间陪伴老人。可有一天父母真的撒手归天时,才想起自己

应该多和父母朝夕相伴。只是，到了这时候，"虽欲孝，谁为孝？""虽欲弟，谁为弟？"(《大戴礼记·疾病》)

【原文】

子曰："古者言之不出，耻躬之不逮①也。"

【注释】

① 躬：自身。逮（dài），及、达到。

【译文】

孔子说："古代的时候言语不轻易出口，就是害怕自己的行动跟不上。"

【品鉴】

说了就要做，做的要跟说的一样，只说不做是孔子最厌恶的。

【原文】

子曰："以约①失之者鲜矣。"

【注释】

① 约：约束、束缚。

【译文】

孔子说："因为对自己节制、约束而犯错误，这种事情很少发生。"

【品鉴】

　　人生总有遗憾，人的行为也有遗憾。但是内心有所制约，能够做到"三省吾身"，经常反躬自省：自己今天哪些事做得好，哪些事做得不好，并且做到"见贤思齐，见不贤则内自省"，这就是制约。在孔子看来，懂得自我制约而又在生活中却常常犯错误的人，应该是很少见到的。

【原文】

　　子曰："君子欲讷①于言而敏②于行。"

【注释】

　　① 讷（nè）：迟钝。
　　② 敏：迅速、敏捷。

【译文】

　　孔子说："君子说话要谨慎迟钝，工作要勤劳敏捷。"

【品鉴】

　　孔子说过，"君子耻其言而过其行"（《宪问》），"先行其言而后从之"（《为政》），这就是说，君子要少说空话多干实事，要少言多行、先行后言。孔子曾叫漆雕开去做官，漆对曰："吾斯之未能信"（《公冶长》），即我对做官这事没有把握，于是孔子高兴了。还有一事，孔子曾谈及他最宠爱"其心三月不违仁"的弟子颜回时说："吾与回言终日，不违，如愚。"（《为政》）孔子整日与颜讲学，颜从不提反对意见和疑问，如此这般孔子就欣赏他了。可见，孔子是不太喜欢夸夸其谈的人的，子路即属此类。有一次孔子与子路谈"正名"时，子路又冒冒失失抢话头讲话，终于惹怒了孔子，说："野哉，由也！君子于其所不知，盖阙如也。"（《子路》）意谓君子于自己不明白的事情就要有所保留，不可乱说。孔子还说过"刚毅木讷近仁"（《子路》），君子"敏于事而慎于言"（《学而》）。这些都说明在言行关系上，孔子不大看重言，反对巧言令色的夸夸其谈者，却特别重视实实在在的社会实践活动（"行"）。

【原文】

子曰："德不孤，必有邻。"

【译文】

孔子说："有德者不孤独，因为有志同道合的朋友。"

【品鉴】

当地震来临时，是自顾自跑掉的老师多，还是奋不顾身、引导学生撤离的老师多？大量事实表明，自顾自跑掉的是极少数，疏导、指挥学生优先撤离从而把生的希望留给学生，把危险和死亡留给自己，是绝大多数老师的选择。谭千秋就是这许许多多老师中的杰出代表。像谭千秋这样的"有德者"绝不是万绿丛中一点红，和他一样具有高尚道德品格的人还有很多，所以，其德不孤，"必有邻"。

【原文】

子游①曰："事②君数③，斯④辱矣；朋友数，斯疏矣。"

【注释】

① 子游：孔子弟子。姓言，名偃，春秋末年吴国人（《史记》说他是

吴国人，《孔子家语》说他是鲁国人。《史记》的记载应更可靠些）。孔子称他以"文学"著称，并把他列为"文学"的第一名，位居子夏之前。由此可见他在古代文献方面造诣颇深。在武城做宰时，曾用礼乐教化治理社会，受到孔子的肯定。

② 事：侍奉。

③ 数（shuò）：屡次、频繁。

④ 斯：就。

【译文】

子游说："侍奉君主过于频繁，就会遭受耻辱；劝告朋友过于烦琐，就会导致朋友对你的疏远。"

【品鉴】

《先进》篇说："所谓大臣者，以道事君，不可则止。"说的是做臣子应该明白的道理。做臣子的，和君主相处，一方面要持道尽忠，另一方面一定要懂得"不可则止"的道理，否则就会自取其辱。

《颜渊》篇记载，子贡向孔子请教为"友"之道，孔子回答说："忠告而善道之，不可则止，毋自辱焉！"说的是与朋友相处的道理。与朋友相处，一方面要"忠告而善导之"，另一方面还要做到"不可则止"，朋友不听从你的建议，就不要强求，免得自取其辱。

侍奉君主是这样，对待朋友也是这样。

第五章　公冶长篇

【原文】

　　子谓公冶长①："可妻②也。虽在缧绁③之中，非其罪也。"以其子妻之。

【注释】

　　① 公冶长：孔子的弟子，姓公冶，名长。
　　② 妻（qì）：以女嫁人。
　　③ 缧（léi）绁（xiè）：捆绑犯人的大绳子，这里指代监狱。

【译文】

　　孔子说公冶长："可以把自己的女儿嫁给他。他虽然在监狱里，但不是他的罪过。"于是将女儿嫁给了公冶长。

【品鉴】

　　公冶长是否因为犯了什么罪过被抛进大牢，不得而知。但是可以肯定的是，孔子不会因为他进了大牢而失去对他的信任，还把自己的女儿嫁给他，可见孔子多么相信公冶长的人品。

【原文】

子谓南容①:"邦有道,不废②。邦无道,免于刑戮③。"以其兄之子妻之。

【注释】

① 南容:孔子的弟子,姓南宫,名适,字子容。
② 废:废弃、停止。
③ 刑戮(lù):刑罚。

【译文】

孔子说南容:"国家政治清明,不会不任用他。国家政治昏暗,他能做到免于刑事处罚。"于是,孔子把自己的侄女嫁给他。

【品鉴】

政治清明的时候,要能够争取被任用,从而施展自己的能力;政治不清明的时候,要能辨清形势,不要顶风而上,要谨慎言行,韬光养晦,保全自己,从而免受刑罚戮辱,这叫盛世能有为,乱世能保身,南容做到了。孔子同意将自己的侄女嫁给南容,说明孔子非常赞同和欣赏南容的德行。

【原文】

子谓子贱①:"君子哉若人!鲁无君子者,斯②焉取斯③?"

【注释】

① 子贱:孔子的弟子。姓宓(mì),名不齐,字子贱。

② 斯：此，指这个人。

③ 斯：此，指子贱身上的品行。

【译文】

　　孔子说子贱："这个人是君子啊！如果鲁国真的没有君子的话，子贱又从哪里学到君子的品行呢？"

【品鉴】

　　既赞子贱为人君子，又赞鲁国有君子。这充分表明了孔子对鲁国淳厚民风的首肯和赞赏。

【原文】

　　子贡问曰："赐也何如？"子曰："女，器也。"曰："何器也？"曰："瑚琏①也。"

【注释】

　　① 瑚（hú）琏（lián）：古代祭祀时盛粮食的器皿。

【译文】

　　子贡问孔子："我这个人怎么样啊？"孔子说："你是一只器皿。"子贡问："什么器皿？"孔子说："宗庙里盛黍稷的器皿。"

【品鉴】

　　孔子说过："君子不器。"君子不应该满足于做某一个特定的器皿。孔子尽管赏识子贡，但依然把他比作器皿，只不过是器皿中最为贵重的一种，是放在庙堂里用来装粮食的祭祀用的器皿。

【原文】

或曰："雍①也仁而不佞②。"子曰："焉用佞？御③人以口给④，屡憎于人。不知其仁，焉用佞？"

【注释】

① 雍：孔子的弟子，姓冉，名雍，字仲弓。春秋末年鲁国人。生于公元前522年，卒年不详。孔子称道他以"德行"著称。

② 佞（nìng）：能说会道，有口才。

③ 御：防御，对付。

④ 给（jǐ）：供给，供应。口给：口才敏捷。

【译文】

有人说："雍是个仁者，但是口才不好，不会花言巧语巴结别人。"孔子说："没有必要花言巧语巴结人。靠伶牙俐齿对付别人，每次都令人讨厌。不懂得仁义，口才好又有什么用？"

【品鉴】

"不知其仁，焉用佞？"一个人说得再好，如果没有仁义之心，没有付诸实际的行动，也是徒劳的。因为认识世界的目的是改造世界。正如马克思在1845年写的《关于费尔巴哈的提纲》中所说："哲学家们只是用不同的方式解释世界，问题在于改变世界。"（《马克思恩格斯选集》第一卷）改造世界才是人类认识的落脚点。

【原文】

子使漆雕开①仕②。对曰:"吾斯之未能信。"子说③。

【注释】

① 漆雕开:孔子的弟子。复姓漆雕,名开,字子开。

② 仕:做官,从政。

③ 说(yuè):高兴。

【译文】

孔子让漆雕开当官从政。漆雕开回答说:"我对做官这事还没有信心。"孔子听了很高兴。

【品鉴】

孔子不喜欢夸夸其谈的人,他认为刚毅木讷、忠厚老实的人是与仁德最接近的人。颜回之所以能够成为孔子最得意的弟子,就在于他不善言辞,有刚毅木讷之性。有一次,孔子说:"我和颜回讲学,讲了半天,他都没提反对的意见。不知道的人会以为他很愚钝。但颜回听完课后在下面思考,对我所讲的问题往往会有足够的发挥。颜回不愚钝啊!"在这方面,漆雕开和颜渊有相似之处,他坦言自己对做官一事没有信心,这就表明漆雕开不是夸夸其谈者,更不是巧言令色者,所以,孔子听后很高兴。

【原文】

子曰:"道不行,乘桴①浮于海,从我者,其由与!"子路②闻之喜。子曰:"由也,好勇过我,无所取材③。"

【注释】

① 桴（fú）：竹木筏子。

② 子路：姓仲，名由，字子路，又称季路。生于公元前542年，死于公元前480年。为人勇武，直爽鲁莽，信守承诺，忠于职守。

③ 材：通"哉"，语气词。或说材指制作桴的竹木。

【译文】

孔子说："如果我的主张行不通，我就乘上木筏子到海外漂流去，肯跟随我的恐怕只有子路吧！"子路听到后很高兴。孔子又说："仲由啊，在'勇'的方面比我强，可到哪去弄扎筏子用的材料呢？"

【品鉴】

实事求是地评价自己的弟子，是为了让他们认识自己身上的不足之处，不能因为自己在某一方面做得好，就忽略了自己其他方面的不足。这是孔子教育学生常用的方法。值得一提的是，孔子在这里坦然承认弟子比自己强，这对老师来说，是难能可贵的。除了在"勇"的方面，孔子认为自己赶不上子路以外，他还认为自己在"仁"的方面赶不上颜回，在"辩"的方面赶不上子贡（《淮南子·人间训》）。

【原文】

孟武伯①问："子路仁乎？"子曰："不知也。"又问。子曰："由也，千乘之国，可使治其赋②也，不知其仁也。"

"求也何如？"子曰："求也，千室之邑③，百乘之家④，可使为之宰⑤也。不知其仁也。"

"赤⑥也何如？"子曰："赤也，束带⑦立于朝，可使与宾客言也。不知其仁也。"

【注释】

① 孟武伯：鲁国的大夫。
② 赋：兵赋，古代的兵役制度。
③ 邑：古代庶民聚居的地方。
④ 家：卿大夫统治的地方。
⑤ 宰：家臣。
⑥ 赤：孔子学生，春秋末年鲁国人。姓公西，名赤，字子华，亦称公西华。
⑦ 束带：束紧腰带，指整饰衣服。

【译文】

孟武伯问孔子："子路是个仁人吗？"孔子回答说："不知道。"孟武伯又问。孔子说："由这个人，如果有一千辆兵车，可以让他负责兵役方面的事情，至于他有没有仁德，我不知道。"

孟武伯又问："冉求怎么样？"孔子说："求这个人，千户居民的城邑、百辆兵车的大夫封地，可让他当总管，他有没有仁德，我不知道。"

孟武伯又问，"公西赤怎么样呢？"孔子说，"赤这个人，穿着礼服，立于朝廷之上，可让他接待宾客，参与外交。至于他有没有仁德，我不知道。"

【品鉴】

"仁"在孔子那里是一种很高的境界和追求，它是"知"和"行"的高度统一。有德无行，不能称作"仁"；有行无德，也不能称作是"仁"。

孔子认为自己的三个弟子，一个可以管理军事，一个可以管理内政，一个可以处理外交事务。这些都属于"行"的范围，但是否具备仁德，却不能肯定。

【原文】

子谓子贡曰："女①与回也孰愈②？"对曰："赐也何敢望回？回也闻一以知十，赐也闻一以知二。"子曰："弗如也，吾与③女弗如也。"

【注释】

① 女（rǔ）：同"汝"。

② 愈：更加。

③ 与：连词，和。

【译文】

孔子对子贡说："你和颜回谁更强一些？"子贡回答说："我怎敢和颜回比？颜回知道一件事可以推知十件事，我知道一件事才能推知两件事。"孔子说："不如他，我与你都不如他。"

【品鉴】

弟子不必不如师，师不必贤于弟子。孔子一生始终不以圣人自居，善于发现别人的优点，把别人的优点作为自己学习的榜样。他说自己不如颜回，正是发现了颜回身上值得自己学习的地方。见贤思齐，见不贤而内自省。孔子谦逊的态度、勇于向自己弟子学习的精神，无疑对今天的人们具有启发意义。

【原文】

　　宰予昼寝，子曰："朽木不可雕也，粪土之墙不可杇①也。于予与何诛②？"子曰："始吾于人也，听其言而信其行。今吾于人也，听其言而观其行。于予与改是。"

【注释】

　　① 杇（wū）：抹灰或泥的工具，这里活用为动词，指粉刷。
　　② 诛：责备。

【译文】

　　宰予白天睡觉，孔子说他："腐朽了的木头不可雕刻，粪土堆起来的墙壁不可粉刷。宰予这样做，我该责备他什么呢？"孔子又说："开始的时候，我观察一个人，都是这个人说什么我信什么。今天我观察一个人，是先听他说什么，再看他做什么。是宰予让我改变了看人的方法。"

【品鉴】

　　在如何认识一个人的问题上，孔子思想有一个变化的过程，这就是从"听其言而信其行"到"听其言而观其行"。"听其言而信其行"有"以言举人"的味道，听他怎么说，就认定他必定会怎么做。"听其言而观其行"，则不仅要听他怎么说，更要看他怎么做。认识一个人要以他的实际行为和实际效果作为评价的标准。

【原文】

　　子曰："吾未见刚者。"或对曰："申枨①。"子曰："枨也欲。焉得刚！"

【注释】

① 申枨（chéng）：孔子弟子。

【译文】

孔子说："我没有见过刚强的人。"有人就说："要说刚强，申枨应该是当之无愧的。"孔子说："申枨这个人欲望多，怎么能称得上刚强！"

【品鉴】

俗话说，无欲则刚。从来刚者必无欲，有欲必不刚。申枨性格正直刚烈，但他喜欢逞强好胜，事事想胜过别人，这就是欲。多欲者必求人，求人就不能算作刚。因此，像申枨这样多欲望的人，怎么可以称得上是刚强呢？

【原文】

子贡曰："我不欲人之加①诸我也，吾亦欲无加诸人。"子曰："赐也，非尔所及②也。"

【注释】

① 加：施加，欺侮，侵凌。
② 及：到。

【译文】

子贡说："我不想让别人强加于我，我也不想强加于别人。"孔子说："赐啊，这不是你所能够做到的。"

【品鉴】

"我不欲人之加诸我也,吾亦欲无加诸人。"这是孔子的忠恕思想的另一种表述。朱熹认为:尽自己的心去待人叫作"忠",推己及人叫作"恕"。忠就是"己欲立而立人,己欲达而达人";恕就是"己所不欲,勿施于人",或如子贡所说"我不欲人之加诸我也,吾亦欲无加诸人"。二者合起来,就是"忠恕之道"。能把这两方面都做得很好,实在不容易啊!所以,孔子才感慨地说:"子贡啊,这不是你所能够做到的!"

【原文】

子贡曰:"夫子之文章①,可得而闻也,夫子之言性②与天道③,不可得而闻也。"

【注释】

① 文章:威仪文辞等表现于外的东西。朱熹《四书章句集注》说:"文章,德之见乎外者,威仪文辞皆是也。"

② 性:"天命之谓性"(《礼记·中庸》)。"天命"也就是"天道",用今天的话说,就是物质世界的规律性。朱熹认为"性"就是"人所受之天理",或者说体现在人身上的天理就是"性"(《四书章句集注》)。

③ 天道:天地运行的自然规律。自然化育,生生不息,日新,日日新。

【译文】

子贡说:"老师的文采、形象和气质,我们可以看到、听到,但是老师所说的性与天道,却是看不到、听不到的。"

【品鉴】

"文章"是显现于外的东西,因此,不管是"从游门墙"的"浅学之士",还是"功力深厚"的"可与言道"者,都可以看得见听得着。但"性与天道",则属于"形上之理",是宇宙人生的最一般的本质和最普遍的规律,不仅一般的浅学之士不得而闻,虽"久于夫子门墙"者,若不能"进德修业"到很高的境界,孔子也不轻易示教。其实,"性与天道",也就是我们今天所说的哲学。大概孔子把哲学看作是只有少数精英人物才有能力问津的学问了。

【原文】

子路有闻,未之能行,唯恐有①闻。

【注释】

① 有:又。

【译文】

子路刚听了一个做人处事的道理,如果还未能付之于行动,就唯恐又听到新的道理。

【品鉴】

子路是个信守承诺的人。"子路无宿诺"(《论语·颜渊》),子路对于自己的诺言一定会马上去践履,不会让诺言停留下来(宿,有停留的意思)。凡是答应了别人的事情,就一定办到。

据《韩诗外传》卷一记载,"君子有三忧":一曰"弗知",二曰"知而不学",三曰"学而不行"。《礼记·杂记下》记载,"君子有三患":一是"弗得闻也",二是"弗得学也",三是"弗得行也"。"三忧"和"三患"说的都是一回事,首先是"知道",然后是"学道",最后是"行道"。行道,就是践行自己的"所知"与"所学"。

【原文】

子贡问曰:"孔文子①何以谓之'文'②也?"子曰:"敏而好学,不耻下问③,是以谓之'文'也。"

【注释】

① 孔文子:卫国大夫,姓孔,名圉(yǔ),谥号"文"。
② 文:孔文子的谥号。谥(shì)号,中国古代帝王、贵族、大臣或者其他有地位的人死后,要另外给他一个特殊的称号,这就是谥号。谥号要根据死者的生平事迹表达褒贬之意,其目的是要"劝善戒恶"。
③ 下问:问在自己之下的人,如以能问不能,以多问寡等。

【译文】

子贡问孔子:"孔文子为什么要用'文'这个谥号?"孔子回答说:"他聪明好学,向不及自己的人请教而不以为耻,所以用'文'做他的谥号。"

【品鉴】

"敏而好学"的人多,"不耻下问"的人少,能把这两者结合起来的恐怕就是圣人了。一般来说,爵尊位显的人,往往自视甚高,以下问为耻。但孔圉不是这样,他贵为卫国大夫,又天资聪敏,但仍不敢自是,不敢自亢，勤奋好学，虚己下问。俗话说，"见因问而广"，"理因问而明"。圣人之所以成为圣人，就在于他能够做到"敏而好学，不耻下问"。

【原文】

子谓子产①："有君子之道四焉：其行己也恭，其事上也敬，其养民也惠，其使民也义②。"

【注释】

① 子产：春秋时期郑国著名政治家，姓公孙，名侨，字子产，又字子美，谥号成子。约生于公元前580年，卒于公元前522年。曾提出"天道远，人道迩"的哲学思想。

② 义：适宜。

【译文】

孔子评论郑国大夫子产时说："他具备四种君子之道：一是做人谦虚恭顺；二是事奉国君忠信谨敬；三是以爱心和恩惠养民；四是使用百姓礼法得宜，不违农时。"

【品鉴】

什么是君子？孔子在不同的地方有不同的解释。这里孔子以子产为例，讲了君子应该如何对待自己，如何对待君主，如何对待百姓。对待自己要庄严谦恭，对待君主要忠信恭敬，对待老百姓要有恩惠，役使老百姓时不要违背了农时。能正确处理好这三方面的关系，就是君子了。

【原文】

子曰:"晏平仲①善与人交,久而敬之。"

【注释】

① 晏平仲:姓晏,名婴,字仲。谥号平,晏弱之子,齐国大夫。生年不详,卒于公元前500年。据《史记·管晏列传》记载,晏婴"长不满六尺,身相齐国,名显诸侯"。他提出"和而不同"的哲学思想,对孔子启发很大。政治上,主张以礼治国。(《左传·昭公二十六年》)

【译文】

孔子说:"晏平仲这个人非常善于和别人交朋友,相交越久,人们越发敬重他。"

【品鉴】

与人交往,有两点特别重要。一是"有信",二是"有敬"。晏子身为宰相,名震诸侯,虽然身材矮小,却始终简朴无华,甘居人下。晏子征服他人之心的重要一点,就是"有敬"。敬人者,人亦敬之。晏子自身的人格魅力使他与人相交越久,就越是能得到别人的敬重。

【原文】

子曰:"臧文仲①居②蔡③,山节藻棁④,何如其知⑤也?"

【注释】

① 臧文仲:姓臧孙,名辰,谥号文,春秋时期鲁国的大夫。生年不

详，卒于公元前 617 年。

② 居：居，动词，使之居住，犹藏。

③ 蔡：一种大龟。古代人用龟卜问吉凶，而且认为龟越大越灵验，蔡龟就是这样一种大龟。

④ 山节藻（zǎo）棁（zhuō）：节，柱头斗拱。藻，水草名。棁，梁上短柱。

⑤ 知（zhì）：智。

【译文】

孔子说："臧文仲私藏大蔡之龟，还把藏龟室的斗拱刻成山的形状，梁上短柱上还画上水草，怎么能说他明智呢？"

【品鉴】

大龟应该放在宗庙里做守龟，但是臧文仲却私自收藏在家里，还把龟室修饰的像天子庙宇里的装饰，这不是僭越是什么？他这样做哪里是明智呢？

【原文】

子张问曰："令尹子文①，三仕②为令尹，无喜色。三已③之，无愠色。旧令尹之政，必以告新令尹。何如？"子曰："忠矣。"曰："仁矣乎？"曰："未知。焉得仁？"

"崔子④弑⑤齐君⑥，陈文子⑦有马十乘，弃而违⑧之。至于他邦，则曰：'犹吾大夫崔子也。'违之。之一邦，则又曰：'犹吾大夫崔子也。'违之。何如？"子曰："清矣。"曰："仁矣乎？"曰："未知。焉得仁？"

【注释】

① 令尹子文：楚国称宰相为令尹。子文：姓鬭，名穀，字於菟。

② 仕：任职，做官。

③ 已（yǐ）：罢免。

④ 崔子：崔杼，齐大夫。

⑤ 弑（shì）：古代称子杀父、臣杀君为"弑"。

⑥ 齐君：齐庄公，名光。

⑦ 陈子文：齐国大夫，名须无。

⑧ 违：离开。

【译文】

子张问孔子说："令尹子文三次被任用，可是看不出他高兴。三次被罢免，也没见他有什么怨恨。而且每一次罢免也都向接替他的新令尹交代所有政令规矩。这个人怎么样？"孔子说："可算是忠臣了。"子张又问："那算不算仁义呢？"孔子说："不知道。忠和仁不是一回事，光听到他忠的事情，怎么能知道他仁不仁呢？"

子张又问："崔子杀掉了齐庄公。陈文子家里有价值四十匹马的家产，扔下不顾，离开了齐国。到了另一个国家，则说：'这里的大夫怎么像崔子？'所以又离开。又到了另一个国家，又说：'这里的大夫怎么又跟崔子一样？'结果又离开。这个人怎么样？"孔子说："清白。"子张又问："那他是个仁人吗？"孔子说："不知道。怎么知道他仁不仁呢？"

【品鉴】

知道了一个人做的事情，却不能知道他是否有仁德？听起来很令人费解。就像孔子的三个弟子，子路可以管理军事，冉有可以管理内政，公西赤可以处理外交事务。他们各有自己的专长，但是否具备仁德，却不能肯定。因此，通过看一个人做的分内的事情，是无法确定他是否具有仁德的。仁德在孔子思想里是一个很高的概念。

【原文】

季文子①三思②而后行。子闻之，曰："再，斯可矣！"

【注释】

① 季文子：鲁国大夫，姓季孙，名行父，谥号文。
② 三思：多次思考。并不单指具体的三次。

【译文】

季文子总是考虑多次才行动，孔子听说后，说："考虑两次，就可以了，不用考虑那么多。"

【品鉴】

"三思而后行"是让我们要养成做事情前多思考的好习惯。决定做一件事的时候，特别是在决定重大事情时，一定要进行全方位的考虑，不能仅仅凭感觉，凭一时的冲动行事。但是，考虑得太多，过分小心谨慎，就变成了瞻前顾后，往往会错失良机。季文子恐怕就属于这一类。因此，孔子不同意季文子的做法，告诫弟子们在决策的时候既要多去思考，又要努力把握时机，切莫错失良机。

【原文】

子曰："宁武子①，邦有道，则知。邦无道，则愚②。其知可及也,其愚不可及也。"

【注释】

① 宁武子:卫国大夫,姓宁,名俞,谥号武。
② 愚(yú):昏愚。但这里的"愚"应是"佯愚",即俗语所谓"装糊涂"。

【译文】

孔子说:"宁武子在国家政治清明的时候,显得很有智慧。在国家政治不清明的时候,则显得愚钝。他的聪明别人能赶得上,他的愚钝,谁也做不出来。"

【品鉴】

展现自己的聪资睿敏,是件相对容易的事情。天资聪慧,明察秋毫,而又佯愚,则是件困难的事情。宁武子曾侍奉卫文公、卫成公两代君主。文公时,天下有道,政治清明,宁武子聪明睿智,直道而行,充分展现了自己的治国安民的才华。至成公时,国家无道,政治昏暗,他又委屈从事,韬光养晦,好像是一个昏愚乏智的人。一般说来,智要高于愚,但是,"佯愚"却高于"真智"。

【原文】

子在陈①,曰:"归与!归与!吾党②之小子狂简③,斐然成章④,不知所以裁⑤之。"

【注释】

① 陈：国名。

② 党：古代的一种居民组织，五百家为一党，这里可以理解为家乡。

③ 狂简：意志高远，思想简单，容易过中失正，陷于异端。

④ 斐然成章：富有文采，值得一读。

⑤ 裁：剪裁，这里指对人才的教育培养。

【译文】

孔子在陈国，说："回去吧！回去吧！我家乡的门生志向高远，思想简单，作出的文章富有文采，值得一读，但是就是不知道怎样剪裁。"

【品鉴】

孔子周游列国至陈，停留了好久也不被重用，于是就有了思念故乡的情愫，期望把实现自己政治理想的愿望寄托在故乡的青年才俊身上。自己的理想和抱负不能见于当世，但可以通过故乡的后生才俊传于后世。他们志存高远，见识高明，斐然文章，只是因为缺乏名师的指导，因而不懂得治国平天下的道理。也许正是从这时候起，孔子产生了回乡兴教的念头。

【原文】

子曰："伯夷、叔齐①，不念旧恶，怨是用希②。"

【注释】

① 伯夷、叔齐：相传伯夷、叔齐是商朝小诸侯国国君孤竹君的两个儿子。父亲死后，互相让位，都逃到周文王那里。周武王起兵伐纣，

他们以为这是以臣弑君，拦在马前劝阻。周灭商统一天下，他们以吃周朝的粮食为耻，逃进山中以野草充饥，最后双双饿死在首阳山中。

② 希：少。

【译文】

孔子说："伯夷和叔齐二人，不念旧时仇恨，别人对他们的怨恨也就很少。"

【品鉴】

有一个成语叫"疾恶如仇"。但"疾恶"过了头，就会引起别人的怨恨，所以，我们又说："得饶人处且饶人。"人有恶，理当鸣鼓而击之，但所击者，恶也，非人也。如果这个人能够弃恶从善，我们就不能老是想到他的恶，看不到他的善。"疾恶"固然是我们应该做到的，但"扬善"更是我们应当提倡的。

【原文】

子曰："孰谓微生高①直？或乞醯②焉，乞诸其邻而与之。"

【注释】

① 微生高：鲁国人。姓微生，名高。很多人认为"微生高"就是前面讲的"信如尾生，与女子期于梁下。女子不来，水至不去，抱柱而死"的"尾生"。前者讲其"信"，后者讲其"直"。

② 醯（xī）：醋。

【译文】

孔子说:"谁说微生高是个直爽人?有人向他要点醋,他都到邻居家里讨一点给别人。"

【品鉴】

自己没有就是没有,应该告诉别人自己没有。去讨邻居家的醋给别人,这个做法本身就是不直爽的,怎么能说他是直爽人呢?可见,孔子尤为注重仁的真情实感,反对矫揉造作。

【原文】

子曰:"巧言、令色、足恭①,左丘明②耻之,丘亦耻之。匿③怨而友其人,左丘明耻之,丘亦耻之。"

【注释】

① 足恭:十足的恭敬。
② 左丘明:鲁国太史,姓左丘,名明。与孔子同时代。
③ 匿:隐匿。

【译文】

孔子说:"花言巧语,伪善的容貌,十分的恭敬,这种人左丘明以为耻,孔丘我也觉得可耻。心里充满怨恨,表面上却装出友善的样子,这种行为左丘明以为可耻,孔丘我也觉得可耻。"

【品鉴】

内君子而外小人,不可怕。可怕的是内小人而外君子。人与人交往,难免会有恩怨亲疏，这一点也不可怕，可怕的是心里本来怨恨某一个人，但为了某种利益关系，却把怨恨深深地埋藏到心底里，佯装交好，这就是"匿怨而友其人"，这是最可怕的。孔子认为，这是小人的作为，君子不齿。

【原文】

　　颜渊、季路①侍②。子曰："盍③各言尔志？"
　　子路曰："愿车马衣轻裘与朋友共敝④之而无憾。"
　　颜渊曰："愿无伐⑤善，无施劳⑥。"
　　子路曰："愿闻子之志。"
　　子曰："老者安之，朋友信之，少者怀⑦之。"

【注释】

　　① 季路：子路。
　　② 侍：卑在尊旁边叫作侍。
　　③ 盍：何不。
　　④ 敝：用坏了。
　　⑤ 无伐：伐，自夸。无伐，不自夸、不炫耀。
　　⑥ 施劳：把劳苦的事情施加在别人身上。
　　⑦ 怀：关怀，抚恤。

【译文】

　　颜渊和季路两个人侍奉孔子。孔子对他们说："何不各自说说你们的志向？"子路说："我愿意把我的车马和好衣服拿出来与朋友共同使用，即使用坏了也没有遗憾。"颜渊说："我愿意不夸耀自己的善行，不把劳苦施加给别人。"子路说:"愿意听听老师的志向。"孔子说:"让老者得到安抚,让朋友得到信任,让年少者得到关怀。"

【品鉴】

子路的志向是与朋友同乐,颜渊的志向是进德修业,孔子的志向则是"老者安之,朋友信之,少者怀之。"使老年人得到安生,使朋友得到信任,让年轻人得到关怀。三者相比较,显然老师的境界最高。儒家的最高境界是修身治国平天下。子路止于"与友同乐",离治国平天下相距甚远。颜渊"无伐善,无施劳",只是讲修身。唯有孔子把自己的理想直接指向"治国平天下"的社会实践,这是儒家思想的核心和归宿。

【原文】

子曰:"已①矣乎!吾未见能见其过而内自讼②者也。"

【注释】

① 已(yǐ):停止。
② 讼:责备。

【译文】

孔子说:"算了吧!我还没有见过能够看到自己的错误而知道自责的人。"

【品鉴】

人非圣贤,孰能无过。过而能改,就是君子。过而不改,则为小人。但是,改过的前提是知道自己的过错,反躬自悔。许多犯错误的人喜欢文过饰非，力图大错化小，小错化了。不能认错就不能改错。孔子说他已经看不到"见其过而内自讼者"，并不是在他的时代就真的没有悔过自新的人了，而只是以一种极端的方式劝诫大家：犯了错误并不可怕，改正就行了，可怕的是犯了错误还不愿意承认错误，甚至是掩饰错误，那就永远走不出错误的圈子和阴影。

【原文】

子曰："十室①之邑②，必有忠信如丘者焉，不如丘之好学也。"

【注释】

① 室：家。

② 邑：村子。

【译文】

孔子说："就是十户人家的小村子，一定有像我这样讲究忠信的人，只是不像我这样好学罢了。"

【品鉴】

孔子特别强调好学，认为好学是"成圣"的关键。据《孟子·公孙丑上》记载，子贡曾经对孔子说："老师是个圣人吧？"孔子回答说："圣则吾不能。我学不厌而教不倦也。"据《述而》记载，叶公向子路打探孔子是一个怎样的人，子路不回答。孔子说：你为什么不说我是一个"发愤忘食，乐以忘忧，不知老之将至"的人呢？还是在这一篇中，孔子曾反躬自问："默而识之""学而不厌""诲人不倦"，这三件事情我都做到了哪些呢？可见，"好学"是孔子最为看重的品格。

第六章　雍也篇

【原文】

子曰:"雍①也可使南面②。"

【注释】

① 雍:冉雍。

② 南面:古人认为,"南面为王,北向称臣。"说的是,是天子面南而坐,垂听天下。南面朝向阳光,坐北朝南的方向自然是最好的。其实,不独天子治国称为南面,诸侯、卿大夫等治国安民者,也称为南面。引而申之,凡从政治国者,皆可以南面称之。

【译文】

孔子说:"冉雍这个人可以成为卿大夫了。"

【品鉴】

《周易·说卦》说:"圣人南面而听天下,向明而治。"为政者面南听政,朝向太阳,心无偏私,坦坦荡荡,光明磊落,秉公执法。

【原文】

仲弓①问子桑伯子②。子曰:"可也,简③。"

仲弓曰:"居敬而行简,以临④其民,不亦可乎?居简而行简,无乃太简乎?"子曰:"雍之言然。"

【注释】

① 仲弓:冉雍的字。

② 子桑伯子:秦国大夫。

③ 简:简易、简略、不烦琐。

④ 临:从上面监视着,统治。

【译文】

仲弓问到子桑伯子这个人。孔子说:"他还不错,做事简约,不烦琐。"仲弓又问:"若心存恭敬之情,行为上不拘小节,以这样的方式治理百姓,不也可以吗?如果行为上不拘小节,心里也没有恭敬态度,是不是太简略了呢?"孔子说:"冉雍说的话是对的。"

【品鉴】

据刘向《说苑》记载,孔子见子桑伯子,子桑伯子衣冠不整,孔子说子桑伯子"质美而无文",内在品质很好,就是没有礼节和文饰。而子桑伯子认为孔子"质美而文繁",内在品质很好,但做事礼仪过于烦琐。孔子和子桑伯子的共同点是"质美",差异在于"文饰"。在孔子看来,子桑伯子完全丢弃了外在的文饰,见客人时竟"不衣冠而处";在子桑伯子看来,孔子则过于注重文饰和礼仪。其实孔子既看重"质",又看重"文",认为文质兼备才是君子,所以他才说:"质胜文则野,文胜质

则史，文质彬彬，然后君子。"(《雍也》)

【原文】

哀公问："弟子孰为好①学？"孔子对曰："有颜回者好学，不迁怒，不贰过②。不幸短命死矣。今也则亡③，未闻好学者也。"

【注释】

① 好（hào）：喜爱。

② 贰过：重犯同样的错误。

③ 亡（wú）：无。

【译文】

鲁哀公问孔子："你的弟子里谁最好学？"孔子回答说："颜回最好学，颜回遇事从不迁怒于人，从来不犯同样的错误。只是不幸死得早。现在再也没有这样的人了，再也没有听说有好学的人了。"

【品鉴】

"有颜回者好学，不迁怒，不贰过。"这句话很有意思，孔子认为"好学"的标准是"不迁怒，不贰过"。所谓"不迁怒"，就是遇到问题要首先反省自己，不能光在别人身上找原因。要学会勇敢去面对困难，解决问题，而不要动辄把自己不满意和愤怒的情绪发泄到他人身上。所谓"不贰过"，就是要做到，不在同一个地方摔倒两次。做到了这两点，就是真正的"好学"者。

【原文】

　　子华①使于齐，冉子②为其母请粟。子曰："与之釜③。"

　　请益。曰："与之庾④。"

　　冉子与之粟五秉⑤，子曰："赤之适⑥齐也，乘肥马，衣轻裘。吾闻之也，君子周⑦急，不继⑧富。"

【注释】

① 子华：孔子的弟子。姓公西，名赤，字子华。春秋末年鲁国人。生于公元前509年，卒年不详。长于祭祀之仪、宾客之礼。他孝敬父母，就像和朋友相处一样，轻松随意。《淮南子》说："公西华之养亲也，若与朋友处。"这一点与曾参形成鲜明对比，"曾参之养亲也，若事严主烈君。"唐玄宗开元二十七年被追封为"邵伯"，宋真宗时改封为"巨野侯"。

② 冉子：冉有。《论语》中称孔子弟子为"子"者，唯曾参、有若、闵子骞、冉有四人而已。有人据此推测，《论语》一书的编纂者，可能是曾参、有若、闵子骞、冉有等人的弟子或再传弟子。

③ 釜（fǔ）：古代容量单位。六斗四升为一釜。

④ 庾（yǔ）：古代容量单位。十六斗为一庾。

⑤ 秉：古代容量单位。古代以十斗为一斛（南宋末年改为五斗），十六斛为一秉。

⑥ 适：到……去。

⑦ 周：补不足。

⑧ 继：续有余。

【译文】

子华出使齐国，老母在家一时生活困难。冉子替子华向孔子要点小米。孔子说："给一釜吧。"冉子请求再加点。孔子说："给一庾吧。"冉子觉得还是少，又私下给子华的母亲加上五秉小米，孔子说："公西赤到齐国去，乘着肥马拉的车子，穿着又轻又暖的皮袍。我听说过，君子只是周济那些贫困之家，而不是给别人增加财富。"

【品鉴】

"君子周急，不继富。"做善事也要有原则，把握好度。同情弱者，周济穷人，是人的善性使然，但是，做善事如果把握不好度，就会取得适得其反的效果。如果一个人向你求助，不是因为自己遇到了困难，而是为了自己过得更舒适更奢华，这就没有必要帮助他。孔子认为，君子应该多做雪中送炭的事情，而尽量少做或不做锦上添花的事情。

【原文】

原思①为之宰②，与之粟九百③，辞④。子曰："毋⑤！以与尔邻里乡党乎！"

【注释】

① 原思：孔子弟子，姓原，名宪，字子思，也称原思，原思仲。春秋末年鲁国人，生于公元前515年，卒年不详。《孔子家语·七十二弟子解》说他"清净守节，贫而乐道"。一生不求显达，过着"安贫乐道"的生活，这一点和他的老同学子贡形成了鲜明对比，《史记·仲尼弟子列传》称"子贡相卫，而结驷连骑"，阔绰排场。唐开元二十七年被追封为"原伯"，宋真宗时被改封为"任城侯"。

②宰：司寇（卿大夫）的家臣。

③九百：其后没有量名，或说斛，或说斗。

④辞：推让不接受。

⑤毋：不。

【译文】

孔子做鲁国司寇的时候，原思给孔子做总管，孔子以小米九百送他作为酬谢，原思推辞不要。孔子说："别不要！吃不了就送给你的邻里乡亲吧！"

【品鉴】

这一节是第四节"君子周急，不继富"思想的进一步发挥。公西华"乘肥马，衣轻裘"，生活奢华，属于富人的行列，所以，他出使齐国时，冉有替他母亲向孔子要求给予生活上的补助，孔子只是答应给他六斗四升小米。冉有要求再增加一些，孔子勉强答应给他十六斗。但是，对原思，孔子的态度就截然不同了，他一下子就给了他九百斗（也有人说是九百斛，即九千斗，那就更了不得了），因为在孔子看来原思是贫者，君子济贫不济富，"周急不继富"。

【原文】

子谓仲弓①曰："犁牛②之子骍③且角，虽欲勿用④，山川其舍诸？"

【注释】

①仲弓：冉雍。仲弓是他的字。

② 犁牛：杂色的牛。刘宝楠《论语正义》"犁与骍对举，犁者，黄黑相杂之牛也。"（刘宝楠《论语正义》第 219 页）

③ 骍（xīng）：纯赤色，也就是红色。青色、黄色、赤色、黑色和白色，是我国古代传统的五种颜色，周朝以赤色为贵，所以祭祀的时候选用纯赤色的牲畜。

④ 虽欲勿用：古代祭祀不用耕牛作为祭品，因此认为耕牛之子也不可用作祭品。用，即用以祭祀。

【译文】

孔子对仲弓说："杂色的牛生下的赤色的小牛犊，它的犄角长得又周正，即使不想用它做大祀用的牺牲，不能祭天，难道不能祭祀山川吗？"

【品鉴】

周礼用骍牲祭祀有三种：一是在南郊祭天，二是祭祀山川，三是祭祀祖先。而祭祀上天是大祀，山川是次祀。杂色的牛生下的小牛犊，有骍角之材，即使不能用来祭天，也可以祭祀山川啊！孔子的意思是，天生我才必有用，仲弓的父亲虽然不善，但是不能因此说儿子也不好。仲弓是个"可使南面"的人才，怎么可以弃而不用呢？

【原文】

子曰："回①也，其心三月②不违仁，其余③则日月④至焉而已矣。"

【注释】

① 回：颜回。

② 三月：指时间长久。

③ 其余：其他弟子。

④ 日月：指时间短暂，偶尔。

【译文】

孔子说："颜回的心可以长久不违背仁义，其余的弟子则是偶尔想起来行仁义罢了。"

【品鉴】

"仁"是孔子思想中的一个重要范畴，也是孔子修养体系中的一个重要环节。孔子从来不轻易地说某某是仁者。颜回是他最得意的弟子，又是孔门弟子中唯一一个被孔子称为"好学"的人。即便如此，孔子仍然不以"仁"相许，而只是说他"三月不违仁"。由此可见，"仁"在孔子思想中的重要地位。

【原文】

季康子①问："仲由②可使从政也与？"子曰："由也果③，于从政乎何有？"

曰："赐④也可使从政也与？"曰："赐也达⑤，于从政乎何有？"

曰："求⑥也可使从政也与？"曰："求也艺⑦，于从政乎何有？"

【注释】

① 季康子：鲁国卿大夫季孙肥。

② 仲由：字，子路。

③ 果：果敢决断。

④赐：端木赐，字，子贡。

⑤达：豁达、心胸宽阔。

⑥求：姓冉，名求，字子有，亦称冉有。春秋末年鲁国人，生于公元前522年，卒年不详。在"德行""言语""政事""文学"四科中，孔子称道他长于"政事"（见《论语·先进》第十一节）。唐开元八年列入"十哲"，开元二十七年追封为"徐侯"，宋真宗时追封为"彭城公"，宋度宗改封为"徐公"。

⑦艺：多才多艺。

【译文】

季康子问孔子说："可以让仲由治理政事吗？"孔子说："仲由做事果敢，让他从政有什么不行呢？"

季康子又问："可以让子贡治理政事吗？"孔子说："子贡通达事理，让他从政有什么不行呢？"

季康子又问："可以让冉求治理政事吗？"孔子回答说："冉求多才多艺，让他从政有什么不可以呢？"

【品鉴】

在孔子看来，从政治国需要有各种各样的能力，例如：果断勇敢，通达事理，多才多艺等，都是从政治国应该具备的素质和能力，但是，人无完人，一个人不可能同时具备这么多优秀品质，具备其中之一者，就可以从事治国平天下的社会实践了。

【原文】

季氏使闵子骞①为费②宰。闵子骞曰："善为我辞焉！如有复我者，则吾必在汶③上矣。"

【注释】

① 闵子骞（qiān）：孔子弟子，姓闵，名损，字子骞。春秋末年鲁国人。生于公元前536年，卒于公元前487年。孔子称道他以"德行"见长，位在颜渊之后。又称赞他说："孝哉，闵子骞。人不间于其父母昆弟之言。"（《论语·先进》）唐开元二十七年被追封为"费侯"，宋真宗时被追封为"琅琊公"，宋度宗时改封为"费公"。
② 费（bì）：地名，季氏封邑，今山东境内。
③ 汶（wèn）：水名，在今山东境内。汶上：即汶水以北，这里暗指齐国。

【译文】

季氏让闵子骞去做费地总管。闵子骞说："帮我好言辞谢吧！如果再来找我的话，我只怕就逃到汶水北边（借指齐国）去了。"

【品鉴】

孔子曾对他的弟子说："亲于其身为不善者，君子不入也。"意思是说，亲自做坏事的人那里，君子是不去的。闵子骞忠实地践行了孔子的思想。季氏违义僭礼，可谓不善。到这样的人那里去做官，无异于助纣为虐。

【原文】

伯牛①有疾，子问②之，自牖③执其手，曰："亡④之，命矣夫！斯人也而有斯疾也！斯人也而有斯疾也！"

【注释】

① 伯牛：孔子弟子。姓冉，名耕，字伯牛。

② 问：问候。

③ 牖（yǒu）：窗户。

④ 亡：使动用法，使其亡。

【译文】

伯牛得了重病，孔子前去探望，隔着窗户握着他的手，关切地说："老天要让他离去，这真是命啊！这样的人怎么会得这样的病！这样的人怎么会得这样的病！"

【品鉴】

孔门弟子中，德行最好的有四人：颜渊、闵子骞、冉伯牛、仲弓（《论语·先进》）。伯牛有德行，却得了恶疾，不符合善有善报的原则，所以，孔子只好把这归结为"命"。"天命"是物质世界的必然性和规律性，是人力无法改变的。

【原文】

子曰："贤哉，回也！一箪①食，一瓢②饮，在陋巷，人不堪其忧，回也不改其乐。贤哉，回也！"

【注释】

① 箪（dān）：古代盛饭的竹器。

② 瓢（piáo）：用来舀水的器具，多用对半剖开的匏（páo）瓜做成。

【译文】

孔子说:"贤人啊,颜回!只有一竹筐饭,一瓢水,住在简陋的巷子里,别人都不堪忍受,颜回却始终保持快乐。贤人啊,颜回!"

【品鉴】

颜回"不改其乐",他乐的是什么?"人不堪其忧",忧的又是什么?连宋代的大哲学家朱熹也不敢妄自评价颜回之乐,只是认为要留待后人去体味深思而自得之。其实这个问题并不难回答,孔颜之乐,所乐者,道也;人不堪其忧,所忧者,贫也。安贫乐道,就是古代圣贤孜孜以求的崇高境界。

【原文】

冉求曰:"非不说①子之道,力不足也。"子曰:"力不足者,中②道而废。今女画③。"

【注释】

① 说(yuè):通"悦"。

② 中道:半道。

③ 画:停止。《玉篇》云:"画,止也。"

【译文】

冉求说:"我不是不喜欢您的学说,只是力量不足,难以做到。"孔子道:"力量不足,就会半途而废,现在是你自己划定界限不肯做。"

【品鉴】

　　人心向道，自有无穷力量从心中生起。孔子看得很清楚，冉求还没做什么，就说自己的力量不足。这其实只是托词，根本问题在于有没有向道之心。真是力量不足，应该是尽心尽力，努力去做，实在不行，才半途中止。不做、不学，怎么知道自己"力不足"呢？在今天看来，冉求实际上是犯了康德的错误。康德认为，人在认识某物之前，首先应当考察自己是否具有认识这一事物的能力，然后再去认识。黑格尔不同意康德的说法，并机智地指出，人的认识能力只有在认识过程中才能得到确证，在认识过程以外考察人的认识能力，就如同"在没有学会游泳以前，切勿冒险下水"一样，是极其可笑的。

【原文】

　　子谓子夏①曰："女为君子儒！无为小人儒！"

【注释】

　　① 子夏：卜商。

【译文】

　　孔子对子夏说："你要做君子式的儒者，别去做小人式的儒者！"

【品鉴】

　　古代的"儒"就是一种职业，相当于我们今天的教师。在孔子的时代，儒就有了君子儒和小人儒的划分。君子儒，是那些学问与人品表里如一的人；小人儒虽然通晓儒学，满腹经纶，却是表里不一的伪君子。因此，君子儒和小人儒区分的不是才艺的高下，而是道德品性的优劣。

【原文】

子游为武城①宰。子曰:"女得人焉尔乎?"曰:"有澹台灭明②者,行不由径③,非公事,未尝至于偃之室也。"

【注释】

① 武城:今山东境内。

② 澹(tán)台灭明:武城人,姓澹台,名灭明,字子羽。小孔子三十九岁,孔子学生。

③ 径:小路。这里喻指不正当途径。

【译文】

子游在武城做官。孔子问他:"你在那里发现人才了吗?"子游说:"有一个叫澹台灭明的人,行事光明磊落,不搞歪门邪道,除非有公事,否则从不到我的住处走动。"

【品鉴】

"径"和"道"相对。我们今天常说"走捷径",但在子游看来,事业的成功没有捷径可走。在一定意义上说,"捷径"就不是"正道",只有弃"径"从"道",坦坦荡荡的人,才是真正的人才。"行不由径",体现了子游对人才的基本认识和观点。

【原文】

子曰:"孟之反①不伐,奔而殿②,将入门,策③其马,曰:'非敢后也,马不进也。'"

【注释】

① 孟之反：鲁国大夫。姓孟，名侧。

② 奔：败逃。殿：行军走在最后的。

③ 策：鞭打、鞭策。

【译文】

孔子说："孟之反不自夸，鲁军被战败溃逃，他主动殿后。等队伍安全撤到城中时，才挥鞭策马，说：'不是我自己不愿意快跑，而是马跑不快。'"

【品鉴】

"非敢后也，马不进也。"一句生动幽默的话语，使得孟之反幽默朴实、刚毅木讷的性格跃然纸上。众所周知，军队撤退时，殿后的人是最危险的。孟之反在部队打了败仗时，主动殿后。成功地掩护部队进城后，他不但没有自伐其功，还不失幽默地把殿后的原因归结为自己的马跑得不快。对孟之反的这一品格，孔子自然是赞许不已。

【原文】

子曰："不有祝鮀①之佞②，而有宋朝③之美，难乎免于今之世矣。"

【注释】

① 祝鮀（tuó）：卫国的大夫。字子鱼。有口才。

② 佞：口才。

③ 宋朝：宋国的公子朝，有美色。

【译文】

　　孔子说:"如果没有祝鲍的利嘴辩才,而有宋朝的美丽容颜,在当今世界上难免受到祸患。"

【品鉴】

　　祝鲍是外交家,口才一流,曾经为卫国的外交做出了重要贡献。宋朝是个美男子,颇富魅力,但因此给卫国带来了两次祸事。对此,孔子颇有感慨,如果没有祝鲍的口才,卫国很多外交事情就不好摆平,国家就要招致祸患;而有宋朝这个美丽男人,也会让国家招致祸患。

【原文】

　　子曰:"谁能出不由户①?何莫②由斯道也!"

【注释】

　　① 户:门。
　　② 莫:非。

【译文】

　　孔子说:"有谁能出门不走门口?有什么事不由大道来决定?"

【品鉴】

　　老百姓的日用起居看起来都是一些平凡的事情,却和"大道"息息相关。一个人要想立身于世,取得成功,也应当循道而行。这就如同一个人每天都要从自己的屋里出出进进一样,每一次出进都要经过自己的门口,而这个"门口"也就是"大道"。

【原文】

子曰："质①胜文②则野，文胜质则史③，文质彬彬④，然后君子。"

【注释】

① 质：质朴。
② 文：文饰。
③ 史：文辞繁多。《仪礼·聘礼》说："辞多则史，少则不达。"
④ 彬彬：文质兼备。

【译文】

孔子说："质朴多于文饰，就未免粗野；文饰多于质朴，又未免虚浮。文饰和质朴结合有度，相得益彰，则为君子。"

【品鉴】

写文章，文辞过于繁多谓之"史"。文辞繁多，就有华而不实之嫌。辞藻太少谓之"不达"。"不达"就显得过于质朴和笨拙。做人也是一样。人品敦厚，学养不足，就容易流于粗野。一肚子学问，堆砌辞藻，就显得花哨，不实在。最高的境界应当是，既有丰厚的学识，又有敦厚质朴的本性，也就是"文质彬彬"。我们常说，将军作文，文人舞剑，就是把"文"和"质"两个方面很好地结合起来。孔子认为，能把这两个方面很好地结合起来的人就是君子了。

【原文】

子曰："人之生也直①，罔②之生也，幸而免。"

【注释】

① 直：行为正直。

② 罔：不正直的人。

【译文】

孔子说："一个人生存在世，是因为正直。不正直的人也可以生存，但那是因为他侥幸地躲过了灾难。"

【品鉴】

在孔子看来，一个人能够很好地生活和存在的原因就在于他具有"正直"的品行。言正行正，自然会远离祸患。没有正直的品行，整天想着歪门邪道，虽然也可以苟且生存于世，甚至可以躲过祸患，但躲过初一，还能躲过十五吗？

【原文】

子曰："知之者不如好①之者，好之者不如乐之者。"

【注释】

① 好（hào）：爱好，喜欢。

【译文】

孔子说："懂得它的人不如喜欢它的人，喜欢它的人不如以它为乐的人。"

【品鉴】

"知道""好道""乐道",是三种不同的境界。懂得了"大道",这是第一个层次。喜欢"大道",是第二个层次。以学习和践履大道为乐,是最高的层次。

【原文】

子曰:"中人①以上,可以语②上③也,中人以下,不可以语上也。"

【注释】

① 中人:中等智力的人。
② 语:告知。
③ 上:高深学问或道理。

【译文】

孔子说:"中等水平的人可以教他高深的学问,中等以下的人不可以。"

【品鉴】

"因材施教",是孔子教授学生的基本原则。在《论语》中,我们常遇到这样的情况,孔子在教导自己的弟子如何修身做人时,对于不同弟子所提出的同一问题,往往会有不同的回答。就"仁"来说,颜渊问仁时,他说"克己复礼为仁"。司马牛问仁,他又说:"仁者,其言也讱"(《颜渊》)。樊迟问仁,他则说"爱人"。孔子对同一问题的回答为什么会因人、因时而异呢?因为在孔子看来,每个人的素质和条件各不相同,因此，对不同弟子的问题不可千篇一律的应答，应当有针对每个人的具体情况作出具体回答。孔子曾经说过："君子道者三，我无能焉：仁者不忧，知者不惑，勇者不惧"（《宪问》）。在这里"仁""知""勇"都是做君子的条件，做到了这三点也就可以"不忧""不惑""不惧"。但是当司马牛问君子时，孔子只是简单地说："不忧不惧"（《颜渊》）。也许在孔子看来，司马牛是"知"的，而在"仁"与"勇"上或许还差了一点，因而就对"知"这一环节略而不谈，只是有针对性地说："不忧不惧。"

【原文】

樊迟①问知。子曰："务②民之③义，敬鬼神而远之，可谓知矣。"

问仁。子曰："仁者先难而后获，可谓仁矣。"

【注释】

① 樊迟：孔子弟子。姓樊，名须，字子迟。春秋末年鲁国人（郑玄说他是齐国人）。约生于公元前505年，卒年不详。曾四次就"仁"的问题请教于孔子。曾向孔子请教"稼圃"，被孔子斥为"小人"。东汉明帝时被追封为"樊伯"，宋真宗时被追封为"益都侯"。
② 务：致力，从事。
③ 之：至，到。《玉篇·之部》："之，至也。"

【译文】

樊迟问什么是智。孔子说："致力让老百姓追求仁义之道，敬奉鬼神并远离它们，可以说是明智的。"

樊迟问仁。孔子说："先要经过艰苦努力而后才能获得，可以算是仁了。"

【品鉴】

　　人道主义思想、民本主义精神一直是孔子思想的主旋律。孔子虽然没有否认过鬼神的存在，但是他对鬼神采取了敬而远之、存而不论的态度，因此，鬼神在他思想中只是一个傀儡。真正的智者，应该服务于民生的需要，致力于人道的关怀，可以敬奉鬼神，但又不被鬼神所迷惑。

【原文】

　　子曰："知者乐水，仁者乐山。知者动，仁者静。知者乐，仁者寿。"

【译文】

　　孔子说："智者能从水中找到乐趣，仁人能从山上看到乐趣。智者喜欢动，仁者喜欢静。智者快乐，仁者长寿。"

【品鉴】

　　"仁"和"知"（智），是孔子思想体系中极为重要的两个范畴。一个人如果具备了这两种品质，既仁且知（智），动静有时、进退有止，就是圣人了。

【原文】

　　子曰："齐一变①至②于鲁，鲁一变至于道。"

【注释】

　　① 变：变化，变革。

　　② 至：达到。

【译文】

孔子说:"齐国改革一下就赶上了鲁国,鲁国变革一下就合于大道了。"

【品鉴】

齐国在经济和军事实力上要远强于鲁国。但齐国长于工商,而短于道德和礼乐。因此,齐国改革要分两步走,第一步是赶上鲁国,第二步是合于礼乐道德。鲁国虽然也有它的不足,但鲁国的改革,可以直接以礼乐道德为目标。

【原文】

子曰:"觚①不觚。觚哉!觚哉!"

【注释】

① 觚(gū):古代盛酒的器皿。

【译文】

孔子说:"觚不像觚了。觚啊!觚啊!"

【品鉴】

觚是一种带着棱角的盛酒的礼器,代表礼。而当时一些人制作的觚则没有了棱角,对此,孔子颇不以为然。觚不像觚,就如同"礼"不像"礼"一样,社会就会出问题。

【原文】

宰我①问曰："仁者，虽告之曰，'井有仁②焉。'其从之也？"子曰："何为其然也？君子可逝③也，不可陷也；可欺④也，不可罔⑤也。"

【注释】

① 宰我：孔子弟子。姓宰，名予，字子我，也称宰我。春秋末年鲁国人。孔子称赞他以"言语"见长，位居"言语"科榜首。但他在学业方面较为懈怠，曾经白天睡觉被孔子撞见，孔子说他是"朽木不可雕也，粪土之墙不可圬也"。宰我对孔子极其崇拜，认为孔子"贤于尧、舜远矣"（《孟子·公孙丑上》）。被称为孔子"十哲"弟子之一。唐开元二十七年被追封为"齐侯"，宋真宗时被追封为"临淄公"，宋度宗改封为"齐公"。

② 仁：有仁德的人。

③ 逝：往，是指君子可以前往探视，而不可以自己投进井里去。

④ 欺：欺压，欺负；压倒，胜出。

⑤ 罔：蒙蔽，欺骗。

【译文】

宰我问："一个仁者，虽然告诉他，'井里有一个有仁德的人'，他会跳进去吗？"孔子说："为什么问这样的问题？君子可以去救人，但是不可以让自己也陷到井里去；君子可以被欺压，但不可以被蒙蔽愚弄。"

【品鉴】

宰我以为仁者必然济人于患难之中，那么，井里面既然有一个有仁德的人，是不是也该进去救呢？孔子不同意宰我的发问。为了救一个仁者，而让另一个仁者陷于危难中，是不可取的，不明智的。真正的仁者，会运用自己的智慧，既达到了救人的目的，又不把自己陷于危难中。

【原文】

子曰："君子博学于文，约之①以礼，亦可以弗畔②矣夫！"

【注释】

① 之：君子。
② 弗畔：不违道。畔，通"叛"，背叛、叛乱。

【译文】

孔子说："君子广泛地学习文化知识，并且用礼来约束自己，这样就不至于离经叛道了。"

【品鉴】

博学，就是不带任何偏见，解放思想，广泛阅读和学习各种各样的资料和文献。约之以礼，就是要用"礼"来规范和约束自己。《子罕》记载，颜回曾经感慨地说："夫子循循然善诱人，博我以文，约我以礼，欲罢不能。"意思是说，老师循循善诱，用广博知识丰富我，用礼法约束我，想不学都不成。孔子这里说的"博学于文，约之以礼"和颜回说的"博我以文，约我以礼"，含义相同。

【原文】

子见南子①，子路不说②。夫子矢③之曰："予④所否⑤者，天厌⑥

之！天厌之！"

【注释】

① 南子：卫灵公的夫人，美丽而淫乱。

② 说（yuè）：悦。

③ 矢：发誓。

④ 予：我。

⑤ 所：假如。否：恶，低劣。陆德明《经典释文》："否，恶也。"

⑥ 厌：弃。

【译文】

孔子见南子，子路不高兴。孔子发誓说："我如果做了什么坏事，老天就会厌弃我！老天就会厌弃我！"

【品鉴】

"天"在孔子思想中具有至高无上的位置，他说："天生德于予"，认为自己的品性和能力都是上天所赐。一个人若是背离了上天，他的一切也就结束了。所以，孔子才说："获罪于天，无所祷也。"

【原文】

子曰："中庸①之为德也，其至②矣乎！民鲜③久矣。"

【注释】

① 中庸：中庸是孔子最高的道德标准。中，中和、无过无不及。庸，平常。中庸就是适中又可常行的大道。

② 至：达到了顶点。

③ 鲜：少，寡，缺乏。

【译文】

孔子说："中庸作为一种道德，是最高的了！民众不能行此道已经很久了。"

【品鉴】

乱世之中，先王之道已废。中庸这样的道德标准，作为百姓日常生活中的常行之道，也在慢慢消失。这是孔子基于乱世春秋发出的感慨。

【原文】

子贡曰："如有博施于民而能济众，何如？可谓仁乎？"子曰："何事于仁！必也圣乎！尧舜其犹病①诸！夫仁者，己欲立而立人，己欲达而达人。能近取譬②，可谓仁之方③也已。"

【注释】

① 病：难也，困难，为难。《广雅·释诂三下》说："病，难也。"朱熹认为，病就是"心有所不足也"，说尧舜是至圣，在行仁上都感到力不从心，愈要行仁就觉得仁离开他愈远，何况是普通人呢！

② 譬（pì）：比喻、譬喻。取譬：寻取比喻。

③ 方：方法，途径。

【译文】

子贡问："假若有这么一个人，他能够广施恩惠于民众，又能周济民众于患难之中，怎么样？可以说是仁了吗？"孔子说："怎么能只是仁！简直就是圣了！尧舜恐怕都难以做到！仁是什么呢，就是自己要立起来，而让别人也立起来，自己想要达到的目的，同时也要让别人达到。能从具体事情入手去做，就是践行仁道了。"

【品鉴】

2008年5月，中国国民党主席吴伯雄在拜谒中山陵时写下了"天下为公，人民最大"的词句。这一题词充分表达了人本主义的情怀。早在几千年前，孔子就提出了"博施于民而能济众"的目标。"仁"在孔子那里是道德修养的很高目标，但与"圣"相比，还是低了一等。以民为重，关心人民的疾苦，解除民众的灾难。这是最大的仁德，这就是圣的境界啊！2008年5月，四川发生了特大地震灾害，党和国家领导人第一时间赶到现场，与灾区人民同甘共苦，不计一切代价抢救灾区人民的生命，充分践履了"以人为本"的理念。在孔子看来，这就是"圣"了。

第七章　述而篇

【原文】

子曰："述而不作①，信而好古，窃②比于我老彭③。"

【注释】

① 述而不作：古代制礼作乐者，必须要有德有位。孔子是有德无位，所以只是"祖述尧舜"，阐述前贤而不创作。作：创造，创始。

② 窃：私下里。

③ 老彭：对"老彭"这个人，历来有争议。有人说"老彭"是老子，有人说是彭祖，还有人说是指老子和彭祖。有人说是商胡贤大夫，名见《大戴礼记》。具体是谁，已难推究，只能说老彭其人是在述而不作、信而好古方面深得孔子信服的一个人。

【译文】

孔子说："只阐述而不著书，常存忠信之德而又喜爱先古之道，私下里我把自己比作老彭。"

【品鉴】

孔子笃信而喜爱古代文化,他删《诗》《书》,定《礼》《乐》,赞《周易》,修《春秋》,都属于"述"的范围,但是,正是在"述"的过程中,在编辑整理古代文化典籍的过程中,通过自己的扬抑取舍表达了自己的思想和追求。用朱熹的话说,就是"集群圣之大成而折中之。其事虽述,其功则倍于作矣。"

【原文】

子曰:"默而识①之,学而不厌,诲人不倦,何有②于我哉?"

【注释】

① 识(zhì):记住。

② 有:取,获得,做到。《广雅·释诂一上》:"有,取也。"《玉篇·有部》:"有,得也,取也。"。"何有",可释为"做到了哪一些"。朱熹《四书章句集注》释为"何者能有于我",甚得文意。

【译文】

孔子说:"默默地学习而记住它们,勤奋学习而不厌烦,教诲别人不知道疲倦,这些事情我做到了没有呢?"

【品鉴】

"学而不厌,诲人不倦"这八个大字,千百年来已成为教育工作者的座右铭。《孟子·公孙丑上》记载,子贡问孔子:"老师已经是圣人了吗?"孔子回答说:"圣人,我做不到,我不过是学不厌而教不倦罢了。"子贡说:"学不厌是智,教不倦是仁。仁且智,老师您的确是圣人了!"

【原文】

子曰:"德之不修,学之不讲①,闻义不能徙②,不善不能改,是吾忧也。"

【注释】

① 讲:讲求、重视。
② 徙:迁移,引申为追求、夺取。

【译文】

孔子说:"不培养品德,不讲求学问,听到了正义的道理,却不能去追求和践履,身上的缺点不能改正,这些都是我所担忧的。"

【品鉴】

1999年6月13日,中共中央国务院颁布了《中共中央国务院关于深化教育改革全面推进素质教育的决定》后,我国的基础教育由过去追求单一的知识目标调整为三个目标,即知识目标、能力目标、情感态度价值观目标。这就要求学生在学习的过程中,仅仅掌握了某一知识还远远不够,还要把自己所学的知识转化为能力,转化为情感态度价值观。在这一点上,儒家哲学有着丰富的思想资源。知识、道德都是存在于我们身外的。如何把外在的知识和道德转化为我们的内在之性,让知识和德行进入我们的精神世界,并进而转化为我们精神系统的一部分,这正是儒家哲学着力追求的目标。

【原文】

子之燕居①,申申②如也,夭夭③如也。

【注释】

① 燕居:"退朝而处曰燕居",指孔子在自己的居室里。也作宴居。燕:安闲,安息。

② 申申:舒展。

③ 夭夭:容貌和悦的样子。

【译文】

孔子自己在家时,很舒展的样子,很和乐的样子。

【品鉴】

《礼记·中庸》说:"君子慎其独也。"一个人独处时一定要谨慎不苟。这是因为一个人闲居时,容易怠惰懒散,稍不留神就会把礼仪和规范抛到脑后。而一个人的修养秉性往往会通过言谈举止和衣食住行表现出来,所以,君子在闲居时,也不要忘记了人之为人的根本,不要忘记了心中的大道。所以,《礼记·中庸》又说"道也者,不可须臾离也,可离非道也。"

连下班回家,都不能忘记礼仪和大道,如此一来,君子是不是太累了?但当礼仪和大道已经成了自己的内在需要和追求时,人的动静行止就无不彰显着礼仪和大道。孔子的"申申如也,夭夭如也",一方面是"从心所欲",另一方面是"不逾矩",这正是把"道"的外在规范和人的内在需要和追求统一在一起了。

【原文】

子曰:"甚矣吾衰也!久矣吾不复梦见周公①!"

【注释】

① 周公：姓姬，名旦。周文王的儿子，周武王的弟弟，鲁国始祖。

【译文】

孔子说："我衰老得太厉害了！我已经好久都梦不见周公了！"

【品鉴】

周公是西周初年政治家，他辅助成王摄政，为周朝立下了功勋，后世尊他为先贤。孔子非常崇尚周公的为政，向往周公时代的社会生活和制度，以至于常常梦到周公。后来孔子从政于鲁国，他决心恢复西周的礼制，建立仁政国家。可是，他的主张遭到了当政权贵的竭力反对，最后，他被迫离开鲁国，周游列国，宣传、推行自己的主张，结果处处碰壁，只好又回到鲁国，此时他已年迈体衰，叹息道："久矣吾不复梦见周公！"表达了他为不能在有生之年实现自己的理想而忧虑伤感的心情。

【原文】

子曰："志①于道，据②于德，依③于仁，游④于艺⑤。"

【注释】

① 志：心之所向。
② 据：依据。
③ 依：依凭。
④ 游：游乐、嬉戏。
⑤ 艺：六艺。古代的礼、乐、射、御、书、数为六艺。也是古代教育学生的科目。

【译文】

孔子说:"志慕于大道,以道德为准绳,以仁德为依归,游心于六艺之学。"

【品鉴】

许多学者非常重视孔子的这一段话,是有道理的。因为道、德、仁、艺四个字,涵盖了孔子思想的全体,使得孔子思想实现了形上与形下的圆融和贯通。"道""德""仁",是讲形上之道的;"六艺"是讲形下之物的。一方面形上之道涵盖形下之物,另一方面从形下之物中又可以上升抽象出形上之道。朱熹说得好:"志道",就是"心存于正而不他";"据德",就是"道得于心而不失";"依仁",就是"德性常用而物欲不行";"游艺",就是"小物不遗而动息有养"。由此,我们可以窥见孔子思想的全貌。台湾学者王邦雄把这一节看作是孔子思想的总纲,是颇有见地的。

【原文】

子曰:"自行束脩[①]以上,吾未尝无诲[②]焉。"

【注释】

① 束脩(xiū):脩,干肉,古代称为"脯"。"束"是"脩"的量词,每一条肉叫"一脡"(tǐng),"十脡为束"(《四书章句集注》)。
② 诲:教诲,指导。

【译文】

孔子说:"见面送上一捆干肉做拜师礼,我就没有不教诲的。"

【品鉴】

《礼记·曲礼上》"礼闻来学,不闻往教。"作为教师,当然希望普天之下都是有知识、有教养的人,但是,作为一名教师不可能见到谁就去教谁,而只能是人家来求教之后,才去教。这就如同释迦牟尼要普度众生一样,并不是每一个"生"都愿意让他来"度",用今天的话说,并不是每一个人都愿意让你来"解放"他,因此,就只能"度"有缘者,解放那些愿意接受"解放"的人。在孔子看来,那些带着"束脩"来求教的人,当然都是有缘接受教育的人。

【原文】

子曰:"不愤①不启,不悱②不发,举一隅③不以三隅反④,则不复也。"

【注释】

① 愤:愤懑,郁结于心。朱熹释为心求通而未得。
② 悱:想说而又说不出来。朱熹释为口欲言而未能。
③ 隅:角。屋有四个角,床有四个角,都叫隅。
④ 反:类推。

【译文】

孔子说:"不到苦思冥想仍不得解时,不去提醒他,不到欲说无语说也说不明白时,不去引导他,不能举一例能理解三个类似的问题时,就不要再教他了。"

【品鉴】

　　这样的教学方法就是孔子所发明的启发式教学。要求学生自己思考，自己解决问题，只有当学生苦思冥想到极致时，老师才给予点化。如果你是一个不能深入思考、举一反三的人，就无缘受教了。

【原文】

　　子食于有丧者①之侧②，未尝饱也。

【注释】

　　① 有丧者：家里有丧事的人。
　　② 侧：旁边。

【译文】

　　孔子在有丧事的人身边吃饭，从来没有吃饱过。

【品鉴】

　　临丧则哀。在有丧事的人身边吃饭，哀伤之情不能自抑，故食不能甘其味。未尝饱也，自在情理之中。

【原文】

　　子于是日哭①，则不歌。

【注释】

　　① 哭：哭泣。这里的"哭"，应是吊丧而哭，而不是一般的伤心而哭。

【译文】

孔子在这一天哭过了，就不再唱歌。

【品鉴】

这段话让我想起了一件事。某日去八宝山参加一先生的追悼会，途中忽闻谈笑声，虽不至于"申申如也"，但总感觉谈话者已"夭夭如也"，与追悼会的气氛颇不相合。于是，我想起了《礼记·檀弓下》的话："吊于人，是日不乐。"参加了吊丧仪式，一天之内，余哀未忘，自然不能歌咏。所以，孔子"是日哭，则不歌"。《礼记·曲礼》有一段话也颇值得我们注意："居丧不言乐，祭事不言凶。"《白虎通·丧服》甚至说："凶服不敢入公门。"先哲的这些告诫对于生活在现代社会的许多人来说，已经很陌生了。但是，先哲的这些思想对我们确有很大的启发和指导意义。

【原文】

子谓颜渊曰："用之则行，舍之则藏①，唯我与尔有是夫！"

子路曰："子行三军②，则谁与③？"

子曰："暴虎④冯河⑤，死而无悔者，吾不与也。必也临事而惧，好谋而成者也。"

【注释】

① 舍：舍弃。

② 三军：古代天子六军，大国三军，小国一军。一万两千五百人为军。这里指军队。

③ 与：陪从，偕同。

④ 暴虎：空手搏虎。《尔雅·释训》说："暴虎，徒搏也。"

⑤ 冯（píng）河：徒步涉河。《尔雅·释训》说："冯河，徒涉也。"

【译文】

　　孔子对颜渊说："用你就干，不用你就隐退，只有我和你可以做到呀！"子路说："夫子率领三军打仗，你跟谁去呀？"孔子说："徒手和老虎搏斗，没有船却要渡河，因为做这种事情死了还都不后悔的人，我不会跟他一起。我会选择那些遇到事情了知道害怕，运用谋略而能成功的人。"

【品鉴】

　　这是一段很有意思的对话。孔子原本是在表扬颜渊，认为"用之则行，舍之则藏"这一人生境界，只有他和颜渊能够做到。以"勇"著称的子路听后就不服气了，觉得自己若是领兵打仗，老师一定会和他同往，于是就问孔子："子行三军，则谁与？"没想到老师一点也不给他留面子，毫不客气地说："徒手和老虎搏斗"的人，"无舟渡河"的人，我是不会和他一起去的。因为这样的人有勇无谋。这显然是警戒子路，希望他成为一个"临事而惧，好谋而成"的人。

【原文】

　　子曰："富而可求也，虽执鞭①之士，吾亦为之。如不可求者，从吾所好。"

【注释】

　　① 执鞭：地位不高。

【译文】

孔子说:"财富如果可以求来的话,就是地位不高的职业,我也愿意去做。如果求不来的话,就做点自己喜欢做的事情好了。"

【品鉴】

儒家不是不讲究物质利益,而是强调物质利益的取得要合乎道义。富与贵,是人所向往的,若不能取之以道,宁可不要。所以,孔子说:"不义而富且贵,于我如浮云。"

【原文】

子之所慎:齐①,战,疾。

【注释】

① 齐(zhāi):斋戒。

【译文】

孔子所谨慎小心的事情有:斋戒、战争、疾病。

【品鉴】

孔子喜欢"临事而惧,好谋而成"的人,因此,他做什么事情都会谨慎小心。但最让他谨慎小心的事情有三:斋戒、战争、疾病。因为斋戒是为了祭祀和"通神",为了达到这一目的,必须心诚戒惧,稍微懈怠和不慎,就导致失败。战争涉及士兵的生死、国家的存亡,不能不慎。疾病则关系到个人的生死存亡,也不能不慎。

【原文】

子在齐闻《韶》，三月不知肉味，曰："不图①为乐之至于斯也。"

【注释】

① 图：预料，想不到。

【译文】

孔子在齐国听到《韶》乐的盛美，三个月不知道肉是什么味道了，就说："没想到音乐竟然有这么大的魅力。"

【品鉴】

《礼记·乐记》说："乐者，天地之和也。""和，故百物皆化。"音乐是天地万物和美之性的反映，因此，从音乐中我们不仅可以得到美的享受，更应该体悟到宇宙人生的合和之性。真正好的音乐，可以带领我们进入一个至善至美的境地，让我们从中领悟到天地之谐和，人生之美好。诚如是，三月不知肉味，自在情理之中。

【原文】

冉有曰："夫子为①卫君②乎？"子贡曰："诺③，吾将问之。"

入，曰："伯夷、叔齐，何人也？"曰："古之贤人也。"曰："怨乎？"曰："求仁而得仁，又何怨？"

出，曰："夫子不为也。"

【注释】

① 为：帮助，佑助。

② 卫君：卫出公辄，卫灵公的孙子。

③ 诺：表示赞同、答应的声音。

【译文】

冉有说："老师会帮助卫国国君吗？"子贡说："好吧，我进去问问他。"子贡进屋里问孔子，说："伯夷、叔齐，是什么人？"孔子回答说："古代贤人吧。"子贡说："他们有怨言吗？"孔子说："求仁能得仁，有什么怨言呢？"子贡出来，答复冉有说："老师不会帮助卫国国君。"

【品鉴】

卫灵公在世的时候立蒯聩为太子，蒯聩因怨恨卫灵公的夫人南子淫乱，谋杀南子未遂而出逃。卫灵公死后，立蒯聩之子辄为君。蒯聩得知后，回国与儿子争夺君位。这时孔子在卫，且颇受卫君辄之敬重。冉有想知道孔子是否有意帮助辄，于是让子贡去问。子贡没有直接问，而是打探孔子对伯夷和叔齐的看法。伯夷、叔齐是孤竹君的两个儿子，父亲欲立叔齐，但叔齐让伯夷，伯夷让叔齐，相让不下，两人就都逃到周地去了。待周武王伐纣，两人认为武王作为商的臣子企图造反弑君，是为不仁，相劝无效，两人以食周粟为耻，最后饿死在首阳山上。伯夷和叔齐互让君位，求仁得仁，自是无怨无悔。这一点与蒯聩和辄父子争夺君位，形成了鲜明对比。子贡从孔子对伯夷、叔齐的褒扬推知，孔子一定不会支持卫国国君的。

【原文】

子曰："饭疏食①饮水，曲肱②而枕之，乐亦在其中矣。不义而富且贵，于我如浮云。"

【注释】

① 疏食：粗糙的食物。

② 肱（gōng）：胳膊。

【译文】

孔子说："吃粗食喝凉水，弯着胳膊做枕头，乐趣在其中。不仁义而得到的富贵，对我来说如浮云一般。"

【品鉴】

"富与贵，是人之所欲也；不以其道得之，不处也。"君子之所以为君子，在于他的富与贵都是以道义获得的。"邦有道，贫且贱焉，耻也；邦无道，富且贵焉，耻也。"在一个有道的社会里，贫穷不值得赞扬，富贵才是人们应该追求的。在一个无道的社会中，做一个无权无势的有道德和自尊的"穷人"是值得人们尊重的；相反，依靠不正当手段使自己变富的人，则为人们所鄙弃。

【原文】

子曰："加①我数年，五十以学《易》②，可以无大过矣。"

【注释】

① 加：给予，授。朱熹认为"加"应作"假"，二字声近而误读。

②《易》：《易经》。书名，古代用于卜筮。

【译文】

孔子说："让我再多活几年，五十岁的时候再去学习《易经》，就可以没有大的过失了。"

【品鉴】

关于孔子和周易的关系,《史记·孔子世家》中有记载,孔子说:"假我数年,若是,我于易则彬彬矣。"司马迁说孔子"读易,韦编三绝"(注:韦是指熟牛皮,编是指穿织竹简的皮条和绳索)。又说孔子"晚而喜易,序《彖》《系》《象》《说卦》《文言》。"

【原文】

子所雅言①,《诗》,《书》,执礼②,皆雅言也。

【注释】

① 雅言:我国最早的通用标准语,相当于现在的普通话。据史料记载,我国最早的雅言是以周朝地方语言为基础形成的。周朝的国都丰镐(今西安西北)地区的语言为当时的雅言。

② 执礼:主持礼仪活动。执:守,保持。《广韵·辑韵》:"执,守也。"

【译文】

孔子也有说通用话的时候,他在读《诗》,读《书》,主持礼仪和执行祭祀活动时,都使用通用语。

【品鉴】

孔子是鲁国人,在日常生活中他使用的语言是鲁国的地方方言。但是,在遇到重要的活动和比较正规的场合时,他不讲鲁国的方言,而是讲当时较为通用的标准语。

【原文】

叶公①问孔子于子路，子路不对。子曰："女奚②不曰：其为人也，发愤忘食，乐以忘忧，不知老之将至云③尔。"

【注释】

① 叶（shè）公：楚国大夫，姓沈，名诸梁，字子高。因为封地在叶，所以称叶公。

② 奚：为什么。

③ 云：如此，这样。

【译文】

叶公问子路关于孔子的为人，子路不回答。孔子说："你为什么不说：'他这个人就是这样，发愤学习就忘了吃饭，高兴起来就忘了忧愁，不知道自己快要变老了，如此罢了。'"

【品鉴】

读《论语》时，大家可能都会发现一个现象，这就是孔子在谈到自己的时候往往很低调，从来不把自己看得有多高明，不承认自己是圣人，也不承认自己是"生而知之者"，只说自己是一个好学者。"发愤忘食，乐以忘忧，不知老之将至"，就是孔子对自己的评价。

【原文】

子曰："我非生而知之者，好古，敏①以求之者也。"

【注释】

① 敏：勤勉。

【译文】

孔子说："我不是生下来就知道的人，我爱好古籍，勤勉敏捷地获求知识罢了。"

【品鉴】

在对待学习的态度上，孔子把人分为四等，最上等的是"生而知之者"，次一等的是"学而知之者"，再次一等的是"困而学之"者，最下等的是"困而不学"者（《季氏》）。但是，他并没有把自己看作是"生而知之者"，只是谦虚地表示，自己"好古，敏以求之者也"，也就是"学而知之者"。

【原文】

子不语①怪、力、乱、神。

【注释】

① 语：议论，谈论，辩论。

【译文】

孔子不谈怪异、勇力、暴乱、鬼神。

【品鉴】

谢良佐说："圣人语常而不语怪，语德而不语力，语治而不语乱，语人而不语神。"(《四书章句集注》)孔子谈论的都是与人的生活息息相关的现实事情，不喜欢谈论怪异罕见的事情；主张竞于道德，反对竞于气力；颂扬治道，反对乱世；关注人道，不谈神道。

【原文】

子曰："三人行，必有我师焉：择其善者而从之，其不善者而改之。"

【译文】

孔子说："三个人走在一起，一定有一个是我的老师：他说得对的我就照着去做，说得不对的我就说服他改正。"

【品鉴】

孔子是中国历史上第一位真正的老师，那么，他有没有老师呢？韩愈《师说》说："圣人无常师，孔子师郯子、苌弘、师襄、老聃。""郯子之徒，其贤不及孔子"，孔子又以他们为师。郯子、苌弘、师襄、老聃，都是孔子的老师，韩愈的说法可信吗？据《左传·昭公十七年》记载，昭公十七年秋，"郯子来朝"，鲁昭公宴请他。"仲尼闻之，见于郯子而学之。既而告人曰：'吾闻之，天子失官，学在四夷。'犹信。"由此看来，孔子拜郯子为师的说法是可信的。

苌弘是孔子的老师，也是确定无疑的。《孔子家语·观周》记载：孔子"问礼于老聃，访乐于苌弘。"《大戴礼记》则说："孔子适周，访礼于老聃，学乐于苌弘。"不管是"访乐"于苌弘，还是"学乐"于苌弘，都表明孔子曾师于苌弘。

孔子向师襄学琴的故事，我们在《史记·孔子世家》《孔子家语》《韩诗外传》《淮南子》中都可以看到。孔子问礼于老聃的故事，则见于《史记·孔子世家》《史记·老庄申韩列传》《庄子·天运》等篇。看来，圣人确实"无常师"啊！正如他自己所说，"三人行，必有我师焉：择其善者而从之，其不善者而改之。"

【原文】

子曰："天生①德于予②，桓魋③其如予何？"

【注释】

① 生：赋予。
② 予：我。
③ 桓魋（tuí）：宋国的司马向魋，因为是桓公的后代，所以又叫桓魋。

【译文】

孔子说："天赋予我这样的大德，桓魋能把我怎么样？"

【品鉴】

孔子路过宋国，与诸弟子在大树下习礼。宋司马桓魋力大无穷，欲杀孔子，居然把孔子旁边的一棵树连根拔出。弟子们催孔子快跑，没想到孔子竟不以为然：上天赋予我大德，桓魋能把我怎样？一副全然不把桓魋放在眼里的样子。

是谁给了孔子这么大的勇气呢？从孔子说的话来看，是因为他坚信"天生德于予"。也就是说，孔子的信心和勇气来自上天。上天既然给了他德性和使命，在他没有完成这一使命之前，是不会让他死亡的。从孔子的这段话来看，把孔子说成是一个无神论者，恐怕与史实不符。

【原文】

子曰："二三子①以我为隐②乎？吾无隐乎尔。吾无行而不与③二三子者，是丘也。"

【注释】

① 二三子：孔子的弟子们。
② 隐：隐匿。
③ 与：给予，引申为昭示。

【译文】

孔子说："诸弟子，你们以为我隐匿什么了吗？我没有隐瞒你们什么。我的所作所为无不昭示给你们，这是我孔丘的为人。"

【品鉴】

人们多以为孔子的思想高深莫测，不可企及，待入孔门后，发现孔子所教平实易懂，似乎没有什么密而不传的绝招，因此，一些进入孔门时间长一些的人就猜想，老师的学问是不是有所保留或隐藏呢？他们不懂得孔子之道不仅仅体现在他传道时的言语中，也体现在他起居行止的日常生活中。大道原本就在生活中，处处留意皆学问，随处体认都是道。

【原文】

子以四教：文、行、忠、信。

【译文】

孔子教导学生的四个方面：文献典籍、治平之行、谋事之忠、待人之信。

【品鉴】

文、行、忠、信，是孔子授教学生的四个科目。"文"是指文献典籍，如《诗》《书》《礼》《易》等，通过这一方面的学习，让学生掌握认识和改造世界的基本知识，这些属于"知"的范围。"行"是指人的生活和践履，这里主要是指治国平天下的社会实践。"忠"和"信"是"行"事做人的态度，做事情是否竭尽心力，对待他人是否诚心诚意。这四方面的内容学习好了，就会知行并进，无往不利。

【原文】

子曰："圣人，吾不得而见之矣；得见君子者，斯可矣。"子曰："善人，吾不得而见之矣；得见有恒①者，斯可矣。亡②而为有，虚而为盈，约③而为泰④，难乎有恒矣。"

【注释】

① 恒：长久。
② 亡：无。
③ 约：穷困。
④ 泰：宽裕。

【译文】

孔子说："圣人，我难得见到了；能够见到有德行的人，就可以了。"孔子又说："善人，我难得见到了；能见到有恒心的人，就可以了。本来是无却说有，本来是虚空却装作充盈，本来贫穷却装作富有。做一个有恒心的人，难啊！"

【品鉴】

在孔子眼里，能够称为圣人的是那些能够兼善天下的人，如尧舜等圣王。孔子生活的时代，世道衰微，圣人难寻。别说是圣人了，就是善人也是极其难寻的。在孔子眼里，圣人，善人是一个极高的概念，一般人根本达不到。在现实生活中，能做到有恒心，就已经相当不错了。因为人性之中有许多东西在阻碍着人的发展，如虚妄矫饰之心等。一个人如果没有淡定守常之心，连自己的心都搞不定，谈何恒心？所以，孔子感慨地说："难乎有恒矣！"做一个有恒常之心的人实在是难啊！

【原文】

子钓①而不纲②，弋③不射宿④。

【注释】

① 钓（diào）：钓鱼。
② 纲：控制渔网的大绳。以大绳子控制渔网，截水取鱼叫纲。
③ 弋（yì）：用带绳子的箭射猎。《玉篇·弋部》："弋，缴射也。"
④ 宿：夜宿。

【译文】

孔子捕鱼，只是钓鱼而不用大绳截断水流，竭泽而渔。孔子打猎，只用带着生丝的箭射飞鸟，而不射睡鸟。

【品鉴】

《礼记·王制》说:"天子不合围,诸侯不掩群。"所谓"天子不合围",是说天子狩猎只是从三面围追禽兽,从而舍弃前奔的逃命者,只捕杀迎面而来的投网者,有来者不拒,去者不追之意。在古人看来,作为一国之君应有好仁之心,但由于四季狩猎乃礼仪所定,不能随意废弃,由此便有了"三驱之礼""围合其三面,前开一路,使之可去,不忍尽物,好生之仁也。"(程颐《程氏易传》)

【原文】

子曰:"盖有不知而作之者,我无是也。多闻,择其善者而从之;多见而识①之,知之次②也。"

【注释】

① 识:记住。《玉篇》云:"认识,记也。"
② 知之次:指"学而知之者",是比较"生而知之者"而言的。

【译文】

孔子说:"大概有一种人,不了解情况就妄自造作,我没有这样的缺点。多听,选择善的照着去做;多看并记住,这是次一等的获得知识的方法。"

【品鉴】

孔子的这段话告诉我们一个道理,这就是做学问要有实事求是的态度,知之为知之,不知为不知,切不可强不知以为知。压根就不懂得这方面的道理,还穿凿妄作,这是"不知而作"。做学问的正确方法是,

"多闻，择其善者而从之；多见而识之。"

【原文】

互乡①难与言，童子见②，门人惑。子曰："与③其进也，不与其退也。唯何甚？人洁④己以进，与其洁也，不保其往⑤也。"

【注释】

① 互乡：地名。据说其地民风不善。
② 见：接见。
③ 与（yǔ）：赞许。
④ 洁：修治。
⑤ 往：过去。

【译文】

互乡这个地方的人难以和他们交谈，孔子却接见了从那里过来的一个童子，弟子们感到迷惑。孔子说："要赞许他的进步，不要赞许他的退步。何必做得那么过分呢？人家洁身以求向善而来，我们赞成他的向善，而不要老是抓着过去不放。"

【品鉴】

往者不可谏，来者犹可追。过去的已经过去了，无论如何也无法挽回了。因此，不要死盯着一个人的过去，要向前看，要着眼未来，面向未来。要看到事物的前景，看到事物的发展。对待一个人、一件事情，要向前看，对待一个国家和民族也是一样。众所周知，1978年11月到12月间，中国共产党召开了中共中央工作会议，这是为即将召开的党的十一届三中全会做准备的一次极其重要的会议。在这次会议的闭幕式上，邓小平同志作了重要讲话，这个讲话实际上党的是十一届三中全会的主题报告。在讲话中，邓小平同志提出："解放思想，开动脑筋，实事求是，团结一致向前看""处理遗留问题为的是向前看"。

【原文】

子曰："仁远乎哉？我欲仁，斯仁至矣。"

【译文】

孔子说："仁德离你远吗？我想要仁，仁就来了。"

【品鉴】

"仁"虽然不是孔子思想的核心，但确是孔子思想的一个重要范畴。（参见孙熙国《论孔子思想的实践指归》，载《哲学研究》2000年第12期）如何才能做到"仁"呢？孔子看来，"仁"就是"爱人"，"爱人"是人本心的一种德性。所以，"仁"不在人之外，它就在人心中。能不能做到"仁"，完全是由人的主体意识来决定。正如程颐所说："为仁由己，欲之则止，何远之有？"（《四书章句集注》）

【原文】

陈司败①问："昭公②知礼乎？"孔子曰："知礼。"

孔子退，揖巫马期③而进之，曰："吾闻君子不党④，君子亦党乎？君取⑤于吴，为同姓，谓之吴孟子⑥。君而知礼，孰不知礼？"

巫马期以告。子曰："丘也幸，苟⑦有过，人必知之。"

【注释】

① 陈司败：陈，陈国。司败，司寇。也有人认为陈司败是人名。

② 昭公：鲁国国君鲁昭公。颜色。名稠。

③ 巫马期：孔子弟子，姓巫马，字子期，名施。

④ 党：偏私，包庇。

⑤ 取：同"娶"。

⑥ 吴孟子：春秋时期，国君夫人的称号一般是以她出生的国名加上她的本姓。鲁为周公之后，姓姬，吴为太伯之后，也姓姬。鲁昭公娶吴孟子，应叫她吴姬。但是周礼有"同姓不婚"，所以，为了掩盖同姓通婚的事实，称吴姬为吴孟子。吴姬死后，史书称"昭夫人孟子卒"（《左传·哀公十二年》），而不写夫人的姓氏姬。

⑦ 苟：如果、假设。

【译文】

陈司败问孔子："昭公这个人知礼吗？"孔子回答说"知礼。"

孔子出去后，陈司败拱手让巫马期进来，说："我听说君子不袒护，难道孔子偏袒吗？鲁国国君娶了吴国的女子，因为都姓姬，而周礼规定同姓不婚，所以叫这位夫人为吴孟子。昭公这样还被看作是知礼的话，那还有谁不知礼呢？"

巫马期把这些话告诉了孔子。孔子说："我真是幸运，如果有过错，就一定被别人指出来。"

【品鉴】

"丘也幸，苟有过，人必知之。"孔子不愧为圣人，别人指出了他的错误，他不但不会感到不愉快，不但不怨恨人家，反而觉得自己很幸运。

"人谁无过，过而能改，善莫大焉。"(《左传·宣公二年》)一个人，一个国家，一个政党都有可能犯错误。犯错误并不可怕，可怕的是不承认错误，不能正确地对待错误。有的人，虽然也承认错误了，但对错误采取避重就轻，文过饰非的态度。这实际上是不能正确对待错误，甚至是不想改正错误。日本军国主义侵略中国，是二十世纪三四十年代日本殖民主义者对中国人民犯下的严重错误和罪行，这无论是对中国人民，还是对日本人民来说，都是一场巨大的灾难。我们反思和认识这段历史，不是为了牢记仇恨，而是为了清除历史障碍，避免在将来重犯这样的错误，使中日两国人民的友好往来沿着健康的轨道世世代代发展下去。

【原文】

子与人歌而善，必使反①之，而后和②之。

【注释】

① 反：复。
② 和（hè）：跟着唱。

【译文】

孔子和别人一起唱歌，如果别人唱得好，就必定要他再唱一遍，然后再跟着他唱。

【品鉴】

孔子喜欢音乐，而且会进到着迷忘我、与乐完全融合为一体的境界。据《史记·孔子世家》记载："孔子学鼓琴师襄子，十日不进。师襄子曰：'可以益矣。'孔子曰：'丘已习其曲矣，未得其数也。'有间，曰：

'已习其数，可以益矣。'孔子曰：'丘未得其志也。'有间，曰：'已习其志，可以益矣。'孔子曰：'丘未得其为人也。'有间，有所穆然深思焉，有所怡然高望而远志焉。曰：'丘得其为人，黯然而黑，几然而长，眼如望羊，如王四国，非文王其谁能为此也！'"

师襄子三次劝说孔子可以学习新曲子了，孔子三次拒绝。因为对孔子来说，学习鼓琴，不仅仅是"习其曲"，还要"得其数""得其志"，明白乐曲所反映的天地之道，甚至通过乐曲的志趣、思想和基本追求，推知曲子作者的情况，即"得其为人也"。

【原文】

子曰："文莫①吾犹人也。躬行君子，则吾未之有得。"

【注释】

① 莫：大概，可能。朱熹《四书章句集注》说："莫，疑辞。"有不确定的意思，可译为"大概""可能"。

【译文】

孔子说："文献辞章之学我大概和别人差不多。但是，在躬行实践方面，我还没有什么收获。"

【品鉴】

"至圣先师""万世师表"等，都是孔子头上的神圣光环。"高山仰止，景行行止。虽不能至，然心向往之。"也是人们对孔子的含蓄赞美。宋人则有"天不生仲尼，万古长如夜"的赞叹（黎靖德《朱子语类》）。元武宗的即位诏书中则有"先孔子而圣者，非孔子无以明；后孔子而圣者，非孔子无以法"。似乎所有的誉辞都不足以表达孔子之于中国文化的贡献。

但是，孔子本人却不这样看，在我们所看到的关于孔子的言行记录中，孔子的形象总是平民化的，总是平易近人的。我有时会想，孔子如果生活在今天，他一定是所有学者中学问最大而架子最小，思想最深而姿态最低的人。这正是孔子的高明和伟大之处。

【原文】

子曰："若圣与仁，则吾岂敢？抑①为②之不厌，诲人不倦，则可谓云尔已矣。"公西华③曰："正唯弟子不能学也。"

【注释】

① 抑：连词，表示轻微转折。

② 为：学习。

③ 公西华：孔子弟子。姓公西，名赤，字子华。

【译文】

孔子说："要说我是圣人和仁人，我怎么敢当呢？不过是学习而不厌烦，教育学生不知疲倦罢了。只是如此而已。"公西华说："这些正是弟子学不到的。"

【品鉴】

学界多认为，"仁"是孔子思想的核心，但事实上，"仁"只是孔子思想的一个重要内容和环节，即便是在孔子的修养系统中，"仁"也不是最高的环节和境界。孔子说："志于道，据于德，依于仁，游于艺。"显然，"仁"是在"道"和"德"之后的一个范畴，在本节中孔子又说："若圣与仁，则吾岂敢？"这里"仁"与"圣"对举，显然二者都是孔子修养论中的极高境界，要不然怎么连孔子都说"则吾岂敢"呢？即便如此，它们也都是其修养体系中的一个环节，一个要素。《周礼·地官·大司徒》言六德："知""仁""圣""义""忠""和"，也是把"仁"与"圣"作为修养的一个环节。然而，与"仁"相比，其中的"圣"又是高于"仁"的一种境界。因为子贡曾经问孔子说：如果有这么一个人，他广泛地给人民以好处，又能帮助大家生活得很好，可以说是"仁"了吧？孔子的答复是"何事于仁！必也圣乎！"（《论语·雍也》）哪里仅仅是"仁"呢？一定是"圣"了。可见，"圣"是较"仁"为高的一种修养境界。

【原文】

子疾病，子路请祷①。子曰："有诸②？"子路对曰："有之。《诔》③曰：祷尔于上下神祇④。"子曰："丘之祷久矣。"

【注释】

① 疾病：轻者称疾，重者称病，二字连用表示病重。祷：悔过迁善以祈神保佑。

② 有诸：有这个理。

③ 诔（lěi）：祈祷以求福。这里的"诔"，特指"诔文"。诔文有两种，累述功德以求福的文章称为"诔文"；为生者祈祷求福的文章也称为"诔文"。朱熹把这里的"诔"直接释为"哀死而述其行之辞也"，显然是忽略了"诔"的第二方面的含义。

④ 祇（qí）：地神。朱熹《四书章句集注》说："天曰神，地曰祇。"

【译文】

　　孔子病了，子路请求祈祷。孔子说："有这回事吗？"子路回答说："有啊。诔文说：'为你祈祷于天地之神。'"孔子说："我已经祈祷了很长时间了。"

【品鉴】

　　在我国古代，祈祷已经是生活的一个重要内容了。《说文解字》说："祷，告事求福也。"向神祝告祈福。郑玄说："祷，贺庆言福祚之辞。"当子路因为老师的疾病向神灵祈祷时，孔子说如果这就是祷，那他每天都在做祈祷。因为孔子一向要求自己所做事情一定要与神明相合。

【原文】

　　子曰："奢则不孙①，俭则固②。与其不孙也，宁固。"

【注释】

　　① 孙（xùn）：同逊，恭顺，谦抑。不孙，引申为骄狂违礼。
　　② 固：固陋，引申为寒酸。《广雅·释言》曰："固，陋也"。

【译文】

　　孔子说："奢侈就会骄狂，节约就会寒酸。与其骄狂违礼，宁可寒酸固陋。"

【品鉴】

　　《论语·学而》篇，子贡问孔子说："贫而无谄，富而无骄。何如？"在子贡看来，一个人穷不趋炎附势，富不骄横跋扈很不容易。可是，孔子认为，这还不够，贫而乐道，富而好礼，这才是最高的境界。不管在什么情况下，违背了"礼"，孔子都是不能接受的，因为"礼"是"天地之序"，国家之纲纪，所以，在"违礼"和"固陋"之间作选择的话，孔子当然毫不犹豫地选择后者。

【原文】

子曰："君子坦①荡荡②，小人长戚戚③。"

【注释】

① 坦：平坦。
② 荡荡：宽广。
③ 戚戚：多忧惧貌。

【译文】

孔子说："君子总是胸怀宽广，小人总是忧愁悲伤。"

【品鉴】

如果问某一个人，是"坦荡荡"地活着，还是"戚戚忧伤"地活着？我想被问者几乎无一例外地会选择前者。但是，落实到"实践"和"行动"的层面，又有多少人可以做到"坦荡荡"呢？常人多为功名利禄所累，当其未得之时，为其能否得到而忧心不已；在其既得之后，又为其是否丢失而戚戚长叹。所谓未得则患得，既得则患失，然则何时而不"患"呢？选择只有两项，二者必居其一：要么做一位"坦荡荡"的君子，要么生命不息，忧伤不止，直等到走进坟墓的那一天！

【原文】

子温①而厉②，威而不猛，恭而安。

【注释】

① 温：温和，和厚。
② 厉：严厉。

【译文】

孔子温和而不严厉，威严而不凶猛，恭敬而安详。

【品鉴】

呈现于外的容貌，是一个人内心德性的彰显。有善德，乃有善容；有宽厚之性，乃有宽厚之容。对于常人来说，温文和厚就容易丧失庄重和威严，威严庄重则易流于暴戾凶猛，恭敬循礼就会丢失舒泰自适的本性。孔子之所以能把这几个方面很好地结合起来，就在于他把握了中庸之道，在对立中求统一，使对立的双方之间保持适度的张力。孔子的这种中和之性，形之于外就是"温而厉，威而不猛，恭而安"。

第八章　泰伯篇

【原文】

子曰:"泰伯①,其可谓至德②也已矣。三以天下让,民无得③而称焉。"

【注释】

① 泰伯:也作"太伯"。

② 至德:德之至极无以复加。

③ 天下:指王位。无得:找不出合适的词。

【译文】

孔子说:"泰伯,他的德可以说是最大了。三次把王位让给季历,民众已经找不出合适的誉辞来赞美他了。"

【品鉴】

周太王有三个儿子:长子泰伯、次子仲雍、三子季历。按例,泰伯兄弟在太王去世后应该依次继承王位。但是泰伯看到父亲特别喜欢季历的儿子姬昌,而姬昌也确有圣德气象,因此就决定主动把王位继承权让给季历，然后由季历传给姬昌。后来，太王和大臣多次让他和仲雍继承王位，二人都坚辞不受。为了断绝太王和大臣拥立他们的念头，泰伯、仲雍便逃至东吴荆蛮一带，并且遵行当地落后民族的习惯，断发文身。周部族的人们见他俩意志坚决，就只好拥立季历。这便是历史上著名的"泰伯让王"的故事。传说中的"三让"：一让是太王病，采药不归，二让是太王卒，不回来奔丧，三让是断发文身，表示终身不返，把君位让给了季历，季历传位给姬昌，即周文王。

【原文】

子曰："恭而无礼则劳①，慎而无礼则葸②，勇而无礼则乱，直而无礼则绞③。君子笃于亲，则民兴于仁；故旧不遗④则民不偷⑤。"

【注释】

① 劳：劳倦。
② 葸（xǐ）：畏惧。
③ 绞：偏激，急切。《论语·阳货》篇有"好直不好学，其弊也绞"，就是说耿直而不喜欢学习就会导致偏激和浮躁，这句话可看作是对"直而无礼则绞"的阐释。
④ 遗：抛弃。
⑤ 偷：刻薄、不厚道。

【译文】

孔子说："恭敬而没有礼的节制就会劳倦，谨慎而没有礼的节制就会畏缩拘谨，勇猛而没有礼的节制就会闯祸，耿直而没有礼的节制就会偏激。在位的君子如果厚待自己的亲属，老百姓当中就会兴起仁爱的风气；

君子如果不遗弃老朋友，老百姓就不会对人冷淡无情了。"

【品鉴】

《礼记·曲礼》说："道德仁义，非礼不成。"知道并且践行恭、慎、勇、直四种美德还不够，还需要"约之以礼"，需要礼的节制。礼就是教人做事合于中庸之道。"夫礼，所以制中也"（《礼记·仲尼燕居》），说的就是这个意思。

【原文】

曾子①有疾，召②门弟子曰："启③予足！启予手！《诗》云：'战战兢兢，如临深渊，如履薄冰④。'而今而后，吾知免⑤夫！小子！"

【注释】

① 曾子：孔子弟子曾参。

② 召（zhào）：召集。

③ 启：视，窥，察看。

④ "战战兢兢"三句：见《诗经·小雅·小旻》。

⑤ 免：避免、免除。

【译文】

曾子病得很重，觉得自己不久于人世，于是把他的弟子招呼过来说："看看我的脚！看看我的手！《诗经》说：'战战兢兢，小心谨慎啊，就好像时刻站在深水岸边，就好像行走在薄冰之上。'弟子们啊！从今往后，我知道自己不会再这样做了！"

【品鉴】

曾子一生都在践行"君子之道",小心谨慎,如履薄冰。但是,在他病重的时候突然明白了,这样度过一生实在是多么不容易,于是对弟子们说,他以后再也不会战战兢兢、如履薄冰地过日子了。看来,即便是像曾子这样的大哲,有些道理也只是在他快到生命尽头的时候才能悟出。

【原文】

曾子有疾,孟敬子①问之。曾子言曰:"鸟之将死,其鸣也哀。人之将死,其言也善。君子所贵②乎道者三:动容貌③,斯远暴慢矣;正颜色④,斯近信矣;出辞气⑤,斯远鄙倍⑥矣。笾豆⑦之事,则有司⑧存。"

【注释】

① 孟敬子:鲁大夫仲孙捷。

② 贵:重。

③ 容貌:人的外貌。严肃自己的外貌,则人不敢暴慢。

④ 颜色:指人的脸色。《说文》说"颜"就是"眉目之间",色是"凡见(xiàn)于面"。正颜色,就是端正人的脸色,就接近于诚信。

⑤ 辞气:说话的语气。

⑥ 倍:同"背",谓悖理,不合常理。

⑦ 笾(biān)豆:笾,竹器,祭祀时用来盛水果等祭品。豆,木器,祭祀时用来盛带有汤汁的祭品。二者都是祭祀时使用的较小的礼器,曾子以此比喻具体的礼仪细节。

⑧ 有司:主管执礼器的小吏。

【译文】

曾子病得很重，孟敬子来探视他，曾子对他说："临死前的鸟儿鸣叫也很哀伤，临死前的人说出的话也是善意的。君子所看重的礼道有三：一是严肃自己的外貌，便可远离别人的粗暴和轻慢；二是端正自己的脸色，就容易取信于人，就不会蒙受欺诈和哄骗；三是注意说话的言辞和声调，便可以远离鄙陋悖逆之辞。至于祭祀时的具体礼仪，就让那些负责这方面事情的人去做吧。"

【品鉴】

"鸟之将死，其鸣也哀。人之将死，其言也善。"朱熹解释说："鸟畏死，故鸣哀；人穷反本，故言善。"鸟因为怕死，所以，发出凄厉悲哀的叫声。人因为走到了生命的尽头，才返回到生命的根本——善。因为人的本性是善的，生下来后受到了后天的侵染，善的本性常被遮蔽。但是，到了快死的时候，就再不为尘世的纷杂喧嚣和功名利禄所累，于是，就会很自然地向人的本性回归，所以，人之将死，其言也善。

【原文】

曾子曰："以能问于不能，以多问于寡；有若无，实若虚，犯而不校①。昔者吾友②尝从事于斯矣！"

【注释】

① 校：计较，回报。
② 吾友：颜渊。

【译文】

曾子说:"有才能却向没有才能的人请教,见识多的人却向见识少的人请教。自己明明有却感觉像无,明明很充实却感觉空虚,无故受人侵犯而不报复。昔日我的朋友颜渊就是这样做的。"

【品鉴】

曾子的这段话告诉我们两个道理。第一,谦以待人,积极向别人学习。哪怕是别人的能力低于自己,哪怕是别人的见识不如自己,也要积极努力地学习。第二,宽以待物,虚心容纳不同的人和事。哪怕自己不喜欢的事物,哪怕是和自己完全相反的意见。

这使我想起了一个故事。一老者与一轻狂后生论学,老者坦言,为学之要务在虚己容物。后生发问:虚己何用?老者闻言,径执茶壶向后生已满的碗中注茶,致茶水流溢不止。后生连呼:满矣,满矣!老者视而不见,仍注茶不止。后生惶惑,惊问其故,老者笑曰:"欲益,必先虚。不虚而求益,犹水满而注水,无所存焉。"道理很简单,如果你的水杯是满的,别人给你倒进去再多的水,结果也只能是流掉。所以,《中论·虚道》篇说:"器虚则物注,满则止。"

【原文】

曾子曰:"可以托六尺①之孤,可以寄百里②之命,临大节③而不可夺也,君子人与?君子人也。"

【注释】

① 六尺:谓十五岁,或十五岁以下。六尺之孤:指未成年的孤儿。
② 百里:大国(诸侯国)。

③大节：关系到安国家、定社稷等安危存亡一类的重大事情。

【译文】

曾子说："可以把孩子托付给他，可以把大国的政令寄放在他那里，遇到安国家、定社稷等安危存亡的重大事情时也不能改变他的信念，这种人可以称为君子了吧？真是个君子了。"

【品鉴】

曾子的这段话提出了用人的两个基本原则：一是才，二是节。能够辅幼君，摄国政，这是有才。但是，仅仅有才还不行。有才无节，临事有变，终不堪大用；无事时忠心耿耿，有难时以死报君，可谓有节。但是，仅仅有节还不够。有节无才，见短识浅，经济无方，无益于安国家、定社稷，终会误事。只有才、节兼备的君子，才是治国安民的良才。

【原文】

曾子曰："士不可以不弘①毅②，任重而道远。仁以为己任，不亦重乎？死而后已，不亦远乎？"

【注释】

① 弘：宏大。
② 毅：坚强，刚毅。

【译文】

曾子说："读书人不可以没有宏大的志向和坚强的毅力，因为他肩负重大的使命，路程遥远。以实现仁德为己任，这不是很重大的事情吗？

只有等到自己生命结束的那一天才停止奋斗，不是很遥远吗？"

【品鉴】

在曾子看来，知识分子和一般人不一样，主要体现在两个方面：第一，要有立志于"仁道"的宏愿，以"天下归仁"为使命；第二，要有践履"仁道"的坚强毅力，生命不息，奋斗不止。

曾子的话对我们具有很大的启发意义。任何人做事情，既要有远大的志向和理想，又要有实现自己理想和志向的行动。二者缺一不可。

【原文】

子曰："兴①于《诗》，立于礼，成于乐。"

【注释】

① 兴：起，开始。

【译文】

孔子说："修身从学习《诗经》开始，立身于社会从学习礼仪开始，成性从学习音乐开始。"

【品鉴】

孔子教育弟子有三个步骤：首先是学习《诗经》，所谓"不学诗，无以言"。不学习《诗经》，就不会说话。这也就是孔子所说的"兴"。其次是学习礼仪，所谓"不学礼，无以立"。这也就是孔子所说的"立"。最后是学习音乐。《礼记·乐记》说："乐者，天地之和也。""和，故百物皆化。""乐由天作""明于天地，然后能兴礼乐也。""乐"是天地之性的反映，学习音乐，就可以完善人的性情，使人成为真正意义上的人。这也就是孔子所说的"成"。

【原文】

子曰："民可使由①之，不可使知之。"

【注释】

① 由：用，使用。

【译文】

孔子说："可以使百姓跟着你走，照着你说的去做，但是很难让他们知道这是为什么。"

【品鉴】

这一句话争论很大。有的先生不愿意承认孔子有"愚民"的倾向，更有意思的是，有人在这句话的标点上大做文章，把孔子的这段话读作"民可使由之？不可，使知之！"

孔子之本意恐怕是想说明，大道深远，百姓难以知晓。固然，"道"就在百姓日常的生活和实践中，只是日用却不知而已。就像哲学，它每天都在我们的生活中，每天都在指导着我们的生活和实践，但是，我们并不自觉。这就是"不可使知之"。

《孟子·尽心上》说："行之而不著焉，习矣而不察焉，终身由之而不知其道者，众也。"这段话可以和孔子的话互证。

【原文】

子曰:"好勇疾①贫,乱也。人而不仁,疾之已甚,乱也。"

【注释】

① 疾:厌恶、嫉恨。

【译文】

孔子说:"喜欢勇敢刚武而又嫉恨贫困,容易造成祸乱。对那些不仁的人,厌恶得太深,也会造成祸乱。"

【品鉴】

性格刚武好勇的人容易心不安分,他们不能容忍自己生活贫贱或者万事不如别人,这样就容易作乱。对那些不仁义的人恨得太深,也不好。这两种人虽然善恶有分,但是都流于"太过",都属于孔子所反对的影响社会安定的人。

【原文】

子曰:"如有周公之才之美,使骄①且吝②,其余不足观也已。"

【注释】

① 骄:骄傲、放纵。
② 吝:吝惜、吝啬。

【译文】

孔子说:"如果他有周公的才能和美德,但却骄傲放纵又吝啬,其他的就不用看了。"

【品鉴】

本篇第六节谈了曾子的人才观，这一节则是谈孔子的人才观。如果说曾子用人，主张"才""节"兼备的话，那么，孔子用人则主张"才""德"兼备。众所周知，周公是孔子一生学习的榜样和崇拜的偶像，连睡觉梦不到周公，都会发出"久矣，吾不复梦见周公"的感慨。尽管如此，孔子依然认为，假如周公骄横违礼，吝啬自私的话，也不值得称道。可见，孔子用人，首推道德。

【原文】

子曰："三年学，不至于谷①，不易得也。"

【注释】

① 谷（gǔ）：俸禄，引申为做官。

【译文】

孔子说："三年专心学业，也不存当官的念头，这很难得。"

【品鉴】

对于"谷"字，有两种理解，一曰善，二曰俸禄。显然这里应释为"俸禄"。朱熹在解释这句话时说："为学之久，而不求禄，如此之人，不易得也。"（《四书章句集注》）

【原文】

子曰："笃①信好学，守死善道。危邦不入，乱邦不居。天下有道则见②，无道则隐。邦有道，贫且贱焉，耻也。邦无道，富且贵焉，耻也。"

【注释】

① 笃：坚实、牢固。《尔雅·释诂》："笃，固也"。
② 见（xiàn）：同"现"，出现。

【译文】

孔子说："坚定自己的信仰，努力学习知识，誓死保全大道。不踏入危乱的国家，不在乱国之中居住，天下有道就从政，天下无道就隐退。国家有道，政治清明，生活贫困地位低贱，是一种耻辱；国家无道，政治昏暗，生活富裕地位尊贵，是一种耻辱。"

【品鉴】

"邦有道"时该怎么办？"邦无道"时又该怎么办？对此，孔子区分了五种情况。第一情况是"邦有道，不废；邦无道，免于刑戮"，懂得在乱世中保全自己的南容，就属于这种情况；第二种情况是"邦有道，则仕；邦无道，则可卷而怀之"，可称君子的蘧伯玉，就属于这种情况；第三种情况是"邦有道，如矢；邦无道，如矢"，可称之为"直"的史鱼，就属于这种情况；第四种是"邦有道，贫且贱焉，耻也；邦无道，富且贵焉，耻也"。第五种情况是"邦有道，危言危行。邦无道，危行言孙。"

【原文】

子曰:"不在其位,不谋①其政。"

【注释】

① 谋:考虑、谋划。

【译文】

孔子说:"不在这个职位上,就不要插手这个职位上的事情。"

【品鉴】

荀子说:"明于天人相分,则可谓至人矣",是说天人有别,天和人职分不同,是人的事情就不要天来插手,反之亦然。人和人之间也是一样,在这个社会中,每个人都有自己的位置,位置不同,职能不同。每一个人都要做好自己的本职工作,知道该做什么不该做什么,不要越位去管你不该管的事情。

【原文】

子曰:"师挚①之始②,《关雎》③之乱④。洋洋⑤乎盈耳哉!"

【注释】

① 师挚:鲁国的乐师,名挚。
② 始:乐曲的开始。
③《关雎》:《诗经·国风》中的第一篇。
④ 乱:乐曲的结束。
⑤ 洋洋:形容乐声的美盛。

【译文】

孔子说:"以师挚的演奏开始,以《关雎》的合乐结束。满耳萦绕着盛大的音乐声。"

【品鉴】

孔子自卫返鲁,正是师挚在鲁为官倡导"正乐"之时。当时鲁国的音乐会,开始时一般都是由师挚演奏。结束时,则要合奏《诗经》的《关雎》。开始于升歌,谓之始。终结于合乐,谓之乱。

【原文】

子曰:"狂①而不直,侗②而不愿③,悾悾④而不信。吾不知之矣。"

【注释】

① 狂:豪迈慷慨,心地坦然,积极进取之人。

② 侗:幼稚无知。

③ 愿:老实。

④ 悾悾(kōng):诚恳的样子。

【译文】

孔子说:"狂放进取的人却不直率,幼稚的人还爱说谎,貌似诚恳的人却不讲信用。我不知道这是什么样的人。"

【品鉴】

孔子主张做人要真实。他之所以对"父为子隐,子为父隐"表示理解，就是因为这是人的真情实感的展现，所以，他说："父为子隐，子为父隐，直在其中矣。"(《子路》) 相反，他对微生高这样的人就不怎么欣赏，在《公冶长》篇中，孔子说："孰谓微生高直？或乞醯焉，乞诸其邻而与之。"因为朋友向他借醋，他自己没有就算了，但他从邻居那里借来再给朋友。这样的人并不直率。

【原文】

子曰："学如不及，犹恐失之。"

【译文】

孔子说："学习知识就如同人追赶一个人一样，总是担心追不上。学到了的知识，又总是害怕再失掉。"

【品鉴】

学习需要毅力和恒心。《荀子·修身》篇中说："道虽迩，不行不至。事虽小，不为不成。"终日乾乾，孜孜以学，还要担心所学的知识会丢失。若时学时辍，心不在焉，日不能求其进，终会一无所成。

【原文】

子曰："巍巍①乎，舜禹之有天下也，而不与②焉。"

【注释】

① 巍巍：高大。

② 禹：夏朝开国君主，据传受舜禅让而得位。不与：干预。引申为不相关，不以君位为乐。

【译文】

孔子说:"伟大啊,舜和禹拥有了天下,但他们不从一己之利出发去干预天下。"

【品鉴】

孔子说:"大道之行也,天下为公。"(《礼记·礼运》)在孔子看来,舜和禹的时代,应该是"天下为公"的大同时代,所以,舜禹虽然贵为天下主,但也不会视天下为己有,而是把天下看作是天下人之天下。《论语·卫灵公》记载,孔子说:"无为而治者,其舜也与?夫何为哉?恭己正南面而已矣。"舜做什么了呢?他庄严端正地坐在王位上,无为而治,让老百姓休养生息,只是如此而已。

【原文】

子曰:"大哉,尧之为君也。巍巍乎,唯①天为大,唯尧则②之。荡荡③乎,民无能名焉。巍巍乎,其有成功④也。焕⑤乎,其有文章⑥。"

【注释】

① 唯:独。

② 则:效法。

③ 荡荡:广远之称。

④ 成功:事业。

⑤ 焕:光明之貌。

⑥ 文章:礼乐法度。

【译文】

孔子说:"伟大啊,尧作为君主。崇高啊,只有天最高最大,只有尧能效法这天道。广远啊,他的德行,人民对他简直不知道该怎样去称赞他。伟大啊,他的卓著功绩。灿烂啊,他制定的礼乐法度。"

【品鉴】

上一节称道舜禹,本节则赞扬尧。尧是以天下为己任的圣君,他知道自己的儿子丹朱"不肖""不足授天下",于是,就把大权授给了舜。在他看来,"授舜,则天下得其利而丹朱病""授丹朱,则天下病而丹朱得其利",所以,他说:"终不以天下之病而利一人。"尧逝世后,"百姓悲哀,如丧父母。三年,四方莫举乐,以思尧。"(《史记·五帝本纪》)

【原文】

舜有臣五人①而天下治。武王曰:"予有乱②臣十人③。"孔子曰:"才难,不其然乎?唐虞④之际,于斯⑤为盛,有妇人焉,九人而已。三分天下有其二⑥,以服事殷,周之德,其可谓至德也已矣?"

【注释】

① 五人:孔安国说"五人"指:禹、稷、契、皋陶、伯益。

② 乱:古训"治"。

③ 十人:朱熹《四书章句集注》记载,十人为:周公旦、召公奭、太公望、毕公、荣公、太颠、闳夭、散宜生、南宫适,其余一人是文母。对于文母为何人,一直有争论,有人认为是武王之母太姒,有人以为是武王之妻邑姜。

④ 唐虞：唐，尧号；虞，舜号。
⑤ 斯：此。指周武王时。
⑥ 三分天下有其二：据传当时天下分为九州，周文王有六州，占三分之二。

【译文】

舜有贤臣五人而使天下大治。武王说："我有治臣十人治理了天下。"孔子说："人才难得，不是这样吗？与唐尧和虞舜的时代相比，周代够兴盛的，除了一个分管内务的妇女，算起来应该说只有九人治理朝政。天下的三分之二已经归周所有了，还向商纣称臣，周人的德行，可以说是最大了吧？"

【品鉴】

在孔子看来，人才是决定国家兴衰的关键。舜只是拥有了五位贤臣，就实现了天下大治。周武王有了治臣十人，就开创了"于斯为盛"的局面。有了德才兼备的人才，才能开创太平盛世。殷周之际，天下分为九州，文王拥有六州，"三分天下有其二"，依然"奉勤于商"（《逸周书·程典篇》）。由此可见文王之盛德。

【原文】

子曰："禹，吾无间①然矣。菲②饮食而致孝乎鬼神，恶③衣服而致美乎黻冕④，卑⑤宫室而尽力乎沟洫⑥。禹，吾无间然矣。"

【注释】

① 间：夹缝、间隙、空隙。此处用作动词，引申为指责，批评。

② 菲（fěi）：菲薄，不丰厚。

③ 恶：损。

④ 黻（fú）冕（miǎn）：祭祀时穿的礼服叫黻；祭祀时戴的帽子叫冕。

⑤ 卑：地势低。

⑥ 沟洫（xù）：田间水道。

【译文】

孔子说："对于禹，我没有什么可说的。他自己吃粗糙的饭食，却以丰盛的美味敬孝鬼神，他平时衣着简朴，但在祭祀的时候衣着华美，他住的宫室低矮，却致力于修治水利。对于禹，我真的没什么可挑剔的了。"

【品鉴】

在古代，治理水患是一件十分重要的事情。据《史记·夏本纪》记载，大禹为了治水，"劳身焦思，居外十三年，过家门不敢入。"这在中国几乎是家喻户晓的故事。大禹因治水有功，舜把天下传给大禹。禹接受天下以后，慎起居，节饮食，一心扑在民众的事情上，为夏王朝的建立立下了汗马功劳。

第九章　子罕篇

【原文】

　　子罕①言利，与②命与仁。

【注释】

　　① 罕：少。
　　② 与：帮助，支持。引申为赞同。

【译文】

　　孔子很少讲利益，赞同天命，赞同仁德。

【品鉴】

　　关于孔子这句话的解释，从魏晋玄风的开启者何晏、梁国子助教皇侃，直到程颐、朱熹、刘宝楠等，皆大有问题。杨伯峻先生在解释这一节时，遵循了以往注家的一贯说法，把"子罕言利，与命与仁"解释为"孔子很少（主动）谈到功利、命运和仁德"。通常认为，杨先生的这一解释有历史上的众多的注家做支撑，应该不会有什么问题。但是，仔细想一想，问题就出来了。

《论语》一书，孔子谈"利"的地方有两处，都在《里仁》篇，一处是孔子说："放于利而行，多怨。"一处是孔子说："君子喻于义，小人喻于利。"孔子谈到命运和天命的地方也有两处：一处是在《雍也》篇，说的是孔子的弟子伯牛生病了，孔子去看他，握着他的手说："亡之，命矣夫！斯人也而有斯疾也！斯人也而有斯疾也！"一处是在《论语·宪问》篇，孔子说："道之将行也与，命也；道之将废也与，命也。公伯寮其如命何！"当然，如果连同他的弟子子夏说的"死生有命，富贵在天"也一并计算在内的话，也可以说是三处。因此，如果说孔子罕言"利"与"命"，似乎说得过去。但是，说孔子罕言"仁"，就无论如何都说不过去了。

　　众所周知，"仁"是孔子思想中的一个重要范畴，孔子和他的弟子们经常谈到"仁"，以至许多先生把孔学概括为"仁"学，在这种情况下，还说孔子罕言"仁"，则是无论如何也说不过去的。南朝梁皇侃的《论语义疏》把"罕言仁"解为很少用"仁"来称道别人（"希许与人"），似有强辩的味道。所以，这里的"与命与仁"，应该理解为赞同天命，赞同仁德。

【原文】

　　达巷①党人曰："大哉孔子，博学而无所成名。"子闻之，谓门弟子曰："吾何执②？执御③乎？执射乎？吾执御矣。"

【注释】

　　①达巷：党名。五百家为一党。
　　②执：掌握，控制。
　　③御：驾驭车马。

【译文】

达巷一位乡人说:"伟大啊孔子,学问广博却没有哪一项特别突出。"孔子听说后,对弟子们说:"我掌握哪门专长呢?赶车?射箭?我赶车好了。"

【品鉴】

"达巷党人"真的不了解孔子。孔子是"仰望天空"的哲学家,他主张读书人、思想家不能陷到具体的知识和事物中出不来,而应当从具体中看到一般,从现象中把握本质,从"下学"中达于"上学"。正如黑格尔所说,一个民族要有一些仰望天空的人,才会有希望,只是关注脚下的事情,那是没有未来的。也是在这样的意义上,孔子才说:"君子上达,小人下达。"

【原文】

子曰:"麻冕①,礼也。今也纯②,俭,吾从众。拜下③,礼也。今拜乎上,泰④也。虽违众,吾从下。"

【注释】

① 麻冕(miǎn):用麻料做成的帽子。

② 纯:丝。

③ 拜下:古时候臣见君时的一种礼节。臣见君时需先跪拜于堂下,待升堂后再跪拜。

④ 泰:骄慢。

【译文】

孔子说:"麻布做的帽子,符合礼仪。现在都改成丝做的了,是为了节俭,所以,我服从大家。从前,臣子拜见君主,先要在堂下磕头,等到了堂上后还要再磕头。现在是直接到堂上磕头,这是倨傲的表现。虽然大家都这么做,但我还是不同意,我主张还是和从前一样,先在堂下拜一次,到了堂上后再拜一次。"

【品鉴】

礼仪作为一种文化,总是处在改革和发展中。但是,改革和发展的依据是什么?是多数人的做法和意见吗?不是。用"丝帽"代替"麻帽",既节俭了,又不损害礼仪的内容,大家都这么做了,孔子也同意。关于臣子拜见君主时的"叩首"的礼仪,尽管大家都简化了,但是这样的简化,损害了"礼"的内涵,所以,孔子不同意。可见,孔子改革发展礼仪的标准,不是多数人的意见,而是礼仪的实际效果。

【原文】

子绝四:毋①意②、毋必③、毋固④、毋我⑤。

【注释】

① 毋:不。
② 意:与实际不合的主观意图。
③ 必:完全肯定。
④ 固:固执、停滞。
⑤ 我:作动词,有"自我"的意思。

【译文】

孔子杜绝四种做法：不凭空猜测、不绝对肯定、不拘泥固执、不唯我独是。

【品鉴】

意、必、固、我，都与"修道"相背。所谓"毋意"，就是认识事物要有客观的态度，从客观事物出发来认识客观事物，不要把自己的主观意图加进来。所谓"毋必"，就是说认识事物不能绝对化，不能完全肯定或否定，该肯定时就肯定，该反对时就反对。所谓"毋固"，就是不固守某种既定的认识和实践方式，随时而变，当变时就变，不当变时就不变。所谓"毋我"，不能陷到自我里面出不来，应当以天下为己任，以天下之进退为进退，以天下之忧苦为忧苦。孔子做到了这四个方面，所以，他是圣人，是君子。

【原文】

子畏①于匡②，曰："文王既没③，文④不在兹⑤乎？天之将丧斯文也，后死者⑥不得与于斯文也；天之未丧斯文也，匡人其如予何？"

【注释】

① 畏：同"围"。

② 匡：地名。

③ 没（mò）：死。

④ 文：作为"道"的表现形式的礼乐典章制度。

⑤ 兹：此。

⑥ 后死者：孔子自称。

【译文】

孔子在匡地被围,说:"文王死了后,自周以来的礼乐典章制度不是都掌握在我这里吗?老天若要灭绝这些文化,我就不会掌握这些文化了;老天若不想灭绝这些文化,匡人又能把我怎样呢?"

【品鉴】

《史记·孔子世家》记载,孔子离开卫国,准备到陈国去,途经匡地,遭匡人围禁五天。因为在这以前,匡人遭受过鲁国阳虎的暴虐和屠杀,而孔子的长相与阳虎相似,而且当年替阳虎驾车的人就是孔子的弟子颜克。现在颜克又为孔子驾车到此,以致匡人把孔子当作阳虎,故予围禁。孔子认为,自己来到这个世界,负载着上天的任务和使命。老天交给自己的任务和使命还没有完成,老天怎么会让自己去死呢?

【原文】

太宰①问于子贡曰:"夫子圣者与?何其多能也?"子贡曰:"固天纵②之将③圣,又多能也。"

子闻之,曰:"太宰知我乎!吾少也贱,故多能鄙事。君子多乎哉?不多也。"

【注释】

① 太宰:大夫官名,或吴或宋,今已难考知。

② 纵:赋予。

③ 将:大。

【译文】

太宰问子贡:"老师不是圣人吗?为什么如此多才多艺?"子贡说:"是天让他成为圣人,又让他多才多艺。"孔子听说后,说:"还是太宰了解我!我小的时候生活穷困,所以会干一些卑贱的粗活。贵族会有这么多技艺吗?不会有的。"

【品鉴】

古语说,百无一用是书生。"书生"真的是百无一用,还是有"大用"?"圣人"通晓大道,是不是就不会做具体的事情了?认识了"形上之道",是否就意味着不能把握"形下之器"?一般人看来,这两者是矛盾的。但是,殊不知,只有认识了形上之道,才能真正把握形下之器。只有懂得了宇宙人生的大道理,我们才能在生活和实践中做得更好。

太宰看到了孔子在以上两方面皆有所长,但是不明白孔子为什么能把这两方面集于一身。于是,子贡就用上天来解释,认为孔子之所以能把两者统一起来,是老天的意思。这样的解释和太宰比起来,似乎高明不到哪里去。不管怎么说,太宰从现实生活出发看到了既掌握了宇宙人生的大道,还熟悉生活实践的具体技艺的孔子,所以,孔子依然视他为"知我者"。

【原文】

牢①曰:"子云:吾不试②,故艺。"

【注释】

① 牢:孔子弟子子牢。
② 试:用也,任用。

【译文】

牢说:"夫子曾说:'我不被国家任用,所以学得一些技艺。'"

【品鉴】

机会永远是给那些做好了准备的人提供的。在自己不为世所用时,千万不能心灰意冷。既然不让出仕,就应韬光养晦,修身待时,学习知识,练就本领,天下有道时,再出来做事。这才是君子应该做的。

【原文】

子曰:"吾有知乎哉?无知也。有鄙夫①问于我,空空②如也,我叩其两端③而竭④焉。"

【注释】

① 鄙夫:地位低下的人。

② 空空:什么也没有,这里指什么也不懂。

③ 叩:询问。两端:终、始。

④ 竭:完、尽。

【译文】

孔子说:"我有知识吗?没有知识。有个庄稼汉向我请教一个问题,对他的问题我本一点也不懂,但我从他问话的两头找到了问题的答案。"

【品鉴】

对别人问的问题一点都不懂,但又能很好地给出问题的答案。这是为什么呢?孔子说过:"知之为知之,不知为不知,是知也。"在这里,孔子是不是强不知以为知呢？不是。这里的秘密就在孔子有一项一般人不具备的本领："叩其两端而竭焉"。他从人家问话的两头找到了问题的答案。从对立中把握统一，这是一种很高明的哲学思维。

【原文】

子曰："凤鸟①不至，河不出图③，吾已矣夫④！"

【注释】

① 凤鸟：凤凰。古代传说中的神鸟，据说只有在天下太平时才出现。
② 河：黄河。图：河图。相传在伏羲时，龙马负图从黄河中出来。古人认为，只有圣王出世时才有此祥瑞。
③ 已：停止。矣夫：语气词。

【译文】

孔子说："凤凰不出来，黄河也不出图，我这辈子就这样了！"

【点评】

朱熹认为，凤凰神鸟出现于虞舜之时，至文王时，神鸟"鸣于岐山"，这是圣王出现的祥瑞。《周易·系辞上》说："河出图，洛出书"。"河出图"说的是，传说在伏羲时代，黄河里的神龙背负"河图"从水里出来，伏羲据此画成八卦。"洛出书"说的是，传说黄帝东巡至洛水（一说为大禹）时，见灵龟背着"洛书"从洛水出来，传说大禹就是按照"洛书"作洪范九畴。

【原文】

子见齐衰①者、冕衣裳者②与瞽者③，见之，虽少④，必作⑤；过之，必趋⑥。

【注释】

① 齐（zī）衰（cuī）：丧服。
② 冕衣裳者：冕，冠也。衣，上服。裳，下服。冕而衣裳，贵者的盛装。
③ 瞽（gǔ）：无目者，盲。
④ 少（shào）：小。
⑤ 作：起也。站起来，表示敬意。
⑥ 趋：疾行也。快走，表示敬意。

【译文】

孔子见了穿丧服的人、穿官服的人和盲人，即使是年轻人，也一定站起来；从他们身边走过时，必定加快脚步。

【品鉴】

孔子的礼数，无不周到，在有丧事人身边吃饭，不能吃饱，见到丧事在身的人，也要迅速走几步，为的是表达自己对他人的恭敬、哀矜之心。如朱熹所说："见冕衣裳者，敬心生焉，因而用其敬；见齐衰者、瞽者，则哀矜之心动于中，而自然敬也。"

【原文】

颜渊喟①然叹曰："仰之弥②高，钻之弥坚。瞻之在前，忽焉在后。夫子循循③然善诱④人,博我以文,约我以礼,欲罢不能。既竭吾才,如有所立卓⑤尔。遂欲从之,末⑥由也已。"

【注释】

① 喟:叹声。
② 弥:更加。
③ 循循:有次序。
④ 诱:引导。
⑤ 卓:卓绝,卓越。卓尔:高峻的样子。
⑥ 末:无。

【释义】

颜渊叹息道:"圣人之道,越仰望越觉得高耸,越钻研越觉得深厚。看着就在前面,忽然却在后面。老师善于有次序的引导,用知识丰富我,用礼法约束我,想不学都不成。我竭尽全力,仍然像有座高山矗立眼前。我想攀上去,但觉得无路可走。"

【品鉴】

做学问需要三个阶段:一是粗知概貌的阶段;二是研究微观细节或具体个别的阶段;三是抽象概括,得出结论,走向一般的阶段。我们常见一些人,不想经过第一阶段和第二阶段,直接就想跨进到第三阶段。比如说,如果我们根本就不去研究孔孟老庄、程朱陆王等具体的中国哲学家,但还想大谈中国哲学、甚至是中国文化的特点,中国哲学、甚至是中国文化的未来走向,那人家就要问了,你这些一般的结论,都是从哪里来的呢?在生活中,这三个阶段还会有其他的表现形式,如愚一智—大智（若愚），质—文—文质彬彬，拙—巧—大巧（若拙），讷—辩—大辩（若讷），缺（不盈）—盈—大盈（若缺）。

颜回是孔门高徒，自然不会犯上面的错误，所以，他学习钻研老师的学说越是深入、越是持久，就越是有了"高山仰止，景行行止"的感觉。

【原文】

子疾病，子路使门人为臣①。病间②，曰："久矣哉，由之行诈也！无臣而为有臣。吾谁欺？欺天乎？且予与其死于臣之手也，无宁死于二三子之手乎！且予纵不得大葬③，予死于道路乎？"

【注释】

① 臣：家臣。古代大夫有封地，故有家臣。而士没有封地不该有家臣。孔子曾任鲁国司寇，原来有家臣，但是离开鲁国后，应该以士相待，不应该有家臣。

② 间：间隔。病间，指病差了一些，病稍愈。

③ 大葬：君臣礼葬，隆重的葬礼。

【译文】

孔子得了重病，子路让弟子们以君臣之礼侍奉孔子。病好些以后，孔子说："许久以来，子路就想搞这一套欺诈的礼仪了！我本来不应该有家臣而给我安排家臣，我这是欺骗谁呢？欺骗天吗？与其以家臣之礼侍奉我死去，还不如以弟子之礼侍奉我死去。况且我死时即使不能举行隆重的葬礼，有弟子们在，我也不至于被弃尸于道路上吧？"

【品鉴】

　　这段话表达了孔子的两层意思。第一层意思是说，孔子反对僭礼。他虽然做过鲁国的大夫，虽然曾经拥有家臣，但后来不做大夫了，在孔子看来，就不应该再有家臣，弟子们当然不能以家臣之礼待他。第二层意思是，孔子特别看重师生之情和师生之礼。在他看来，弟子比家臣更亲切、更可靠、更可贵。因此，君臣之礼怎能和师生之礼相提并论呢？若在两者之间取舍的话，孔子当然会毫不犹豫地选择师生之礼，所以，他才说："且予与其死于臣之手也，无宁死于二三子之手乎！"

【原文】

　　子贡曰："有美玉于斯，韫①椟②而藏诸？求善贾③而沽④诸？"子曰："沽之哉，沽之哉！我待贾者也。"

【注释】

　　① 韫（yùn）：藏也。

　　② 椟（dú）：木柜、木匣。

　　③ 贾（gǔ）：商人。

　　④ 沽：卖。

【译文】

　　子贡说："我这里有一块美玉，是把它放在柜子里藏起来呢？还是找一个识货的商人卖掉呢？"孔子说："卖掉啊，卖掉！我在等待着识货的商人卖掉它。"

【品鉴】

　　孔子不是书呆子，他不像后儒那样"为仁而仁""为礼而礼"，在孔子那里，仁和礼都只是手段，而非目的。孔子思想的实质核心和目的是治国平天下的社会实践。作为孔门高徒的子贡当然明白这一点，在他眼中，孔子的学说就是一块不可多得的美玉，这样一块美玉，是把它藏在柜子里孤芳自赏，还是找一个识货的商人卖掉呢？所以，当子贡以"美玉"设喻发问时，孔子当然明白弟子的意思，于是，就迫不及待地说："沽之哉，沽之哉！我待贾者也。"

【原文】

　　子欲居九夷①。或曰："陋②，如之何？"子曰："君子居之，何陋之有？"

【注释】

　　① 九夷：古代指东方的少数民族，或者指其所居之地。
　　② 陋：陋野，文化闭塞。

【译文】

　　孔子想到九夷去住。有人说："那地方闭塞，文化落后，怎么行呢？"孔子说："有君子住在那里，怎能说闭塞、文化落后呢？"

【品鉴】

　　据杨伯峻先生考证，"九夷"就是"淮夷"，原来在鲁国境内，春秋时期散居于今天的江苏泗水，北与齐、鲁接壤。班固《汉书·地理志》则谓"九夷"为朝鲜半岛，恐不妥。还有人说，九夷是古代对东方少数民族的通称。抛开这些不同的说法，九夷是偏僻粗陋、文化落后的地方，应是确定无疑的。但是，孔子不这么看，他认为文化落后与否，是由人决定的。再偏远落后的地方，如果有了君子住到那里，就会成为文化发达和先进的地区。由此，我们可以看到孔子淑世行道的情怀，此处不能行道，就往别处去行道。所以，他说："道不行，欲乘桴浮海。"

【原文】

子曰："吾自卫反①鲁，然后乐正，《雅》《颂》②各得其所。"

【注释】

① 反：返。
②《雅》《颂》：《诗经》中的两类诗。

【译文】

孔子说："我从卫国回到鲁国，然后才把音乐整理出来，使《雅》《颂》各归于原来的样子。"

【品鉴】

鲁哀公十一年冬天，孔子从卫国回到鲁国，那时鲁道衰微，礼乐崩坏。正乐定礼是当时的重要任务。于是，孔子便删《诗》《书》，定礼乐。既正诗章，又正乐曲，于是乐音得正了，《雅》《颂》也恢复了它们本来的面目，各得其所了。

【原文】

子曰:"出则事公卿,入则事父兄,丧事不敢不勉①,不为酒困②。何有③于我哉?"

【注释】

① 勉:勉励。

② 困:乱。

③ 何有:有什么。

【译文】

孔子说:"在外侍奉公卿大夫,在家侍奉父母兄长,丧事不敢不尽礼,不因为饮酒而乱性。这些事情我都做到哪些了呢?"

【品鉴】

孔子的学说是"行"的学说,是躬行践履的学说,所以,他非常注重在日常生活和实践中实现自己的政治理想和抱负。外侍公卿,内侍父母,临丧以勉,不为酒困,这四件事情看似是日常生活中的小事情,仔细想想,却是关乎天理人欲的大问题。因此,孔子才反问自己:"这些事情我都做到哪些了呢?"

【原文】

子在川上曰:"逝者如斯夫,不舍①昼夜。"

【注释】

① 舍:停留,止息。

【译文】

孔子在河岸边感叹道:"逝去的东西就像这奔腾的流水一样,日日不息,夜夜不止。"

【品鉴】

想当年,负载着济世安民使命的孔夫子伫立岸边,仰以观天文,看到日月运行,昼夜更迭,天道循环,生生不已;俯以察地理,看到四时交替,万物化生,江河奔流,日复一日,年复一年。天地如此,况为人乎?凤凰未至,河不出图,天不降祥瑞。这辈子看见圣人的概率已稀,想见西周的盛况也无望。道体不兴,弘志未果,就连梦见周公也都成了奢望。时事既往,不可追复,一想起这些,怎不教人感叹哀伤?

【原文】

子曰:"吾未见好德如好色者也。"

【译文】

孔子说:"我没有见过好道德仁义就像好美色那样的人。"

【品鉴】

好色是人的本性,好德是后天修养的结果。前者不需后天学习和引导,后者却需要后天学习和努力。据《史记》记载,孔子在卫国的时候,卫灵公和他的夫人同车,却让孔子坐另一辆车跟随在后面,"招摇过市",孔子以此事为丑:"吾未见好德如好色者也,"指刺卫灵公。

【原文】

子曰:"譬如为山,未成一篑①,止,吾止也。譬如平地,虽覆一篑,进,吾往也。"

【注释】

① 篑(kuì):土笼。盛土的筐子。

【译文】

孔子说:"就好比堆山,就差一筐土就可以成山了,这时候却突然停下了,那是因为自己的停止不前导致了失败。譬如在平地上堆山,即使只增加一筐土,只要我不停地增加,我就会不断前进。"

【品鉴】

"为山九仞,功亏一篑",日积月累总有成功的一天。正如朱熹所说,"学者自强不息,则积少成多;中道而废,则前功尽弃。其止其往,皆在我而不在人也。"(《四书章句集注》)

【原文】

子曰:"语①之而不惰②者,其回也与!"

【注释】

① 语:讲话、议论。
② 惰:懈怠也。

【译文】

孔子说:"听我讲话而从不懈怠的人,大概就是颜回了!"

【品鉴】

颜回是孔门弟子中最好学的人,以至于孔子感慨地说:"回也,非助我者也。于吾言无所不说。"(《先进》)对老师的话无所不悦的人,当然听课时就不会懈怠。

【原文】

子谓颜渊曰:"惜乎!吾见其进也,未见其止也。"

【译文】

孔子谈到颜渊时说:"可惜啊!颜渊已经死了。我只看见他不停地进步,从没见过他退步。"

【品鉴】

有人问孔子,您的弟子中谁最好学,孔子回答说:颜渊好学,他死了以后弟子中就再也没有"好学者"了。颜渊死后,孔子曾痛不欲生地说:"天丧予!天丧予!"本节中孔子说:"惜乎!"也是为颜渊的死伤痛不已。

【原文】

子曰:"苗①而不秀②者有矣夫!秀而不实③者有矣夫!"

【注释】

① 苗：幼小的植株。谷之始生曰苗。

② 秀：谷类抽穗开花，俗称"秀穗"。

③ 实：果实，种子。

【译文】

孔子说："庄稼长成了小苗但没有开花吐穗，有这样的情况吧！开花吐穗了但没有长成果实，这种情况也有吧！"

【品鉴】

两汉以降，注家多认为这一节以"苗而不秀"和"秀而不实"比喻颜渊早夭。但是，杨伯峻先生在他的《论语译注》中提出了疑问，认为颜回只是"秀而不实"，那"苗而不秀"又是指谁呢？孔子此言必有为而发，但究竟何所指，则不必妄议。

【原文】

子曰："后生①可畏，焉知来者之不如今也？四十、五十而无闻焉，斯亦不足畏也已。"

【注释】

① 后生：年少者，年轻人。

【译文】

孔子说："年少的人是值得畏惧的，怎能断言将来的他们赶不上现在的人呢？一个人活到四五十岁还默默无闻，也就不值得害怕他了。"

【品鉴】

古代以五十岁的人为老年，因此，养老是从五十岁开始。所以，当你活到四五十岁的时候，如果还是默默无闻，就不会再有什么惊人的成果了。此话用来警示后人，劝人勉学，进德修业。曾子说："五十而不以善闻，则不闻矣。"说的也是这个意思。

【原文】

子曰："法语之言①，能无从乎？改之为贵。巽与之言②，能无说乎？绎③之为贵。说而不绎，从而不改，吾末如之何也已矣。"

【注释】

① 法语之言：合乎法则的话。法，法则，法令。
② 巽（xùn）与之言：谦恭顺己的话。巽，谦逊，恭敬。与，称许。
③ 绎（yì）：分析。
④ 如之何：怎么样，怎么办。

【译文】

孔子说："有人犯错，用礼法正道之言告诉他，能不听从吗？但是改正才是最可贵的。动听顺耳的话，听了能不高兴吗？但是对它详加分析才算可贵。听着舒服的话却不用大脑分析，表面上服从但行动不改，这样的人，我就拿他无可奈何了。"

【品鉴】

"人非圣贤，孰能无过"，"过而能改，善莫大焉"，"过而不改，是谓过也"。以正义直言相劝告，接受并且改正是对的；别人以动听顺耳的话说你，虽然心里高兴却容易混淆是非。俗话说："良药苦口利于病，忠言逆耳利于行"，来自外界的、要改变你的东西总是不顺你的意，但切勿粗鲁地加以拒绝，或许静下心来想一想，你就会分清好坏，继而从谏如流。还有一种人，喜欢阳奉阴违，心里总有自己的"小九九"，不管别人说什么，对的还是错的，该怎么做还是怎么做，一副"油盐不进""刀枪不入"的样子，这样的人孔子都拿他没有什么好办法。

【原文】

子曰："主忠信，毋友不如己者，过则勿惮改。"

注释、译文、品鉴，皆见《学而》第八节。

【原文】

子曰："三军可夺①帅也，匹夫②不可夺志也。"

【注释】

① 夺：改变，更改。
② 匹夫：指平民中的男子。

【译文】

孔子说："三军可以更改他们的将领，匹夫不可改变他们的志向。"

【品鉴】

身外的东西，甚至是身体，都可以全部被拿走，但是内在于人心的东西，人之为人的东西，是不能被拿走和改变的。理想、信仰、志向一旦被拿走了，人也就不成其为人了。

【原文】

子曰："衣敝①缊②袍，与衣狐貉③者立，而不耻者，其由也与？'不忮④不求，何用不臧⑤。'"子路终身诵之。子曰："是道也，何足以臧？"

【注释】

① 敝：破旧。
② 缊（yùn）：旧丝绵絮。
③ 狐貉（hé）：狐狸、貉，结尾兽名。这里特指用狐皮、貉皮做成的轻裘。
④ 忮（zhì）：害也。引申为嫉妒，忌恨。
⑤ 臧：善也。

【译文】

孔子说："穿着破旧的丝绵絮袍，和穿狐裘的人站在一起，能不感到羞耻的，只有仲由了吧？《诗经》说：'不嫉妒，不贪求，怎么会不善？'"子路听了，从此常诵这首诗。孔子说："这是道，怎么能只说是善呢？"

【品鉴】

心存嫉人之心，就会想方设法陷害他人；心有贪欲之心，便会想尽办法去取得。佛教讲，世间一切皆幻想，心中无执着、满身皆善念，见性明心返故乡；儒家讲，忮、求之行就是为外物所累，被外物牵着走。

佛教、儒家都是让人安顿"心灵",不要执着于外物。区别在于,儒家修身养性的目的是"治外",佛徒修身养性的目的是"治内"。

【原文】

子曰:"岁寒,然后知松柏之后凋①也。"

【注释】

① 凋:草木零落,凋谢。

【译文】

孔子说:"大寒之后,才知道松柏是最后落叶的。"

【品鉴】

何晏说,"大寒之岁,众木皆死,然后知松柏小凋伤平岁,众木亦有不死者,故须岁寒而后别之。喻凡人处治世,亦能自修整,与君子同;在浊世,然后知君子之正不苟容。"只有在大寒的日子里,所有草木皆枯死,才可以看到唯有松柏傲然挺立;只有身处乱世之中,才得见君子"出污泥而不染"的崇高气节。古人称坚韧不拔的青松、挺立多姿的翠竹、傲雪报春的冬梅为"岁寒三友",赞美它们不畏严寒、岁寒不凋的高洁品格,依此比喻那些在艰难困苦中不屈不挠、坚持真理,护卫正义的人。

【原文】

子曰:"知者不惑,仁者不忧,勇者不惧。"

【译文】

孔子说:"有智慧的人不会有迷惑,有仁德的人不会有忧患,勇敢向前的人不会有恐惧。"

【品鉴】

孔子在《论语·宪问》篇说:"君子道者三,我无能焉:仁者不忧,知者不惑,勇者不惧。"意思是说,君子之道有三,我没能做到:有仁德的人不会有忧患,聪明的人不会有迷惑,勇敢的人不会有恐惧。

在孔子看来,君子之道有三,一是"仁",二是"智",三是"勇"。我们知道,这三条中做到了前两条,即"仁"和"智",就已经是"圣人"了,如果连第三条也一并做到境界就更高了。

【原文】

子曰:"可与共学,未可与适①道;可与适道,未可与立②;可与立,未可与权③。"

【注释】

① 适:之。
② 立:立德、立功、立言。
③ 权:权衡利弊,取其轻重,因时制宜。

【译文】

孔子说:"可以与他共同学习,但不一定能够和他一起求道;可以与他一起求道,但不一定能够和他一起建功立业;可以和他一起建功立业,并不一定能够和他一起通权达变。"

【品鉴】

人常说："志不同，道不合，不相为谋。"志向不同的人不能在一起共事，这是因为持守的大道不同。道不同，所持守的各种原则就不尽相同，原则不同，怎么能够在遇到问题时相互交流、互相为谋呢？

【原文】

唐棣①之华②，偏③其反④而。岂不尔思，室是远而。子曰："未之思也。夫何远之有？"

【注释】

① 唐棣（dì）：古代一种植物。

② 华（huā）：同"花"。

③ 偏：翩。

④ 反：翻。

【译文】

唐棣之花，翩翩摇曳。我怎能不思念你，只是我住得太远了。孔子说："是没有思念吧。真的思念，怎么会遥远呢？"

【品鉴】

"唐棣之花"，源自《诗经·召南》："何彼秾（nóng）矣？唐棣之花，曷不肃雍？王姬之车。何彼秾矣？华如桃李。平王之孙，齐侯之子。其钓维何？维丝伊缗。齐侯之子，平王之孙。"此歌以唐棣之花喻王姬之美貌，最重要的是赞王姬执持妇道、下嫁齐侯、敬和人事的美德。在这里，孔子借"唐棣之花"喻仁德，提出了"我欲仁，斯仁至矣"的求仁方法，认为人能否行仁，不是能力的问题，关键在于有没有仁心。"道不远人"，只要你努力，你就能接近仁。

　　仁心的成就不会受到外界环境的限制，人可以在恶劣的环境中成为仁人。众人皆醉，我依然可以保持自己的清醒；举世皆浊，我依然能够保持自己的清廉。不因为外在环境的恶劣而改变自己的仁性，让自己的仁德超越时空的限约，这才是真正的仁者。

第十章　乡党篇

【原文】

孔子于乡党，恂恂①如也，似不能言者。

其在宗庙朝廷，便②便③言，唯谨尔。

【注释】

① 恂恂（xún）：恭顺的样子。

② 便（biàn）：时间副词，就。

③ 便（pián）：通"辩"。能说会道，善于言辞。

【译文】

孔子在家乡的时候，一副谦恭的样子，好像不能说话。但是他在宗庙或者朝廷，就说话清晰流畅，只是比较谨慎罢了。

【品鉴】

礼仪都是有条件的。它不但因时而异，还要因地而异。在家，在宗庙，在朝廷，礼仪的内容各不相同。人们在使用礼仪时，应注意随时而变，随地而变。

【原文】

朝，与下大夫①言，侃侃②如也。与上大夫言，訚訚③如也。君在，踧踖④如也，与与⑤如也。

【注释】

① 下大夫：职官名，卿以下的大夫。卿即上大夫。
② 侃侃：和乐之貌。
③ 訚訚（yín）：中正之貌。
④ 踧（cù）踖（jí）：敬畏之貌。
⑤ 与与：威仪适中之貌。

【译文】

上朝的时候，与那些下大夫们说话，侃侃和乐而交谈。与那些上大夫说话，则保持正直而恭敬的态度。君主在的时候，恭敬安宁的样子，威仪之中行步安适的样子。

【品鉴】

和不同的人交往、说话，应遵循不同的礼仪。和下大夫说话时，应"侃侃如也"，和乐轻松。和上大夫说话时，应"訚訚如也"，谦恭有度。和君主说话时，应"踧踖如也，与与如也"，恭谨敬畏，严肃庄重。谈话的对象不同，脸色也就不同。在孔子看来，这也是遵守礼仪。

【原文】

君召使摈①，色勃②如也，足躩③如也。
揖所与立，左右手，衣前后，襜④如也。

趋⑤进，翼如也。

宾退，必复命曰："宾不顾⑥矣。"

【注释】

① 摈（bìn）：迎接宾客的人。

② 勃：突然的样子。脸色变得庄重的样子。

③ 躩（jué）：快步行走的样子。

④ 襜（chān）：衣服整齐的样子。

⑤ 趋：奔向。

⑥ 顾：回头看。不顾：不回头。

【译文】

国君召孔子接待宾客，他的脸色顿时庄重起来，脚步也变得轻快了。

他先向并列站在一起的人作揖，然后移动左手向左边的人作揖，移动右手向右边的人作揖，拱手时，一俯一仰，衣服随之襜然飘动而不乱。

快步往前走，就像鸟儿舒展羽翼。

宾客退下，一定向国君禀报说："客人已经走远了。"

【品鉴】

所谓担水劈柴，无非妙道。接待宾客的礼仪是一个国家文化的象征，在一定程度上体现了一个国家的文明和发展程度。孔子高度重视外交礼仪的思想和行为，都是值得我们学习和肯定的。

【原文】

入公①门，鞠躬②如也，如不容。

立不中门，行不履阈③。

过位，色勃如也，足躩如也，其言似不足者。

摄④齐⑤升堂，鞠躬如也，屏气似不息者。

出，降一等⑥，逞⑦颜色，怡怡⑧如也。

没阶，趋进，翼如也。

复其位，踧踖如也。

【注释】

① 公：春秋时诸侯的统称。《尔雅·释诂上》："公，君也。"《仪礼·既夕礼》引郑玄的话说："公，国君也。"

② 鞠躬：曲身。

③ 阈（yù）：门槛。形容恭敬谨慎的样子。

④ 摄：拉，拽。

⑤ 齐（zī）：衣服的下摆。

⑥ 等：指台阶的层级。

⑦ 逞：放肆，舒展，放任。

⑧ 怡怡：和悦，愉快。

【译文】

孔子走进朝廷的大门，谨慎而恭敬的样子，好像没有他的容身之地。

站，不站立在门的中间；走，不踩门槛。

经过国君的座位时，他脸色变得庄重起来，脚步也快起来，说话也好像中气不足一样。

提起衣服下摆向堂上走的时候，恭敬谨慎的样子，憋住气好像不呼吸一样。

从朝廷出来后,下了一个台阶,脸色便舒展开了,一副和悦愉快的样子。

下完台阶,快快地向前走几步,姿态像鸟儿展翅一样。

回到自己的位置后,是恭敬而不安的样子。

【品鉴】

这一节叙述的是孔子拜见君主时的行为和礼仪。孔子认为,臣事君时,最重要的是敬。未见到君主时,应先有敬畏之心。既见君主之后,应保持敬畏之心。

【原文】

执圭①,鞠躬如也,如不胜。上如揖,下如授②。勃如战色,足蹜蹜③如有循。

享礼④,有容色。

私觌⑤,愉愉⑥如也。

【注释】

① 圭（guī）：古玉器名。长条形,上端是三角形,下端是长方形。古代贵族朝聘、祭祀、葬礼时使用。公所使用的圭称为"桓圭",侯所使用的圭称为"信圭",伯所使用的圭称为"躬圭",子所使用的圭称为"谷璧",男所使用的圭称为"蒲璧"。（许慎《说文解字》）

② 授：给予。

③ 蹜蹜（sù）：举足急促,步幅窄小。

④ 享礼：呈献礼品的仪式。享,献。

⑤ 觌（dí）：相见。
⑥ 愉愉：和悦的样子。

【译文】
　　孔子出使邻国的时候，手里拿着圭，恭敬谨慎，像是举不起来的样子。向上举时要表现恭敬，放在下面时不敢忘礼。脸色庄重得有点要发抖的样子，步子细碎，就像沿着一条直线往前走。
　　在举行献礼仪式的时候，显得和颜悦色。
　　和国君举行私下会见的时候，显得轻松愉快。

【品鉴】
　　这一节叙述的是孔子出使邻国时的行为和礼仪。受君之命，使于四方，责任重大。刚到达邻国时，手执信圭，恭敬谨慎；举行献礼时，和颜悦色；和国君见面时轻松愉快。孔子出访的整个过程栩栩如生，跃然纸上。

【原文】
　　君子不以绀緅①饰，红紫不以为亵服②。
　　当暑，袗绤绤③，必表而出之。
　　缁衣④，羔裘⑤。素衣⑥，麑⑦裘。黄衣，狐裘。
　　亵裘长，短右袂⑧。
　　必有寝衣⑨，长一身有半。
　　狐貉之厚以居⑩。
　　去丧，无所不佩。

非帷裳⑪，必杀⑫之。

羔裘玄冠⑬不以吊。

吉月⑭，必朝服而朝。

【注释】

① 绀（gàn）緅（zōu）：都是表示颜色的名称。绀是深青带红的颜色，緅是青赤色，黑中透红，比绀的颜色更暗。

② 红紫：是当时贵重的颜色。亵（xiè）服：私居服。

③ 袗（zhěn）绤（chī）绤（xì）：袗，单衣，这里当动词用，穿……单衣。绤，一种用葛纤维织成的细布。绤，粗葛布。

④ 缁衣：黑色的衣服。

⑤ 羔裘：指黑色的羊毛皮衣。

⑥ 素衣：白色的衣服。

⑦ 麑（ní）：小鹿。

⑧ 短右袂：把右边的衣袖做短些，便于做事。袂：衣袖。

⑨ 寝衣：被子。

⑩ 居：坐。

⑪ 帷裳：谓朝祭之服，用整幅布做成，不剪裁，多余的布打成褶子。

⑫ 杀（shài）之：对整幅布进行剪裁缝制，使它有一定的样式。

⑬ 玄冠：黑色的礼帽。

⑭ 吉月：农历每月初一，一说专指大年初一。

【译文】

君子不用深青带红或青黑中透红的布镶边，不用红色或紫色的布做平常在家穿的衣服。

夏天穿粗的或细的葛布单衣，但一定要让它露在外面。

黑色的衣服配黑色的羔羊皮袍。白色的衣服配白色的鹿袍。黄色的衣服配黄色的狐皮袍。

平常在家穿的皮袍做得长一些，右边的袖子短一些。

睡觉时的被子，要长出身体的一半。

用狐貉的厚毛皮做坐垫。

丧服期满，脱下丧服后，可以佩带上各种各样的装饰品。

如果不是礼服，一定要加以剪裁。

不穿着黑色的羔羊皮袍和戴着黑色的帽子去吊丧。

农历每月初一，一定要穿着礼服去朝拜君主。

【品鉴】

这一节讲的是君子着装的礼仪和规定。从衣服的颜色、样式、加工，到穿着的方式、方法和季节规定等，都有具体的论述。

【原文】

齐[①]，必有明衣[②]，布。

齐必变食[③]，居必迁坐[④]。

【注释】

① 齐（zhāi）：斋戒。

② 明衣：用布做成的浴衣，以清洁身体。

③ 变食：改变日常饮食，主要指不饮酒，不吃葱蒜等。

④ 迁坐：改变卧室，即从平常所居燕寝移至正寝。

【译文】

斋戒沐浴的时候，一定要有浴衣，用布做的。

斋戒的时候，一定要改变平常的饮食，居住也一定换个地方。

【品鉴】

古人祭祀之前一定要沐浴更衣，穿布制的衣服，清洁身体，澄明内心。不能听音乐。居住的地方要更换，不能和妻妾同房。吃的东西也不能和平时一样，《庄子·人间世》说："齐者不饮酒，不茹荤。""不茹荤"就是不吃肉，不吃辛辣刺激的食物，如葱、韭菜、蒜之类。这样做的目的是要使自己保持清明之气，以与鬼神相交通。

【原文】

食不厌精，脍①不厌细。食饐②而餲③，鱼馁④而肉败，不食。色恶，不食。臭恶⑤，不食。失饪，不食。不时，不食。割不正，不食。不得其酱，不食。

肉虽多，不使胜食气⑥。

惟酒无量，不及乱。

沽⑦酒市⑧脯不食。

不撤⑨姜食，不多食。

【注释】

① 脍（kuài）：细切的鱼、肉。

② 饐（yì）：腐臭。

③ 餲（ài）：食物因经久而变味。

④ 馁（něi）：腐烂。

⑤ 臭：气味。

⑥ 食气：饭料，主食。

⑦ 沽：买。

⑧ 市：买。

⑨ 撤：去。

【译文】

斋戒期间，食物不嫌舂得精，鱼和肉不嫌切得细。粮食陈旧和变味了，鱼和肉腐烂了，都不吃。食物的颜色变了，不吃。气味变了，不吃。烹调不当，做得生了或熟过了，不吃。不到吃饭的时间，不吃。肉不按规定切，不吃。佐料放得不适当，不吃。

席上的肉虽多，但吃的量不超过米面的量。

只有酒没有限制，但不能喝醉。

从市场上买来的酒和肉干，不吃。

每餐必须有姜，但不能多吃。

【品鉴】

本节讲斋戒期间关于饮食的一些礼仪和禁忌。吃什么，不吃什么，吃多少，什么时间吃，加工食品时的注意事项等，都有具体规定。

【原文】

祭于公，不宿①肉。祭肉②不出三日，出三日，不食之矣。

【注释】

① 宿：隔夜，前一夜。

②祭肉：指家祭的肉。

【译文】

　　参加君主的祭礼，分得的肉不要等到过夜再吃（当晚就要吃掉）。用于家里祭祀用的肉，三天之内就要吃掉，过了三天，就不要吃了。

【品鉴】

　　前面我们在谈到鲁人林放就"礼之本"问教于孔子时，孔子说："礼，与其奢也，宁俭；丧，与其易也，宁戚。"（《八佾》）《礼记·檀弓上》也有一段话，与此可互相印证，其云："子路曰：吾闻诸夫子，丧礼与其哀不足而礼有余也，不若礼不足而哀有余也。祭礼，与其敬不足而礼有余也，不若礼不足而敬有余也。"可见，孔子于"礼"皆取其实效，而不拘泥于外表的繁文缛节。但是，这并不意味着孔子不讲烦琐的礼仪。从这一节所记孔子的生活和实践活动来看，孔子注重礼仪的内容，也关注礼仪的具体形式。

【原文】

　　食不语，寝不言。

【译文】

　　吃饭的时候不交谈，睡觉的时候不说话。

【品鉴】

　　"食不语"，在现代社会几乎已成为不可能的事情。现代人的聚餐已被赋予了更多的内容和使命。比如说，感情交流，工作洽谈，休闲娱乐等,都可以通过聚餐的形式来实现。在这种情况下,要求"食不语",就很不现实了。但医学告诉我们,"食不语",的确有益于人的健康,因此,它作为一种良好的饮食习惯,无疑是值得提倡的。

【原文】

虽疏食①菜羹瓜,祭,必齐②如也。

【注释】

① 疏食:粗糙的饮食。

② 齐(zhāi):斋戒。

【译文】

虽然是粗糙的米饭和蔬菜瓜果汤之类,也一定要先祭祀一下,祭祀的时候就像斋戒一样严肃、认真。

【品鉴】

古人祭祀的时候,把食物的每一部分皆拿出少许,放于礼器之中,以祭祀先代发明食物的人。孔子认为,虽然这一类的薄物只是疏食、菜羹和瓜果,但是也可以表达恭敬之心。人不能忘本。

【原文】

席①不正,不坐。

【注释】

① 席:指铺在地上的草席、蒲苇等。

【译文】

席子摆不正，不坐。

【品鉴】

古人凡是坐，皆有正席之礼。坐之前，要把有所偏斜的席子正一正再坐。"席不正，不坐""割不正，不食"，皆是圣人对饮食起居的要求。圣人心安于正，平日饮食起居都要形成养正气的习惯，所以席子有偏斜都不能坐。(《韩诗外传》)

【原文】

乡人饮酒①，杖者②出，斯出矣。

【注释】

① 乡人饮酒：指古代乡饮酒礼。
② 杖者：老者。

【译文】

行乡人饮酒之礼，待老者走出来以后，自己才能走。

【品鉴】

古代乡里行饮酒之礼，往往都是由老者主持，长者礼毕出来以后，后辈才能出来。长者未出后辈则不敢先出来，长者刚出后辈也不敢马上出来。

【原文】

乡人傩①，朝服而立于阼②阶。

【注释】

① 傩（nuó）：古代腊月驱除疫鬼的仪式。

② 阼（zuò）：大堂前东面的台阶。古代君王登阼阶以主持祭祀，因此，也以"阼"代王位。古代宾客相见时，客人走西面的台阶，主人走东面的台阶。

【译文】

逢乡里行驱鬼仪式，孔子一定会穿着朝服站在家庙东面的台阶上，为祖先守护。

【品鉴】

凡傩有三种，一是季春国傩，要毕春气；二是中秋天子傩，要达秋气；三是季冬傩，要送寒气。季冬傩是大傩，贵贱皆可以行傩礼。

行傩是一种古礼，非常隆重，故有傩戏、傩舞之称。《周礼》载，驱疫鬼的事情由方相氏来做。届时他蒙着熊皮，执戈扬盾，着黑上衣红裤子，嘴里发出傩傩之声，以驱疫鬼。古人认为，庙里有寝室，先祖之神就在寝室中，人们担心傩礼惊动了寝室的先祖，所以大夫们要穿朝服立于庙东的台阶上，以示诚敬之心。在当时，行傩礼是乡大夫分内的事情。

【原文】

问①人于他邦，再②拜而送之。

【注释】

① 问：问候，问讯。古代问讯某人时常以礼物相送。
② 再：两次。再拜：古代一种礼节。

【译文】

托人给邻国的人问好或送礼，必向使者拜两拜并为其送行。

【品鉴】

现代人都懂得"受人之托，忠人之事"的道理。孔子的弟子曾参说，他每天要反省的三件事情，其中的第一件就是"为人谋而不忠乎"，第二件和第三件分别是"与朋友交而不信乎""传不习乎"。托人给邻国的人问好或送礼，这是"授人以事"，作为使者来说，既然"受你之托"，自然要"忠你之事"。使者忠你之事，你向使者拜两拜并为其送行，也是情理之中的事情。

【原文】

康子馈药，拜而受之。曰："丘未达①，不敢尝。"

【注释】

① 达：通晓，明白。

【译文】

鲁国卿大夫季康子送来药品问候，孔子拜而受之。告使者道："我还不知道那药性，先不尝了。"

【品鉴】

按照春秋时期的礼仪，接受别人馈赠的可食之物时，一定要品尝拜谢。但药物不同于食物，不熟悉药理，贸然品尝，可能会伤害身体，所以，孔子说："丘未达，不敢尝。"其实，孔子这么做，也是一种礼仪。

【原文】

厩①焚，子退朝，曰："伤人乎？"不问马。

【注释】

① 厩：马棚。

【译文】

孔子的马棚失火了，孔子上朝回来，说："伤人了吗？"不问他的马。

【品鉴】

大道至简！人和物相比，人永远是"本"，物永远是"末"；人永远是第一位的，物永远是为人服务的。对这样一个简单问题的认识，我们付出了很多的代价。而在这一问题上，孔子的做法给了我们很多的启发。马棚失火，孔子第一个关心的是人的生命安全，这并不意味着孔子不关心他的马，只是表明他贵人贱畜，重人轻物。这和当时的一些人过于爱马，以至于爱马、爱物甚于爱人的做法形成了鲜明对比。

【原文】

君赐食，必正席先尝之。君赐腥①，必熟而荐②之。君赐生，必畜之。

侍食于君，君祭，先饭③。

【注释】

① 腥：生肉。

② 荐：进献。孔安国说："荐，荐先祖也。"（见皇侃《论语义疏》）

③ 先饭：在君行祭礼时先吃饭，是表示为君尝食的意思。

【译文】

国君赐熟食，孔子一定摆正了席位，先尝一尝。国君赐腥的食物，必煮熟后，先敬奉于祖先。国君赐的活物，必先养着，以待祭祀时用。

侍奉国君同食，在国君饭前祭祀的时候，一定先尝一尝。

【品鉴】

国君赐给孔子熟食的时候，孔子必先端坐品尝，以敬谢君惠。但当国君赐给孔子腥肉时，他一定先把腥肉煮熟，然后进献宗庙，既表达了自己祖先的恭敬之情，又昭示君恩浩荡，惠及先祖。

【原文】

疾，君视之，东首①，加朝服，拖绅②。

【注释】

① 东首：即头朝东躺着。这里表示正面对着国君。

② 绅（shēn）：古代士大夫官服上系的带子。

【译文】

孔子病了,鲁国君来看望他,他头在东边躺着,身上披着朝服,还拖上一条大带。

【品鉴】

古人认为,东边是阳气所生之地。病人求生,所以睡觉的时候头要朝东,以受阳气。通常情况下,拜见国君当然要身披朝服,但病中难以着衣束带,便服拜君又有违君臣之礼,所以,孔子便加披朝服,并且把朝服的带子放在身上,以代君臣之礼。

【原文】

君命召,不俟①驾行矣。

【注释】

① 俟(sì):等待,等候。

【译文】

君有命召见,不等仆人驾好车,就徒步先行了。

【品鉴】

古代官员凡遇国君召见,必须立马起身走人。平常大夫是不徒步行走的,这个时候也要徒步行走,如果因此把衣服穿得不合适也不视为失礼。因为君臣之礼是最大的礼。

【原文】

朋友死，无所归，曰："于我殡①。"

【注释】

①殡：停柩待葬。俗语"出殡"，就是人死后所举行的埋葬仪式。

【译文】

朋友死了，没人办理丧事，孔子说："由我来做。"

【品鉴】

死生之事亦大矣！生和死是中国人极其重视的事情。也许在古人看来，人死了，没有人帮忙办理丧事，是最可怜的事情，因此，通常人们把"死无葬身之地"，视为对别人最恶毒的诅咒。孔子的朋友死了，"无所归"，其实就是没有人帮助寻找"葬身之地"。孔子以信待人，以义交友，所以，自告奋勇地负责朋友的丧事。他最喜爱的弟子颜渊死了，就是孔子亲自殡殓的。

【原文】

朋友之馈，虽车马①，非祭肉，不拜。

【注释】

①车马：非特指车马，应是车马一类的贵重物品。

【译文】

朋友赠送的礼物，即使是车马之类的贵重物品，如果不是祭祀用的肉，不拜。

【品鉴】

　　古人认为，朋友送的礼物，虽然非常贵重，但那是财物，属于交往的范畴，没有必要行拜礼。祭肉则不同。祭肉礼虽是微薄之礼，但它是用来敬奉祖先的，所以一定要拜。

【原文】

　　寝不尸①，居不客②。

【注释】

　　① 尸：死人。
　　② 居：居家。客：敬。"客"原本作"容"，据《经典释文》《经义杂记》，段玉裁、阮元等考证应为"客"。

【译文】

　　睡觉时不要伸展四肢，直挺挺躺着像个死人。待在家里不必像接待客人那样穿戴整齐，严肃庄重。

【品鉴】

　　任何礼仪都有自己适应的空间和场所。圣人不仅要知礼、懂礼，还要知道在什么条件下使用什么样的礼仪。否则，既为礼所累，也见笑于人。

【原文】

见齐衰①者，虽狎②，必变；见冕者与瞽者，虽亵③，必以貌。

凶服④者式⑤之。式负版⑥者。

有盛馔，必变色而作⑦。

迅雷风烈，必变。

【注释】

① 齐（zī）衰（cuī）：丧服。

② 狎（xiá）：亲近而不庄重。

③ 亵：熟悉。

④ 凶服：死者的衣物。

⑤ 式：车前横木。

⑥ 版：名册和户籍。朱熹《四书章句集注》释为邦国图籍。

⑦ 作：起来，起身。

【译文】

见到穿丧服的人，即使和他关系再亲近，也一定要严肃；见到穿官服的人和盲人，即使和他再熟悉，也一定要有礼貌。

在车上遇到送死者衣物的人，一定身体微微前倾，手扶车前横木，行轼礼；遇见背负国家图籍的人，也要身体微微前倾，手扶车前横木，行轼礼。

在重大宴席上，一定神色严肃，站立起来。

遇到打响雷、刮大风，一定肃然起敬，表示对天的敬畏。

【品鉴】

　　做人、做事最重要的是要始终保持敬畏之心。对"天"的敬畏，对死者寄予哀思，对盛宴及设盛宴招待自己的主人表现出敬重，对邦家国君图籍的尊敬仰慕，都体现了孔子的宗教情怀。

【原文】

　　升①车，必正立，执绥②。
　　车中，不内顾，不疾言，不亲指。

【注释】

　　① 升：登。
　　② 绥（suí）：车上的绳子，登车时作拉手用。

【译文】

　　孔子登车，必先立正，然后手把着绳子。
　　在车里，不回头看，不大声说话，不指指点点。

【品鉴】

　　孔子说："不知礼，无以立。"礼仪无处不在。生活和社会实践中的孔子，处处按"礼"的标准要求自己。

【原文】

　　色斯举①矣，翔而后集②。曰："山梁雌雉③，时哉时哉！"子路共④之，三嗅⑤而作⑥。

【注释】

①举：飞起。

②集：鸟栖止于树上。

③雉（zhì）：一种鸟，也叫野鸡。

④共：拱。

⑤嗅：古作狊（jù），张开两个翅膀的样子。

⑥作：起。

【译文】

孔子在山里行走，看到一群野鸡飞起来，他的神色动了一下，这群野鸡飞起来在天上盘旋了一会，又停落在一处。孔子见状说："山梁上的雌野鸡啊，得其时，得其时！"子路听了这话向野鸡拱了拱手，野鸡振振翅膀飞走了。

【品鉴】

山谷里的野鸡尚能自由飞翔，逍遥落下，十步一啄，百步一饮。孔子感叹自己不得其时，逢乱世也不能得其所。这是孔子游山观景，感物迁情，随感而发的一段话。

第十一章　先进篇

【原文】

子曰:"先进①于礼乐,野人②也;后进于礼乐,君子③也。如用之,则吾从先进。"

【注释】

① 先进:古注多释"先进"为"先辈","后进"为"后辈",文意难通。刘宝楠《论语正义》引郑玄:"先进后进,谓学也。"先进于礼乐,是指先学习礼乐。
② 野人:老百姓,即没有爵位和俸禄的人。
③ 君子:卿大夫,即有爵位和俸禄的人。

【译文】

孔子说:"先学习了礼乐然后做官的人,是没有爵位和俸禄的普通百姓。先做官然后才去学习礼乐的人,是有俸禄和爵位的卿大夫。如果让我选拔人才的话,我宁肯选择先学习礼乐后做官的人。"

【品鉴】

　　春秋时期，卿大夫都是世袭爵禄，他们是做官后才学习礼乐。孔子认为古人都是先学习礼乐然后才出仕做官，正如子产所说："学而后入政。"不管地位有多卑贱，只要掌握了礼乐，成为有德之士，就可以做官。

【原文】

　　子曰："从我于陈、蔡①者，皆不及门也。"

【注释】

　　① 陈、蔡：陈国、蔡国。

【译文】

　　孔子说："跟随我在陈、蔡遭受困顿之厄的学生，现在都不在我身边受教了。"

【品鉴】

　　据《史记·孔子世家》记载，鲁哀公四年时，吴国伐陈国，楚国出兵救陈，听说孔子在陈、蔡之间，便派人来聘孔子。孔子将往楚国，陈、蔡二国大夫唯恐楚国重用孔子以后，会威胁到他们，因此，便派人围困孔子，以致断绝粮食，许多学生饿得不能行走。当时跟随他的学生有子路、子贡、颜渊等人。后来，孔子派子贡到楚国，楚昭王出兵来迎接，才使孔子解了围。孔子回鲁国以后，子路、子贡等先后离开了他，颜渊也死了。孔子时常想念和他一起患难的弟子们，所以说出了上面的一席话。

【原文】

德行①：颜渊、闵子骞、冉伯牛、仲弓。言语②：宰我、子贡。政事③：冉有、季路。文学④：子游、子夏。

【注释】

① 德行：指能实行孝悌、忠恕等道德。
② 言语：指善于辞令，长于外交礼宾事宜。
③ 政事：指能从事政治事务。
④ 文学：指通晓诗书礼乐等古代文献。

【译文】

德行好的有：颜渊、闵子骞、冉伯牛、仲弓。善于辞令的有：宰我、子贡。擅长政事的有：冉有、季路。通晓文献知识的有：子游、子夏。

【品鉴】

孔子以"德行"为首，"德行，百行之美也"，而德行之美者，颜渊为其冠。因此，在诸弟子中，孔子最喜爱的就是颜渊了。

【原文】

子曰："回也非助我者也，于吾言无所不说①。"

【注释】

① 说：通"悦"。喜欢，愉快。

【译文】

孔子说:"颜回不是真正对我有所助益的人。对我说的话,他没有不喜欢的。"

【品鉴】

忠言逆耳,这句话谁都知道,但是谁会真心喜欢逆耳之言呢?想一想,人这一辈子,和自己发生争执最多的人是谁?是敌人,还是亲人和朋友?毫无疑问是后者。人为什么会和自己的亲人、朋友、老师、同学发生矛盾和冲突呢?道理很简单,因为二者处在同一个矛盾统一体当中,因为对方真心地希望你进步,希望你发展。任何进步都是在不断否定自我,不断克服自我的局限和不足中实现的。只有通过限制、否定、克服、批评、斗争,事物才能真正前进。而颜回对孔子之言,无所不悦,在孔子看来,这就不利于自己学说的发展和进步。

【原文】

子曰:"孝哉闵子骞!人不间①于其父母昆弟②之言。"

【注释】

① 挑剔,指责。
② 昆弟:兄弟。

【译文】

孔子说:"孝顺啊,闵子骞!别人对于他父母兄弟称赞他的话无可指责。"

【品鉴】

　　闵子骞幼年丧母，受到后母的虐待。他冬天穿的棉衣以芦花为絮，而其弟穿的棉衣则是温厚的棉絮。父亲知道后，欲休其后母，闵子骞劝说："母在一子寒，母去三子单。"（《太平御览》卷三十四）后母知道后非常感动，从此悔改，终成慈母。有诗赞曰："闵氏有贤郎，何曾怨后娘；车前留母在，三子免风霜。"

【原文】

　　南容①三复白圭②，孔子以其兄之子妻之。

【注释】

　　① 南容：孔子的弟子南宫适，字子容，亦称南容，德才过人。
　　② 白圭：白玉。

【译文】

　　南容一天三次念叨"白圭之玷，尚可磨也；斯言之玷，不可为也。"的话，孔子就把侄女嫁给南容了。

【品鉴】

　　"白圭"这四句诗源于《诗经·大雅·抑》篇，这句话告诫人们要时时刻刻谨言慎行，这样的人就能够做到"邦有道，不废；邦无道，免于刑戮"。南容一日三省之，是可以托付终身的人。

【原文】

　　季康子问："弟子孰为好学？"孔子对曰："有颜回者好学，不幸短命死矣。今也则亡。"

【译文】

季康子问孔子："弟子里面谁最好学？"孔子说："颜回最好学，但是他不幸早死。今天再也看不见这样的学生了。"

【品鉴】

有人认为，颜回之所以是孔子得意门生之一，是因为他在孔子面前始终毕恭毕敬，对孔子的学说深信不疑、全面接受。这是一个误解。仔细阅读《论语》，就会发现，孔子喜欢颜渊，大致有三个原因：第一是因为他"好学"；第二是因为颜渊性情敦厚，有仁心，孔子说他"其心三月不违仁"；第三是因为颜渊能够做到"举一隅而以三隅反"。虽然在听孔子讲课时，颜渊"不违如愚"，但是，听完课以后，他却能够做到"足以发"，这自然是难得的好学生。

【原文】

颜渊死，颜路①请子之车以为之椁②。子曰："才不才，亦各言其子也。鲤③也死，有棺而无椁。吾不徒行以为之椁。以吾从大夫之后④，不可徒行也。"

【注释】

① 颜路：颜渊的父亲。

② 椁（guǒ）：棺材外面套的大棺材。

③ 鲤：孔子的儿子，名鲤，字伯鱼，年五十死。

④从大夫之后：孔子在鲁国曾任司寇一职，是大夫之位，故有此说。当时孔子已不在位。

【译文】

颜渊死了，他的父亲颜路请孔子卖掉车子替颜渊买棺材。孔子说："有才也好，无才也好，总是自己的儿子。我儿子孔鲤死的时候，就只有棺而无椁。我不能卖掉车子来为颜回购买椁。因为我曾做过大夫，大夫是不可以步行的。"

【品鉴】

颜渊称赞孔子："仰之弥高，钻之弥坚"，又说："夫子循循然善诱人，博我以文，约我以礼。"颜渊对老师学说的喜爱已经到了"欲罢不能"的地步。可惜颜渊早死，孔子为此恸哭不已，认为这是老天要自己的命。尽管如此，孔子依然不愿意卖掉自己的车子为颜回买椁，因为在他看来，为学生卖车而让自己步行是违礼。

【原文】

颜渊死。子曰："噫①！天丧予！天丧予！"

【注释】

①噫（yì）：感叹词。

【译文】

颜渊死了，孔子说："咳！老天要我的命啊！老天要我的命！"

【原文】

颜渊死,子哭之恸①。从者曰:"子恸矣!"曰:"有恸乎?非夫人之为恸而谁为?"

【注释】

① 恸(tòng):极度悲哀。

【译文】

颜渊死了,孔子哭得很伤心。跟着孔子的人说:"您太伤心了!"孔子说:"有这么伤心吗?我不为这样的人伤心,还为什么人伤心呢?"

【品鉴】

孔子尤为注重人的真情实感,厌恶矫揉造作。他喜欢颜渊,丝毫不予掩饰;不满意子路的过"勇",也丝毫不留情面地予以批评;卫灵公夫人南子有"淫行",时人多鄙之,但孔子出于工作上的考虑,还是前去见她。可见,孔子是一个坦荡荡的人,是一个直道而行的人。

【原文】

颜渊死,门人欲厚葬之。子曰:"不可。"

门人厚葬之。子曰:"回也视予犹父也,予不得视犹子也。非我也,夫二三子也。"

【译文】

颜渊死,弟子们想厚葬他。孔子说:"不行。"

众弟子还是厚葬了他。孔子说:"颜回把我当他的父亲看待,而我却不能把他当儿子对待。这不是我的主意，是那些弟子们干的。"

【品鉴】

　　颜回视孔子如父亲，但孔子认为他却没有视颜回为亲子。什么原因呢？不是因为孔子没有卖掉自己的车子为颜回买椁，而是因为孔子没有阻止弟子们厚葬颜回。尽管弟子们请示孔子是否可以厚葬颜回时，孔子回答不可，但是，孔子并没有用行动阻止弟子们僭礼的行为。看来孔子是极力反对厚葬的。厚葬了颜回，反而让孔子负疚了。也许，真正知颜回者，孔子也。

【原文】

　　季路问事鬼神。子曰："未能事人，焉能事鬼？"曰："敢问死。"曰："未知生，焉知死？"

【注释】

　　① 季路：子路。

【译文】

　　季路请教鬼神之事。孔子说："还没有侍奉好人，怎么侍奉鬼呢？"季路又问："那死是怎么回事？"孔子说："还不知道生是怎么回事，怎么知道死是怎么回事呢？"

【品鉴】

　　一般人认为，孔子不讲"鬼"而讲"人"，不讲"死"而讲"生"，或者说孔子重人事轻鬼神，重现世轻来世。但是，程子给我们提出了看问题的另一个角度,这就是"人"和"鬼""生"和"死",都是一对矛盾的统一体,知道了"生",也就知道了"死";知道了"人",也就知道了"鬼"。生死人鬼,原本就是一而二、二而一的问题。从这一角度来看,孔子不是没回答子路的问题,而是在更高的层次上回答了子路的问题。(《四书章句集注》)

【原文】

闵子①侍侧,訚訚②如也;子路,行行③如也;冉有、子贡,侃侃④如也。子乐。"若由也,不得其死⑤然⑥。"

【注释】

① 闵子:闵子骞。

② 訚訚(yín):中正之貌。

③ 行行(hàng):刚强之貌。

④ 侃侃(kǎn):和乐之貌。

⑤ 不得其死:不得善终。

⑥ 然:焉。

【译文】

闵子在旁侍奉时,和颜悦色的样子;子路侍奉时,刚健好强的样子;冉有、子贡侍奉时,温和快乐的样子。孔子高兴起来了。"像子路这样,恐怕不得善终。"

【品鉴】

孔子主张温柔敦厚,反对过于刚强。对于子路刚强过勇的性格,孔子已经不止一次地给予批评，因为孔子很担心子路的性格会使他不能善终。子路后来的结局确实不幸被孔子言中。《左传·哀公十五年》记载，卫国发生骚乱时，人家都往外跑，子路却往城内跑，而且说"利其禄，必救其患。"（拿了人家的俸禄，就得管人家的灾祸。）跟叛党决斗的时候，子路的帽缨子被人削断了，他便说："君子死去，不得脱帽。"遂捡起帽缨子，等打好结，叛党也把他杀了。关于子路的死，有许多说法，有说他大义凛然自刎而死，有说他最后被对手剁成肉酱，总之，死得很惨。正应了孔子那句话："若由也，不得其死然。"

【原文】

鲁人为长府①。闵子骞曰："仍旧贯②，如之何？何必改作？"子曰："夫人不言，言必有中③。"

【注释】

① 长府：官府名。古代国家收藏文书或财物的地方叫府。有时候也指官府或达官贵人的住宅。
② 贯：事例。
③ 中（zhòng）：中的，中标。

【译文】

鲁国人翻修长府。闵子骞说："照老样子不改，怎么样？何必要改呢？"孔子说："这人平时不爱说话，但一说话就能说到点子上。"

【品鉴】

《左传·昭公二十五年》，昭公欲伐季氏，想把居住地长府翻修改建一下，以壮声势。但当时的情况并不是那么简单。鲁君已失民数世，季氏得民已久，这并不是以力量就可以制衡的，况且昭公伐季氏之谋，路人皆知，改造长府又劳民伤财，所以闵子骞不主张改造翻修长府，婉言劝告昭公不要妄动。闵子骞的态度颇得孔子欣赏。但是后来鲁昭公还是攻打了季氏，结果以失败告终，昭公流亡到齐国，此后鲁国更加衰微。

【原文】

子曰："由之瑟①奚②为于丘之门？"门人不敬子路。子曰："由也升堂③矣，未入于④室也。"

【注释】

① 瑟（sè）：一种弦乐器，有二十五根弦。
② 奚：何也。
③ 堂：正厅，在房屋前面。
④ 室：内室，在厅后面。

【译文】

孔子说："仲由弹瑟，为什么总在我这里弹？"孔子的弟子不敬子路。孔子说："仲由已经不错了，只是还没有做得更好罢了。"

【品鉴】

子路性格刚烈，他弹的瑟总是流露出杀伐之气，古人认为乐能够正人之德，所以孔子每每都要抑制他。由于子路总是在老师这里弹这样的曲子，所以门人们不尊敬子路，孔子解释说，子路的弹奏已经"登堂"

了，进入了高明正大的领域，但是还没有"入室"，还没有掌握深入精微的秘诀。

【原文】

子贡问："师①与商②也孰贤？"子曰："师也过，商也不及。"曰："然则师愈与？"子曰："过犹不及。"

【注释】

① 师：子张。
② 商：子夏。

【译文】

子贡问："子张与子夏谁更贤？"孔子说："子张有些过，子夏有些不及。"子贡又问："那么，子张更好些吗？"孔子说："过和不及都是一样的。"

【品鉴】

子张性情有些烦冗，做事情总担心"不及"，所以往往容易做"过头"；子夏性格疏阔，平时比较严肃，不苟言笑，做事总担心做"过头"，所以做事情往往"不及"。《礼记·檀弓上》记载，子张和子夏各除丧而见孔子，子张虽然哀痛已竭，但总希望把琴弹得更好一些，才说"不敢不至也。"；而子夏则哀痛未忘，还是担心表演过度，弹奏过火，所以琴不成声，才说"弗敢过也。"其实，"过"和"不及"是一样的，都有自己的缺陷和不足。

【原文】

季氏①富于周公②，而求也为之聚敛而附益③之。子曰："非吾徒也。小子④鸣鼓而攻之，可也。"

【注释】

① 季氏：鲁臣。
② 周公：有二说，一说周公旦，另一说指周朝任卿公的周公后代。
③ 附益：增加。
④ 小子：门人也。

【译文】

季氏比周公富裕，而冉求还为季氏大加搜刮民财，聚敛增加他的财富。孔子说："冉求已不是我的学生，你们可以大张旗鼓地攻击他。"

【品鉴】

孔子时代，季氏专执鲁政，尽征其民。当时的季氏已经比周公还要富有，但是身为季氏家臣的冉求还要替季氏征税，聚敛财物。当时冉求奉季氏之命向已经六十八岁的孔子提出征收"田赋"的问题，孔子不同意。据匡亚明《孔子评传》记载，鲁国季孙氏实行土地负担多于以往一倍的新制"田赋"，而孔子对冉求未能阻止季孙氏实行这种加重土地负担（亦即人民负担）的新制"田赋"很不满意，严厉批评了冉求，斥责他"非吾徒也"，并让其他弟子大张旗鼓地抨击他。

【原文】

柴①也愚，参②也鲁，师③也辟④，由也喭⑤。

【注释】

①柴：弟子高柴，字子羔。小孔子三十岁。

②参（shēn）：曾参。

③师：子张。

④辟：邪僻。

⑤喭（yàn）：刚猛也。

【译文】

高柴有点愚笨，曾参略显迟钝，子张显得偏激，仲由行事鲁莽。

【品鉴】

本节孔子对他的四个弟子高柴、曾参、子张、子路作出了评价。这些评价都是客观中肯的。由此想到，时下的许多评语，除了一些言不由衷的称颂、溢美之词外，再无可观者。

【原文】

子曰："回也其庶①乎，屡空②。赐不受命③，而货④殖⑤焉，亿⑥则屡中。"

【注释】

①庶：差不多。

②屡空：数至空匮。

③不受命：古代经商皆由官方掌管，这里指不受命于官，自以财货经商牟利。一说命即天命。今从前说。

④货：财物。

⑤ 殖：增加，增长。

⑥ 亿：推测。

【译文】

孔子说："颜回算是道德差不多了，但是他却一直这么穷。端木赐不听信命运的安排，去做买卖赚钱，猜测行情，却屡猜屡中。"

【品鉴】

儒家文化以治国平天下为己任，国富民安是他们孜孜以求的目标。因此要说儒家文化轻视物质利益，无论如何是说不过去的。儒家追求的目标是以义求利，义利双行。但是，孔子也会有困惑：颜渊据德行之首，在仁德道义方面自然无可指责，但是，他在生活上为什么会一直穷困呢？子贡不听从命运的安排，殖货而富。如何解释这两种现象，孔子并没有给出答案。直到今天，孔子的困惑依然在困惑着我们。

【原文】

子张问善人之道。子曰："不践①迹②，亦不入于室。"

【注释】

① 践：循也。

② 迹：旧迹也。

【译文】

子张请教为善之道。孔子说："不循着旧人足迹，学问道德也难以到家。"

【品鉴】

在孔子思想里，善人是一个很高的层次，一般人达不到。朱熹说得好："所谓善人者，是天资浑然一个好人，他资质至善而无恶，即'可欲之谓善'。他所行底事，自然皆善，不消得按本子，自不至于恶。"（黎靖德《朱子语类》）善人本来就是一个善人，浑然资质地就是一个善人，其所欲皆善，其所行皆善，自然而为善，不需要后天的刻意修饰，就能践履道德标准和道德要求。

有段话说得好：

有善心，无善行，空善；

有善言，无善行，假善；

有善心，有善行，只为名，阳善；

善心又善行，非为名而为，真善；

非刻意而为的真善，既善待他人和社会，又善待自己，这才是上善。

【原文】

子曰："论①笃②是与③，君子者乎？色④庄者乎？"

【注释】

① 论：讨论，研究。

② 笃：忠诚，厚道。

③ 与：赞许。

④ 色：脸上表现的神情，神色。

【译文】

孔子说："听到人议论忠实厚善就表示赞许，还应该看他究竟是真君子呢？还是表面上装出庄重神态的人呢？"

【品鉴】

在孔子思想里，学问与人品完全统一的人，是真君子，是"君子儒"。相反，那些虽然通晓儒学、满腹经纶却表里不一的人，则是伪君子，是"小人儒"。如果听到别人议论诚实啊、敦厚啊，千万别光顾了赞许，一定要分清是不是真正的"君子儒"。如何看呢？这就是不仅要"听其言"，更要"观其行"。

【原文】

子路问："闻①斯②行诸？"子曰："有父兄在，如之何其闻斯行之？"

冉有问："闻斯行诸？"子曰："闻斯行之。"

公西华曰："由也问闻斯行诸，子曰'有父兄'在；求也问闻斯行诸，子曰'闻斯行之'。赤也惑，敢问。"子曰："求也退③，故进之；由也兼人④，故退之。"

【注释】

① 闻：听说。

② 斯：这。

③ 退：退缩，谦让。

④ 兼人：好勇过人。

【译文】

子路问："听到了就行动起来吗？"孔子说："有父兄在，怎么能听到就行动起来呢?"

冉有问:"听到了就行动起来吗?"孔子说:"听到了就行动起来。"

公西华说:"子路问听到了就行动吗,您告诉他说,有父兄健在,不能马上行动;冉有问听到了就行动吗,您告诉他说,听到了就要行动起来。我被弄糊涂了,胆敢再问个明白。"孔子说:"冉求做事总是退缩,所以我鼓励他;仲由平时好勇过人,所以我约束他。"

【品鉴】

孔子教书育人,总是根据每个人的情况,因材施教,因人施教,对具体问题作具体分析。所以,在《论语》中我们会经常看到,对同一个问题孔子会有不同的回答。这并非孔子思想前后不一致,实是因为孔子在回答学生问题时往往都是根据不同情况,给出不同的回答。

【原文】

子畏①于匡,颜渊后。子曰:"吾以女为死矣。"曰:"子在,回何敢死?"

【注释】

① 畏:受到威胁。

【译文】

孔子在匡地被困,颜渊后来才到。孔子说:"我以为你死了。"颜渊说:"先生还健在,我怎敢先死?"

【品鉴】

《琴操》记载，孔子匡地被围，子路勃然大怒，张目拔剑，声如钟鼓，而孔子却引琴而歌，弦歌不辍，曲调中时而哀伤，时而疾风暴雨式的抗拒，时而又有军中将士前赴后继的激扬士气，于是匡人乃知孔子是圣人。三曲终了，匡人便瓦解而去。大贤之人，是知天命的人，是不能死于非命的。孔子知道自己不能死于非命，不能没有缘由地替阳货去死，所以不死。这期间颜渊不在身边，孔子唯恐颜渊出现不测，见颜渊回来，孔子便不能自禁地说出这番话来。但遗憾的是，颜渊最终还是死在了孔子之前。

【原文】

季子然①问："仲由、冉求可谓大臣与？"子曰："吾以子②为异③之问，曾④由与求之问。所谓大臣者，以道事君，不可则止⑤。今由与求也，可谓具臣⑥矣。"

曰："然则从之者与？"子曰："弑⑦父与君，亦不从也。"

【注释】

① 季子然：季氏家族的人。

② 子：称呼季子然。以子称呼季子然，可见，季子然不是孔子弟子。

③ 异：非常也。

④ 曾（céng）：乃。

⑤ 止：去位不仕也。

⑥ 具臣：备位充数之臣。

⑦ 弑：臣子杀死君主或子女杀死父母称"弑"。

【译文】

季子然问:"仲由和冉求可以算是大臣吗?"孔子说:"我以为你是问别的什么问题,原来是问由和求。所谓大臣,是能够用大道来侍奉君主的人,如果不能推行大道,宁肯辞职不干。现在由和求这两个人,只能算是充数的臣子罢了。"

季子然问:"那么他们会一切都跟着季氏干吗?"孔子说:"杀父亲、杀君主这等事,他们是不会跟着干的。"

【品鉴】

在孔子眼里,君有过失,为臣者是要以正道谏君的。如果大道确实不行,为臣者就应当去位不仕。《礼记·曲礼》说:"为人臣之礼,不显谏。三谏而不听,则逃之。"《孟子·万章下》也说:"君有过则谏,反覆之而不听,则去。"这是正义之臣。但是,孔子认为,行之有道,还要持之有度,该隐则隐,该退则退,懂得变通。并不是说正义之臣,凭一身正气,胸怀坦荡,就可以不注意保护自己。子路和冉求不推行大道也就算了,但是冉求还要为季氏收敛财物,所以孔子号召门徒鸣鼓而攻击之。要说这两个人还是大臣的话,在孔子看来,充其量就是两个滥竽充数的臣子吧!

【原文】

子路使子羔为费宰。子曰:"贼①夫人之子。"子路曰:"有民人焉,有社稷②焉。何必读书,然后为学?"子曰:"是故恶③夫佞④者。"

【注释】

① 贼：害也。

② 社稷：土神和谷神。

③ 恶：讨厌，不喜欢。

④ 佞：能说会道。

【译文】

子路让子羔做费国的家臣，孔子说："这是害了人家孩子。"子路说："有民众，有社稷。何必还要读书，然后说读书才是学问？"孔子说："所以说人们讨厌花言巧语狡辩的人。"

【品鉴】

在孔子眼里，子羔性格有点愚钝，让子羔这样的人去从政，孔子不放心。但子路却以为，既然拥有百姓，拥有社稷，为什么还要读书呢？难道只有读书才是学问？子路的狡辩，惹怒了孔子，所以孔子说，怪不得人们不喜欢花言巧语的人。

【原文】

子路、曾皙①、冉有、公西华侍坐。

子曰："以吾一日长乎尔，毋吾以也。居②则曰：'不吾知也！'如或知尔，则何以哉？"

子路率尔③而对曰："千乘之国，摄④乎大国之间，加之以师旅，因⑤之以饥馑。由也为之，比及⑥三年，可使有勇，且知方⑦也。"

夫子哂⑧之。

"求！尔何如？"

对曰："方⑨六七十，如⑩五六十，求也为之，比及三年，可使足民。如其礼乐，以俟君子。"

"赤！尔何如？"

对曰："非曰能之，愿学焉。宗庙之事，如会同⑪，端章甫⑫，愿为小相⑬焉。"

"点！尔何如？"

鼓瑟希⑭，铿尔⑮，舍瑟而作，对曰："异乎三子者之撰⑯。"

子曰："何伤⑰乎？亦各言其志也。"

曰："莫春⑱者，春服既成，冠者⑲五六人，童子六七人，浴乎沂⑳，风乎舞雩㉑，咏而归。"

夫子喟然叹曰："吾与点也！"

三子者出，曾皙后。曾皙曰："夫三子者之言何如？"

子曰："亦各言其志也已矣。"

曰："夫子何哂由也？"

曰："为国以礼，其言不让，是故哂之。"

"唯㉒求则非邦也与？"

"安见方六七十如五六十而非邦也者？"

"唯赤则非邦也与？"

"宗庙会同，非诸侯而何？赤也为之小，孰能为之大？"

【注释】

① 曾皙（xī）：名点，曾参的父亲，也是孔子的学生。

② 居：平时。

③ 率尔：急遽的样子。

④ 摄：管束。

⑤ 因：继。

⑥ 比及：等到。

⑦ 方：方向，方位。

⑧ 哂（shěn）：微笑。

⑨ 方：古代一种面积计量方式，表示纵横的长度。

⑩ 如：或。

⑪ 会同：诸侯会盟。

⑫ 端章甫（fǔ）：端，正。章甫，儒者之冠。

⑬ 小相：赞君之礼者。

⑭ 希：同稀，指瑟声稀疏。

⑮ 铿尔：弹瑟结束时的声音。

⑯ 撰：才具。

⑰ 伤：妨害。

⑱ 莫（mù）：暮春，指阳历三月。

⑲ 冠者：举行了冠礼的人，即指成年人。童子，未冠之称。

⑳ 沂：水名，在今山东曲阜南。

㉑ 舞雩（yú）：祭天祈雨之处，坛上有树木。祭而巫舞，故为舞雩。

㉒ 唯：语首词，无义。

【译文】

子路、曾皙、冉有、公西华四个人陪孔子坐着。

孔子说："我年龄比你们大一些，不要因为我年长而不敢说。你们平时总说：'没有人理解我！'假如有人理解你们，那你们该做什么呢？"

子路不假思索地回答："一个拥有一千辆兵车的国家，夹在两个大国中间，常常受到别的国家侵犯，加上国内又闹饥荒。让我去治理，只要三年，就可以使人们勇敢善战，而且懂得礼仪。"

孔子听了，微微一笑。

孔子又问："冉求，你怎么样呢？"

冉求答道："方圆六七十里或五六十里的国家，让我去治理，三年以后，就可以使百姓衣食丰足。至于这个国家的礼乐教化，就要等待君子来实施了。"

孔子又问："公西赤，你怎么样？"

公西赤答道："我不敢说能做到什么，愿意学习罢了。在宗庙祭祀的活动中，或者在同邻国的盟会中，我愿意穿着礼服，戴着礼帽，做一个小小的司仪。"

孔子又问："曾点，你怎么样呢？"

曾点放慢了弹瑟的节奏，铿的一声，放下瑟站了起来，说："我的想法和他们三位说的不一样。"

孔子说："有什么妨害呢？也就是各人讲讲自己的志向而已。"

曾点说："暮春三月，换上春天的衣服，我约上五六个成年人，带上六七个少年，去沂河里洗洗澡，在舞雩台上吹吹风，然后一路唱着歌走回来。"

孔子长叹一声说："我赞成曾点的想法。"

子路、冉有、公西华三个人都出去了，曾晳走在后面，他问孔子说："他们三人说的话怎么样？"

孔子说："也就是各自谈谈自己的志向罢了。"

曾晳说："先生为什么要笑仲由呢？"

孔子说："治理国家讲究礼让，可是他话中一点也没有谦让的意思，所以我才笑他。"

曾皙又问："难道冉求讲的就不是治理国家吗？"

孔子说："谁说方圆六七十里或五六十里的地方就不是国家呢？"

曾皙又问："公西赤讲的不是治理国家吗？"

孔子说："宗庙祭祀如同邻国的盟会，这不是国家的事又是谁的事呢？如果公西赤这样的人都只能做一个小司仪，那谁又能做大司仪呢？"

【品鉴】

曾点并不是一个只"见得天理流行"而"其细密功夫多欠阙"的人。据《孔子家语·七十二弟子解》载，曾点"疾时礼教不行，欲修之，孔子善焉"，可见曾点痛惜礼教不行与孔子痛惜礼崩乐坏而欲复礼的想法是一致的。后代儒家正是以《论语》中关于曾点的这些记载，提出了所谓"曾点气象"。

"曾点气象"的背后蕴含着曾点对人生的一种殷殷期待。这种期待建立在对这个有情有趣的世界的热爱上，建立在对万物一体、物我相忘的宇宙情怀上。

谁说一路歌唱着回家后，第二天就不会继续行进自己人生的脚步？谁说这不是人生厚积薄发之前的修整？人为什么不能活得更有情有义、更有滋有味、更快乐潇洒一点？

或许，正是因为现实世界给曾点的挫败感，使他需要在一个特定背景下，去"浴乎沂，风乎舞雩，咏而归"，需要在重新上路之前沐浴清心，需要在祈雨祭台上坚定自己的信念，更需要在人生舞台上挥洒自己的情致和胸怀。也许正是这一点触动了孔子心中最神圣、最温情的地方，所以，孔子才有"吾与点也"的感叹。

第十二章　颜渊篇

【原文】

颜渊问仁。子曰:"克己复礼为仁。一日克己复礼,天下归①仁焉。为仁由己,而由人乎哉?"

颜渊曰:"请问其目②。"子曰:"非礼勿③视,非礼勿听,非礼勿言,非礼勿动。"

颜渊曰:"回虽不敏,请④事⑤斯语矣。"

【注释】

① 归:称许。
② 目:条目,要目。
③ 勿:别、莫,不要。
④ 请:主要表示敬意。
⑤ 事:人事(实行)。

【译文】

颜渊请教仁德。孔子说:"克制自己,使自己在言语行动上都符合礼,就是仁。一旦这样做了,天下人就会归附到仁德那里去。做到仁要靠自己，难道还要靠别人吗？"

颜渊问说："请问实现仁的具体途径。"孔子说："不合礼的不看，不合礼的不听，不合礼的不说，不合礼的不做。"

颜渊问："我虽然迟钝，也要照着您的话去做。"

【品鉴】

仁和礼到底谁高？学界有不同的看法。这一节，孔子说："克己复礼为仁"，又认为，做到了"非礼勿视，非礼勿听，非礼勿言，非礼勿动"，这就是仁。仁和礼是辩证统一的，仁是内在的精神，礼是仁的外在表现形式，不是礼规定仁，恰恰相反，是仁规定礼。由于仁是内在于人的观念和精神，因此它看不见摸不着，而表现它的礼则是生动具体的。所以，孔子认为，做到了礼，也就是仁了，一日克己复礼，天下归仁焉。

【原文】

仲弓问仁。子曰："出门如见大宾，使民如承大祭①。己所不欲，勿施于人。在邦②无怨，在家③无怨。"

仲弓曰："雍虽不敏，请事斯语矣。"

【注释】

① 大祭：国祭也。
② 邦：在诸侯之邦做官。
③ 家：在卿大夫家里当官。

【译文】

仲弓请教什么是仁。孔子说："出门如同要会见重要的客人，役使民众就像承办重大的祭祀。自己不想做的事情的就不要强加给别人。在朝廷侍奉君主没有怨恨,在卿大夫家里做官也没有怨言。"

仲弓说:"我虽然迟钝,也要照您的话去做。"

【品鉴】

孔子对他的学生仲弓谈到了"仁"所具有的两个方面的内容:第一,事君使民要严肃认真;第二,"己所不欲,勿施于人"。做到了这两点,就可以"在邦无怨,在家无怨",也就是"仁"了。这是从躬行践履的方面讲仁,实际上是把仁的观念落到了实践的层面。

【原文】

司马牛①问仁。子曰:"仁者其言也讱②。"

曰:"其言也讱,斯③谓之仁已乎?"子曰:"为之难,言之得无讱乎?"

【注释】

① 司马牛:孔子弟子司马耕,字子牛,宋国人。

② 讱(rèn):言语迟缓,话不轻易出口。

③ 斯:就。

【译文】

司马牛请教什么是仁。孔子说:"仁者所说的话也谨慎。"司马牛问:"说话慎重,这就叫作仁了吗?"孔子说:"做起来很难,所以说出口来能不慎重吗?"

【品鉴】

传说司马牛是宋国大夫桓魋的弟弟。他的三个哥哥在宋国作乱，或被杀死，或被迫逃亡，所以他常有失兄之叹："人皆有兄弟，我独亡（无）。"孔子安慰他："不忧不惧，斯谓之君子已乎！"而他的同学子夏告诉他说："四海之内，皆兄弟也。"不要担心，我们都是你的兄弟。

《史记·仲尼弟子列传》说他"多言而躁"，所以孔子借机教导他，性格急躁的人遇事情尤其注意要先在心里忍一忍，谨慎自己的言语，不要动辄失去理智，丧失君子之风。显然，孔子对仁的这一诠释，是孔子针对司马牛的具体性格特点来说的。

【原文】

司马牛问君子。子曰："君子不忧不惧。"

曰："不忧不惧，斯谓之君子已乎？"子曰："内省不疚，夫何忧何惧？"

【译文】

司马牛问什么是君子。孔子回答说："君子不担忧什么，也不惧怕什么。"

司马牛又问："不担忧什么，不惧怕什么，就是君子了吗？"孔子回答说："注意内省自察，就不会愧疚，所以你担忧什么、惧怕什么呢？"

【品鉴】

担忧惧怕，是因为内心不安宁。君子时时注意内省自察，时时刻刻以仁的标准要求自己，凡事做到问心无愧。心底坦荡荡，意气自若，还有什么害怕和担心的？

司马牛因为哥哥们在宋国作乱，常忧患不已，甚至感觉低人一等。孔子没有责备他，反而委婉开导他，并启发司马牛内省自察，自己做到问心无愧，就不用担心别的什么事情了。

【原文】

司马牛忧曰："人皆有兄弟，我独亡①。"子夏曰："商闻之矣：死生有命，富贵在天。君子敬而无失，与人恭而有礼。四海之内，皆兄弟也。君子何患乎无兄弟也？"

【注释】

① 亡：无。

【译文】

司马牛忧愁地说："别人都有兄弟，唯独我没有。"子夏说："我听说，死生有命，富贵在天。君子只要对自己所做的事情严肃认真，不出差错，与人结交恭敬而合乎礼的要求，天下人到处都是自己的好兄弟。君子何必发愁没有兄弟呢？"

【品鉴】

君子敬顺天道，践行仁义，待人恭敬有礼，疏恶友贤，所以，其德不孤，"必有邻"。千里之外，亲如兄弟，这是"志同道合"的结果；若不行仁德，就是自家亲人也未必就能够走到一起。

【原文】

子张问明。子曰："浸润之谮①，肤受之诉②，不行焉，可谓明也已矣。浸润之谮，肤受之诉，不行焉，可谓远③也已矣。"

【注释】

① 谮（zèn）：谗言。这里是说，像水那样一点一滴地渗进来的谗言，不易觉察。

② 诉（sù）：诬告。肤受之诉，是指像皮肤感觉到疼痛那样的诬告，即直接的诽谤。

③ 远：明之至，明智的最高境界。

【译文】

子张问怎样做到明智。孔子说："像水润物那样暗中挑拨的坏话，像切肤之痛那样直接的诽谤，你都拿它们不当回事，那你就是明智的。暗中挑拨的坏话和直接的诽谤，在你那里都行不通，那你就是有远见的。"

【品鉴】

古往今来，挑拨离间、恶意诽谤是人类最丑恶、最卑鄙的行为之一。由于它具有强大的杀伤力，所以一些人玩弄这套把戏甚至到了炉火纯青、出神入化的地步。人们痛恨"浸润之谮，肤受之诉"，但它依然能够大行其道，一方面是因为它能够像雨水浸润万物那样，一点一滴，不动声色，害人于不知不觉之间；另一方面是听者"多疑"和"不明"所致。孔子说，多疑就是不明智。《汉书·梅福传》说："博览兼听，谋及疏贱。""辟四门，明四目。""兼听则明，偏听则暗。"汉代王符在《潜夫论·明暗》中说："君之所以明者兼听也，其所以暗者偏信也。"

【原文】

子贡问政。子曰:"足食,足兵①,民信之矣。"

子贡曰:"必不得已而去,于斯三者何先?"曰:"去兵。"

子贡曰:"必不得已而去,于斯二者何先?"曰:"去食。自古皆有死,民无信不立。"

【注释】

① 兵:兵器,这里指军备。

【译文】

子贡问如何治理国家。孔子说,"粮食充足,军备充足,百姓有信。"子贡又问:"如果迫不得已去掉一项,那么在粮食、军备、民信三项中可以去掉哪一项呢?"孔子回答:"去掉军备。"

子贡又问:"如果迫不得已,在粮食和民信这两项中去掉一项,可以去掉哪一项呢?"孔子回答:"去掉粮食。自古以来人都避免不了死亡,而如果百姓无信了,那它们就无法立足于社会了"。

【品鉴】

孔子为什么说"自古皆有死,民无信不立"?联系孔子在《为政》篇中言"信"的一段话,就很容易理解了。在《为政》篇中,孔子说:"人而无信,不知其可也。大车无輗,小车无軏,其何以行之哉!"人如果没有诚信,不知还可以做什么。这就如同大车如果没有"輗"和牛连接起来,小车如果没有"軏"和马连接起来,大车、小车怎么能够行走呢?

【原文】

棘子成①曰:"君子质而已矣,何以文为?"子贡曰:"惜乎,夫子②之说,君子也!驷③不及舌。文犹质也,质犹文也。虎豹之鞟④犹犬羊之鞟。"

【注释】

① 棘(jí)子成:卫国大夫。

② 夫子:指棘子成,古代对大夫的尊称。

③ 驷(sì):驷,四马也。古代用四匹马拉一辆车,故称四马为驷。"一言既出驷马难追"形容话一说出口,就收不回来了。

④ 鞟(kuò):去掉毛的皮,即革。

【译文】

棘子成说:"君子只要具有好的品质就行了,何必要那些表面的形式呢?"子贡说:"夫子您这样看待君子,真遗憾啊!一言既出,驷马难追。本质就像文采,文采就像本质,都是同等重要的。去掉了毛的虎豹之皮,和去掉了毛的犬羊之皮大致是一样的。"

【品鉴】

虎豹之皮之所以贵于羊犬之皮,在于它们附着于皮上的毛,如果把虎豹羊犬的毛统统去掉,那么,如何分清哪个是虎豹的皮哪个是羊犬的皮呢?为君子者亦是如此,君子之所以尊贵就在于其文采,君子如果没有这些文采方面的特征,又何以区别于众人呢?

【原文】

哀公问于有若①曰:"年饥②,用不足,如之何?"

有若对曰:"盍③彻④乎?"

曰:"二⑤,吾犹不足,如之何其彻也?"

对曰:"百姓足,君孰⑥与不足?百姓不足,君孰与足?"

【注释】

① 有若:孔子弟子。

② 饥:饥荒,年成不好。

③ 盍(hé):何不。

④ 彻:税也。何晏说:"周法什一而税谓之彻。"《后汉书·陆康传》说:"夫十一而税,周谓之彻。"

⑤二:按十分之二征税。

⑥孰:谁。

【译文】

鲁哀公问有若说:"遭了饥荒,国家用度不足,该怎么办?"有若回答说:"为什么不实行彻法,只抽十分之一的田税呢?"哀公说:"现在抽十分之二,我还不够,怎么能实行彻法呢?"有若说:"如果百姓的用度够,您怎么会不够呢?如果百姓的用度不够,您怎么又会够呢?"

【品鉴】

这一段是《论语》"藏富于民"思想的体现。"彻"是周朝的税法,规定农民缴十分之一的税,曾是天下通法。在我国古代,夏朝用贡法,殷朝用助法,周朝用彻法,其实都是十分之一的税法。而鲁国自宣公十五年开始征税十分之二，此税法一直实行到哀公时期。现在，有若建议哀公恢复彻法，让哀公节用以厚民，减轻百姓的经济负担，让百姓先富起来，百姓富则国家强。

【原文】

子张问崇①德②、辨惑③。子曰："主④忠信，徙义⑤，崇德也。爱之欲其生，恶之欲其死。既欲其生，又欲其死，是惑也。'成不以富，亦祇以异。'⑥"

【注释】

① 崇：充满、盛满。《尔雅·释诂上》："崇，充也。"
② 德：指人的德性，具有思想、原理、法则、规律的内涵，当然也包括人们通常所理解的品德的内涵，但不能狭义地理解为人的道德品质。
③ 惑：迷惑，不分是非。
④ 主：亲也。
⑤ 徙（xǐ）义：徙，迁也。徙义，见义事则迁意而从之。
⑥ 成不以富，亦祇以异：出自《诗经·小雅·我行其野》，说的是一个贫苦男子投靠在他的岳父家，但是他的妻子嫌贫爱富，想另嫁他人，便把这个男子赶出家门。这首诗抒发了男子的愤怒之情。"成不以富，亦祇以异"是这首诗的最后两句，意思是人有成就并不是因为他有钱财，而只是因为是他有奇异的才能。祇，只是。

【译文】

子张问怎样提高人的德性和辨别是非、迷惑的能力。孔子说："亲近忠信之人，使自己的思想合于义，这就是要提高人的德性。爱一个人时，就希望他长命百岁，恨他的时候又巴不得他立刻死去。既要他生，又要他死，这就是迷惑。'人有成就并不是因为他有钱财，而只是因为是他有奇异的才能。'"

【品鉴】

儒家既讲"德性"，又讲"知性"。有人把道德问题看作是儒家哲学的核心问题，甚至认为中国哲学史也就是中国伦理思想史，这是不对的。中国哲学讲德，也讲"智"。儒家有五常（仁、义、礼、智、信），而"智"居其一。本节讲"崇德""辨惑"，崇德是讲德性，辨惑是讲知性。本章第二十一节所记樊迟问："敢问崇德、修慝、辨惑。"本章第二十二节所记，樊迟问"知"。本章第六节所记，子张问"明"，都属于"知性"的范围。

【原文】

齐景公①问政于孔子。孔子对曰："君君，臣臣，父父，子子。"公曰："善哉！信②如君不君，臣不臣，父不父，子不子，虽有粟③，吾得而食诸？"

【注释】

① 齐景公：齐国国君，名杵（chǔ）臼（jiù）。《周易·系辞下》曰："断木为杵，掘地为臼"，景公杵臼之名或许来源于此。

② 信：的确，实在。

③ 粟（sù）：谷子，去皮后成为小米。

【译文】

　　齐景公问孔子如何治理国家。孔子回答说:"做君主的要像君主的样子,做臣子的要像臣子的样子,做父亲的要像父亲的样子,做儿子的要像儿子的样子。"齐景公说:"讲得好呀!的确如你所说,君不像君,臣不像臣,父不像父,子不像子,虽然有粮食,我能吃得下吗?"

【品鉴】

　　齐桓公以管仲为卿,齐景公以晏子为相,管仲和晏子都是历史上有名的贤臣。鲁昭公二十六年,孔子在齐国。此时齐国国内政局极其不稳,弑君僭礼之事时有发生。齐大夫陈氏虽无大德,却厚施于民,博取民众之心,而景公此时又多内嬖(读 bì,受宠的人)而不立太子,致君臣父子之间皆失其宜。在这样的背景下,孔子便告诫景公,要想维持社会的稳定,就必须先从君主做起,君主像个君主的样子,大臣才会像个大臣的样子;父亲像个父亲的样子,儿子才会像个儿子的样子,所谓"父慈",子才会"孝","兄"做到了"友",弟才会做到"恭"。

　　《左传·昭公二十六年》还记载了景公与晏子坐于"路寝"(《史记》作"柏寝",古代君主处理政事的宫室)的故事。晏子对景公说:"礼之可以为国也久矣,与天地并。""君令臣共,父慈子孝,兄爱弟敬,夫和妻柔,姑慈妇听。"总之,只有实行礼治,才能实现国家的稳定和繁荣。

【原文】

　　子曰:"片言①可以折狱②者,其由③也与?"
　　子路无宿诺④。

【注释】

① 片言：片，偏也。听讼断案应全面考虑原告和被告双方的陈说和证据，若只有一方的证据或陈说，或只是听信单方言辞，便称作"单词"或"片言"。

② 折狱：断案。

③ 由：字子路。

④ 宿诺：宿，作动词用，有久也、积久的意思。宿诺，就是推延兑现自己的许诺。

【译文】

孔子说："仅凭一面之词就可以断案的人，大概只有仲由吧？"

子路从不推延兑现自己的许诺。

【品鉴】

子路待人有一个重要特点，就是"信"，以信待人是他为人处事的基本原则。他自己讲信，以为别人也都会和他一样，再加上他急躁率直的性格，使得他断案时，常常只听到了原告或被告一方的陈说或证据，就迫不及待地作出判决。

【原文】

子曰："听讼①，吾犹人也，必也使无讼乎。"

【注释】

① 听讼：治狱断案，以定是非曲直。古代有五种听讼之法，一是辞听，二是色听，三是气听，四是耳听，五是目听。

【译文】

孔子说:"审理诉讼,我和别人差不多,务必使诉讼的事件完全解决且不再发生才好。"

【品鉴】

《易经·讼》认为:"不永所事","终吉",就是说,打官司的目的是化解矛盾,求得和谐。所以说,打官司不要无休止地纠缠下去,因为这样会导致矛盾的激化,而激化矛盾不是听讼的目的。而孔子说他自己审理诉讼案件的程序和别人一样,但结果上则着眼于要最终解决矛盾,化解诉讼。"正其本,清其源",从根本上消除诉讼的根源。据《史记·孔子世家》记载,孔子在鲁定公时期做过鲁国大司寇,治理刑事,孔子担任这一职务期间,鲁国大治。

【原文】

子张问政。子曰:"居①之无倦,行之以忠。"

【注释】

① 居:处于施政者的位置。

【译文】

子张请教施政之道。孔子说:"居于执政位置上要勤勉不懈怠,在施政行动上要忠信于民。"

【品鉴】

为官之道在于,身居官位要勤勉于政,不能懈怠;在施政行动上要以仁德的规范要求自己，以礼的原则治理国家，通过教化的方式消除民间的诉讼纠纷，执行君主之令要切实努力。

【原文】

子曰："博学于文，约之以礼，亦可以弗畔①矣夫。"②

【注释】

① 弗畔（pàn）：畔，同"叛"，背叛，叛乱。弗畔，不违道德仁义。
② 此章重出，已见《雍也篇》二十七章。

【译文】

孔子说："广泛地学习文化知识，用礼来约束自己，就不会离经叛道了。"

【品鉴】

既要广泛学习知识，又要用礼来约束自己，在孔子看来，这自然就会走上正途。颜渊也曾感叹说："夫子循循然善诱人，博我以文，约我以礼。"参见《雍也篇》《子罕篇》。

【原文】

子曰："君子成人之美，不成人之恶。小人反①是。"

【注释】

① 反：颠倒，方向相背。

【译文】

孔子说:"君子要成全人们的好事,不成全人们的恶事。而小人却与此相反。"

【品鉴】

以别人之乐为乐,以别人之忧为忧,这是君子应该做到的。小人做不到。小人见不得别人好过常常是以别人之忧苦为快乐,以别人之快乐为忧苦。更有甚者,连朋友亲人遇到高兴的事情,也不以为乐,反生妒忌之心,忧苦不安。这就是我们常说的那种最可怜的人,自己的烦恼忧苦会使他痛苦不已;他人的成功和快乐,也使他忧苦不已。要承受双倍于人的忧苦,其可怜可悲,自不待言。

【原文】

季康子问政于孔子。孔子对曰:"政者,正①也。子②帅③以正,孰敢不正?"

【注释】

① 正:正直,公正。
② 子:指季康子。
③ 帅:带领,率领。

【译文】

季康子请教施政之道。孔子回答说:"政的意思就是端正。您自己带头端正,谁敢不正?"

【品鉴】

其身正，不令而行。其身不正，虽令不从。老百姓看为政者，不光会看他们说了什么，更要看他们做了什么。说得再好，不去做，只能是徒劳。《大学》说，"尧、舜帅天下以仁而民从之，桀、纣帅天下以暴而民从之。"

【原文】

季康子患盗①，问于孔子。孔子对曰："苟②子之不欲，虽赏之不窃。"

【注释】

① 盗：盗窃，偷东西。古代将偷东西的人叫"盗"，将抢东西的人叫"贼"。
② 苟：连词，如果。

【译文】

季康子因为国内多盗窃而发愁，请教孔子该怎么办。孔子回答说："假如你没有财货的贪欲，就是奖励你，你也不会去偷窃。"

【品鉴】

盗生于欲，如果你没有贪财之欲，就是奖赏你去偷窃，你也因知耻而不去偷窃。因此，防止盗窃的最有效方法，就是去掉人的贪欲。

【原文】

季康子问政于孔子曰："如杀无道，以就有道，何如？"孔子对曰："子为政，焉用杀？子欲善，而民善矣。君子之德风，小人之德草，草上①之风，必偃②。"

【注释】

① 上：加。
② 偃（yǎn）：倒伏。

【译文】

季康子请教孔子为政之道时说："如果杀掉坏人，是为了行大道，怎么样？"孔子回答说："您施行政事，为什么用杀戮的方法？您一心向善，民众就跟着行善。君子之德行就像风，一般人就像草，风向哪里吹，草就向哪边倒。"

【品鉴】

为政能用德教就不会选择刑杀，德教为治国的基础。"子欲善而民善"，孔子之意是让季康子先自正。自正，则民从之，君正，则民教而化之。统治者的行为犹如草上之风，风吹草动，风向西吹，草必向西倒，风向东吹，草必向东倒。为政者的行为当自己先正，然后民众接受教化而改正之，"为不义久矣，则是上失其道"，民众有了问题，应该到为政者那里去寻找。"以身教者从，以言教者讼"，命令民众去做，不如自己身先士卒，否则只是靠说教，更引起民众的反感，这就是君上德行的感化作用，也就是榜样的力量。

【原文】

子张问："士①何如斯可谓之达②矣？"子曰："何哉，尔所谓达者?"子张对曰:"在邦必闻③,在家必闻。"子曰:"是闻也,非达也。夫达也者,质直而好义,察言而观色,虑④以下人⑤。在邦必达,在家必达。夫闻也者,色取仁而行违,居之不疑。在邦必闻,在家必闻。"

【注释】

① 士:读书人。

② 达:显达,显贵。按孔子的理解,"达"的基本含义是"质直而好义,察言而观色,虑以下人"。

③ 在邦必闻:在国家做官时必有名望;在家必闻,在大夫家当差时必有名望。 闻,闻名,著称。

④ 虑:考虑。

⑤ 下人:甘居人下。

【译文】

子张向孔子请教:"读书人要怎么做才称得上通达?"孔子反问道:"你所谓的通达是指什么?"子张说:"在国家做官要闻名于世,在大夫家里当差也要闻名于世。"孔子说:"你说的是名声,不是通达。所谓的通达,是指品质正直、追求道义,察人言语而不失口于人,观人脸色而不失色于人,考虑他人意见,谦让待人。这样的人既能在朝廷里通达,在大夫家里也会发达。而所谓的闻名于世的人,表面上似乎近于仁德,但是行动上又违背仁德,而且还以仁人自居,并深信不疑。这种人在国家当官会博取名声,在大夫家里当差也会博取名声。"

【品鉴】

"闻"与"达"。《朱子语类》卷四十二载,朱熹弟子说:"达是躬行实践做出来底,闻是沽名要誉底。"朱熹同意弟子的说法,并进一步做了补充说:"达是常自贬损,不求名而名自达者。闻是向前求名底。"达者,有仁德之品质,且修德于己,而信服于人,其所行自是无所不通;闻者,追求名声,表面上亲近仁德,实际上矫揉造作。

【原文】

樊迟从游于舞雩①之下,曰:"敢问崇德、修慝②、辨惑。"子曰:"善哉问!先事后得,非崇德与?攻其恶,无攻人之恶,非修慝与?一朝之忿③,忘其身,以及其亲,非惑与?"

【注释】

① 舞雩(yú):古代求雨之祭叫"雩祭"。因又有乐舞,故又称"舞雩"。这里有雩坛,有树木,离孔子家很近,因此,孔子常带弟子们到此游览。

② 修慝(tè):慝,邪恶,恶念。修,治也,治而去之。

③ 忿(fèn):愤怒,怨恨。

【译文】

樊迟陪侍孔子在舞雩台下散步,说道:"请问什么是崇德、消除错误和辨别迷惑?"孔子回答说:"问得好!首先要付出劳动,然后再谈收获,不就提高自己的品德了吗?批判自己的不足,不去批判别人的不足,不就去掉邪念了吗?因为一时的愤怒,就忘记了自己,忘记了自己的亲人,这不是迷惑吗?"

【品鉴】

孔子对每个弟子的情况都非常了解，总是采取因材施教的教育方法教育弟子。子张曾问"崇德、辨惑"，而樊迟则问"崇德、修慝、辨惑"，孔子的回答区别很大。子张才高意广，所以孔子用"辨"字回答他。樊迟性格勇敢，笃志于学，性情素朴但有点狭隘。针对樊迟的特点，孔子劝诫他要以责人之心责己，宽恕自己也宽恕别人。多批评自己，少攻击别人。孔子谈的这三点都是针对樊迟如何克服自己的不足来说的。

【原文】

樊迟问仁。子曰："爱人。"问知①。子曰："知人。"

樊迟未达。子曰："举直错②诸③枉④，能使枉者直。"

樊迟退，见子夏曰："乡⑤也吾见于夫子而问知，子曰：'举直错诸枉，能使枉者直。'何谓也？"

子夏曰："富哉言乎！舜有天下，选于众，举皋陶⑥，不仁者远矣。汤⑦有天下，选于众，举伊尹⑧，不仁者远矣。"

【注释】

① 知（zhì）：通"智"，聪明，智慧。

② 错：放置。

③ 诸：相当于"之于"。

④ 枉（wǎng）：不正直，不正派。

⑤ 乡（xiàng）：同"向"，从前，过去。

⑥ 皋（gāo）陶（táo）：传说中东夷族的首领，偃姓。相传曾被舜任命为掌管刑法狱讼的官，后被禹选为继承人，因死得早，没能继位。

⑦ 汤：商朝国君。

⑧伊（yī）尹（yǐn）：名挚。商朝辅相，原为商汤妃子的陪嫁奴隶，后受汤赏识，委以国政，辅佐汤灭夏，建立商朝。

【译文】

樊迟请教什么是仁。孔子说："爱人。"樊迟又问什么是明智。孔子回答说："知道别人。"

樊迟不明白。孔子说："提拔正直的人，放在邪枉的人上面，这样就可使原本邪枉的人变成正直的人。"

樊迟退下，见子夏问道："我刚才见老师问他什么是明智，老师说：'提拔正直的人，放在邪枉的人上面，这样就可使原本邪枉的人变成正直的人。'这是什么意思啊？"

子夏说："老师说的话含义多丰富啊！舜得到天下，是众人选举出来的，提拔皋陶，不仁的人离得远远的。汤得到天下，也是众人选举出来的，提拔伊尹，不仁的人离得远远的。"

【品鉴】

"人"是孔子所学的一个重要内容。他认为，认识的对象是"人"，所以，要"知人"。爱的对象是"人"，所以，要"爱人"。能知人者，就是智者。能爱人者，就是仁者。既是仁者，又是智者，这样的人就是"圣人"了。

【原文】

子贡问友。子曰："忠告而善道①之，不可则止，毋自辱焉。"

【注释】

① 道：通"导"，引导。

【译文】

子贡问交友之道。孔子说："出自忠诚地劝告他，让他分清是非，并以善言开导他，如果不听也不要勉强，不要自取其辱。"

【品鉴】

和朋友相处时，看到了朋友的问题和不足，应当真诚相劝，善意开导。如果这样做了，还不能被朋友理解，就要暂时停止。孔子说"事父母几谏"，对父母有意见只能委婉地劝告，父母不听就暂时算了，等父母高兴的时候再择机劝告。对朋友、对陌生人也是这样。如果你不讲究方式、方法一味批评他、纠正他，就会引起误解，甚至招致怨恨，这样就会使朋友远离自己，甚至自取其辱。

【原文】

曾子曰："君子以文会友，以友辅①仁。"

【注释】

① 辅：佐助。

【译文】

曾子说："君子以文章交友，以朋友辅助自己培养仁德。"

【品鉴】

"独学而无友,则孤陋而寡闻。"人都希望有朋友,但朋友有各种不同的类型。小人以酒肉利益会友,利益存在时,朋友就存在;利益丧失时,朋友也就没有了。这就是我们常说的酒肉朋友。君子则相反,"君子之交淡如水"。君子用道德文章来广交朋友,用朋友来帮助自己提升仁德。朱熹《四书章句集注》说:"讲学以会友,则道益明;取善以辅仁,则德日进。"

第十三章　子路篇

【原文】

子路问政。子曰:"先①之,劳②之。"请益③。曰:"无倦。"

【注释】

① 先:率先。

② 劳:使民劳作。

③ 益:增加。

【译文】

子路问如何治国理政。孔子说:"发挥好自己的带头作用,用自己的行动带领百姓不懈劳作。"子路请求如何才能更好,孔子说:"永不懈怠。"

【品鉴】

子路喜勇,而勇者往往有作为但不能持久,所以孔子告诫他,为政以德,永不懈怠才是做得更好的方法。

【原文】

仲弓①为季氏宰，问政。子曰："先有司②，赦③小过④，举⑤贤才。"

曰："焉知贤才而举之？"子曰："举尔所知。尔所不知，人其舍⑥诸？"

【注释】

① 仲弓：冉雍。

② 有司：主管某部门的官吏。

③ 赦：宽免。

④ 过：失误。

⑤ 举：推荐。

⑥ 舍：舍弃。

【译文】

仲弓做了季氏的总管，向孔子请教为政之道。孔子说："先确定各部门的负责人，赦免部下的小过失，提拔德才兼备的人。"仲弓问："怎么知道谁是德才兼备的人，从而把他提拔起来呢？"孔子说："提拔你了解的。你不了解的，别人难道不会推荐吗？"

【品鉴】

"先有司，赦小过，举贤才。"这是为官理政的具体步骤。确立部门负责人是第一步，这一步做好了，整个机构才能有序运转。第二步，赦免犯有小过失的人员，这是为政的基本策略。小的过失虽然也对单位造成了危害，但毕竟无关大局，在这种情况下，领导者就不必抓着不放，而是在批评其错误的同时，给予其改正错误的机会。第三步，提拔德才兼备的人，这一步永远是为官理政的重要组织保证。

【原文】

子路曰："卫君①待子而为政，子将奚②先？"

子曰："必也正名③乎！"

子路曰："有是哉，子之迂也！奚其正？"

子曰："野④哉，由也！君子于其所不知，盖阙如⑤也。名不正，则言不顺；言不顺，则事不成；事不成，则礼乐不兴；礼乐不兴，则刑罚不中；刑罚不中，则民无所措⑥手足。故君子名之必可言也，言之必可行也。君子于其言，无所苟⑦而已矣。"

【注释】

① 卫君：指卫出公蒯辄。

② 奚：何。

③ 正名：辨正名分，使名实相符。

④ 野：粗野。

⑤ 阙（quē）如：缺口，空隙。

⑥ 措：放置，安放。

⑦ 苟（gǒu）：苟且，不严肃。

【译文】

子路说："卫国等着您去治理国家，您准备先做什么？"

孔子说："一定是先端正名分吧！"

子路说："是这样吗？老师您太迂腐了！怎样来端正名分呢？"

孔子说："仲由啊，你太粗野了！君子对于自己不知道的东西，一般都持存而不论的态度。名分不正，说出来的话就没有分量；说出的话没有分量，事情就办不成；事情办不成，国家的礼乐就不能兴盛；礼乐不能兴盛，刑罚措施就不能恰当；刑罚措施不恰当，老百姓就惶惶然不知该怎么做。所以，君子定一个名分必然要说相应的话，说出来就必然要能行得通。君子对于自己说的话，不能不谨慎。"

【品鉴】

卫灵公时立蒯聩为太子，太子不满其母南子的淫乱，欲弑母，未遂，只好出逃。卫灵公死，把君位传给了蒯聩的儿子辄。按名分上讲，蒯聩是太子，应该继位，但是辄受祖父之命继位，也不肯让步。孔子以为卫国的君主治国理政，首先应把这一事情的原委搞清楚，以此正人伦，得天理，名正言顺而万事遂成。孔子在这里讲的"正名"，就是要先理顺蒯聩和他儿子辄的父子关系。

【原文】

樊迟请学稼①。子曰："吾不如老农。"请学为圃。曰："吾不如老圃②。"

樊迟出。子曰："小人哉，樊须也！上好礼，则民莫敢不敬；上好义，则民莫敢不服；上好信，则民莫敢不用情③。夫如是，则四方之民襁负④其子而至矣，焉用稼！"

【注释】

① 稼（jià）：种庄稼。

② 圃（pǔ）：种植蔬菜瓜果的人。

③ 情：诚实，真实。
④ 襁（qiǎng）负：用布包着婴儿背着。

【译文】

樊迟请求学种庄稼。孔子说："这要请教老农，他们比我厉害。"樊迟又请求学园艺。孔子说："这要请教老园艺师，他们比我专业。"樊迟退出。孔子说："眼光短浅啊，樊迟！君上好礼，则民众不敢不敬；君上好义，则民众没敢不服从的；君上好诚信，则民众没有敢不用真情实意的。如果这样做，四方百姓就会背着襁褓里的孩子追随着你，哪里还用得着种庄稼！"

【品鉴】

孔子曾说："吾少也贱，故多能鄙事。"说明孔子少年时代从事过各种劳动，如他在二十岁的时候做过"委吏"，就是管理仓库的小吏。二十一岁的时候做过"乘田吏"，就是管理牛羊畜牧的小吏。但是就稼穑和植圃来说，孔子还是自叹弗如老农和老圃。但是，孔子在这里只是做了一个比喻。他认为，读书人应致力于治国平天下的大事情，应致力于仁义礼智信，实现天下太平与安乐。像樊迟那样，满脑子想着如何稼穑和植圃，实在是目光短浅。

【原文】

子曰："诵《诗》三百，授之以政，不达①；使于四方，不能专②对。虽多，亦奚以为？"

【注释】

① 达：到达，这里引申为达到目的，完成任务。
② 专：独。

【译文】

孔子说："熟读《诗经》三百首，让他从政治国，不能胜任；让他出使国外，不能独立应对。这样的人，书读得再多，又有什么用处呢？"

【品鉴】

儒家认为，读书的目的是要治国平天下。《诗经》是孔子教授学生的主要内容之一。孔子教学生诵诗，不主张死背硬记，当书呆子，而是要学以致用，把《诗经》的思想运用到社会实践中。朱熹说："若读《诗》而不达于政，则是不曾读也。"《诗经》"本人情，该物理，可以验风俗之盛衰，见政治之得失"（《四书章句集注》）。熟读《诗经》，运用于政治，就会事理通达；出使四方，就能应对交涉。

【原文】

子曰："其身正，不令而行；其身不正，虽令不从。"

【译文】

孔子说："为政者自身端正了，就是不下命令老百姓也服从；为政者自己行为不正，就是下了命令，老百姓也不会听从。"

【品鉴】

《淮南子·主术训》有一段话可与本节的思想互相阐发:"有诸己不非诸人,无诸己不求诸人。所立于下者不废于上,所禁于民者不行于身。"《淮南子·缪称训》也说:"无诸己,求诸人,古今未之闻也。"自己有的缺点,就不要苛责别人;自己做不到的事情,不能要求别人做到。要求下面的人做到的,自己首先要做到;禁止老百姓做的事情,自己首先不能做。自己做不到,却要求别人做到,自古到今还没听说过有这样的事情。

【原文】

子曰:"鲁、卫之政①,兄弟也。"

【注释】

① 鲁、卫之政:鲁国是周公的封地,卫国是康叔的封地,周公与康叔本是兄弟,当时鲁、卫两国国政也相似。

【译文】

孔子说:"鲁国和卫国的政事都差不多,像兄弟一般。"

【品鉴】

鲁国是周公旦的封地,都城在山东曲阜;卫国是康叔的封地,都城在河南朝(zhāo)歌(今河南淇县)。周公旦和康叔本是兄弟,因此,两国理当是兄弟之国。孔子生活的春秋末年,鲁国国内政治昏暗,君不君、臣不臣,卫国也是父不父、子不子。两国的政治局面,多有相似之处,可谓患难兄弟,因此,孔子才感慨地说:"鲁、卫之政,兄弟也。"

【原文】

子谓卫公子荆①："善②居室。始有，曰：'苟③合矣。'少有，曰：'苟完矣。'富有，曰：'苟美矣。'"

【注释】

① 公子荆：名荆，字南楚，卫国贤大夫。
② 善：善，擅长，会。
③ 苟：差不多。

【译文】

孔子谈到卫国的公子荆时说："他善于居家理财，管理经济。刚开始有一点财富的时候，他说：'差不多也就够了。'稍为多一点的时候，他说：'差不多就算足够了。'更多一点的时候，他说：'差不多算是完美了'。"

【品鉴】

"苟合矣""苟完矣""苟美矣"，是公子荆对财富的三个层面的要求。据《左传·襄公二十九年》记载，公子荆与当时卫国的蘧瑗、史狗、史鲻、公叔发、公子朝被称为君子。作为卫国的贤大夫，公子荆是一个私欲很少的为政者，他把主要精力放在处理政事上，放在关心民众生活疾苦上，生活中他以节俭出名，从不把精力放在追求绫罗绸缎和肥马轻裘上，所以孔子称赞他。

【原文】

子适卫，冉有仆①。子曰："庶②矣哉！"

冉有曰:"既庶矣,又何加③焉?"曰:"富④之。"

曰:"既富矣,又何加焉?"曰:"教⑤之。"

【注释】

① 仆:驾驭车马。

② 庶:众多。

③ 加:增加。

④ 富:衣食富足。这里用作动词。

⑤ 教:教化。这里用作动词。

【译文】

孔子到了卫国,冉有为他驾车。孔子说:"这里人丁兴旺啊!"冉有问:"人口多了,下一步怎么发展呢?""让他们都衣食富足起来。""都富了,下一步又怎么发展呢?""教育他们,提高他们的素质。"

【品鉴】

在这里孔子谈了治国的三个步骤:一是庶矣,二是富之,三是教之。"庶矣"是说一个国家首先要有众多的人口;"富之"译为今语就是生活富裕、生产发展;"教之"则属于社会教化和精神生活的领域。

子贡曾向孔子请教如何治国安邦,孔子回答说:"富之。既富乃教之也,此治国之本也。"后汉王符把孔子的这一思想概括为:"民富乃可教。"《管子·治国第四十八》说:"凡治国之道,必先富民,民富则易治也,民贫则难治也。"凡是欲治理国家者,其最有效的方法就是要让民众先富起来。因此,富民是治理国家的第一要务。

【原文】

子曰："苟①有用我者，期月②而已可也，三年有成③。"

【注释】

① 苟：如果。

② 期（jī）月：一周年。"期"同"朞"，《史记·孔子世家》作"朞月"。

③ 成：成就。

【译文】

孔子说："假如有人任用我治理国家，一年能初见成效，三年就能大见成效。"

【品鉴】

卫灵公晚年，孔子在卫国不被重用，便发出了这番感慨，此后就离开了卫国。《史记·孔子世家》记载，"灵公老，怠于政，不用孔子。孔子喟然叹曰：'苟有用我者，期月而已，三年有成。'孔子行。"据《风俗通》记载："子产从政三年，民乃歌之。圣贤尚须渐进，况中才乎？"

【原文】

子曰："'善人①为邦百年，亦可以胜残②去杀③矣。'诚哉是言也。"

【注释】

① 善人：贤人。

② 胜残：战胜残暴的人，使之不能为恶。

③ 去杀：不用刑杀，免除杀戮。

【译文】

孔子说："'善人治国百年，也可以战胜残暴，免除杀戮了。'这话说得好。"

【品鉴】

道德教化是一个漫长的过程，不可能一蹴而就。即使是身备善德的贤人也需要相当长的时间和努力。连孔子自己都认为，要想治功有成，必须要给他三年时间。善人治理国政，需要一百年时间才能胜残去杀，可谓任重道远。

【原文】

子曰："如有王者①，必世②而后仁③。"

【注释】

① 王者：统治天下的人。

② 世：三十年为一世。

③ 仁：成就仁政。

【译文】

孔子说："如果有王者兴起，必须要经过三十年，仁政才能大力推行。"

【品鉴】

　　这三节提出了三个问题,孔子治国"三年有成",王者推行仁政需要三十年("必世而后仁"),善人为邦需要一百年的时间才能做到"胜残去杀"。有人问程子,为什么会有这么大的差距呢?程子解释说,三年有成的"成",是指法度纲纪。三十年而后"仁",是指"仁政"。百年可"胜残去杀",是指残暴邪恶之人不能为恶,国家也不再需要和使用重刑。三者的目标不一样,需要的时间也就不同。

【原文】

　　子曰:"苟①正②其身矣,于从政乎何有?不能正其身,如正人何?"

【注释】

　　① 苟:如果。
　　② 正:端正。

【译文】

　　孔子说:"假若能够端正自己的行为,治理国家还会有什么困难吗?不能端正自己,怎能去端正别人呢?"

【品鉴】

　　孔子特别强调身教,认为身教重于言教。孔子在本章第六节说:"其身正,不令而行;其身不正,虽令不从。"本节又讲"正身"而后"正人",都是强调为政者应身先士卒,以身作则。自己行得正,做得好,才有资格去领导和管理别人。

【原文】

冉子①退朝。子曰:"何晏②也?"对曰:"有政。"子曰:"其事也。如有政,虽不吾以③,吾其与④闻之。"

【注释】

① 冉子:冉有。
② 晏:晚,迟。
③ 以:用。
④ 与:参与。

【译文】

冉有退朝回来,孔子说:"怎么回来得这么晚?"冉有回答:"有公事要商量。"孔子说:"是私事吧。如果是公事,我虽然不在位了,也知道是怎么回事。"

【品鉴】

古代公事与私事是有区别的,公事曰政,私事曰事。政者,君上之所行,合于法度,治理国家,役使百姓之类,为君上所操心;事者,则是所行的平常事,奉教承旨,为臣之所行。在朝而晚回,必是私事耽搁,而不是公事。孔子知道这个规定,所以他说:"天下有道,则政不在大夫。"大夫只能为君主做事,而不能越级参政。在孔子眼里,君臣的职分是很清楚的。

在现代社会,人们时常会遇到不能把自己的事情与工作的事情分开的情况,公事私办、私事公办的时有发生。相信随着我国法律制度的健全,这些现象会逐渐被清除。

【原文】

定公问:"一言而可以兴邦,有诸?"

孔子对曰:"言不可以若是其几①也。人之言曰:'为君难,为臣不易。'如知为君之难也,不几乎一言而兴邦乎?"

曰:"一言而丧邦,有诸?"

孔子对曰:"言不可以若是其几也。人之言曰:'予无乐乎为君,唯其言而莫予违也。'如其善而莫之违也,不亦善乎?如不善而莫之违也,不几乎一言而丧邦乎?"

【注释】

① 几:近。

【译文】

定公问:"一句话可以使国家兴旺,有这事吗?"

孔子答:"虽然不可以这样简单地说,但也差不多。有人说:'做君难,做臣不易。'如果体谅做君的难处了,不近于一句话可以使国家兴旺吗?"

定公问:"一句话可以亡国,有这事吗?"

孔子回答说:"虽然不可以这样简单地说,但也差不多。有人说:'我做君主没有别的什么乐趣,只是我说的话管用,没人敢违抗。'如果他的话正确并且别人也不违抗,不也是很好吗?如果他的话不对却没人敢反抗,不就近于一句话就可以亡国吗?"

【品鉴】

一言可以兴邦吗?孔子说差不多吧。君也不易,臣也不易。如果你理解了君主的苦处，你就会体谅他，就会埋头踏踏实实为君主工作，君主也理解为臣的不易，社会因此而安定。这就是一言可以兴邦。

一言可以丧邦吗？孔子又说差不多吧。如果为君主者的话没有人敢违抗，如果君主说得对，那还好，说得不对，无人敢坦率直陈，国家岂不就完蛋了吗？为君主者是很容易犯这类错误的。人的地位一高，就容易飘飘然，听不进相反的意见，发展到极致就是"顺我者昌，逆我者亡"。历史上，楚汉之争中的刘邦就是善于纳谏的人，所以他成功了。项羽则不然，只要决定了的事情，任何人的意见他都听不进去。

【原文】

叶公①问政。子曰："近者说②，远者来。"

【注释】

① 叶公：姓沈，名诸梁，字子高，楚国大夫，因受封叶邑（今河南叶县），世称叶公。

② 说（yuè）：同"悦"。

【译文】

叶公请教为政之道。孔子说："离你近的人高兴，离你远的人投奔你。"

【品鉴】

"近者说，远者来。"一直是后世为政者所称道的治国方略。在这一方略中，"近者悦"是根本。为政者只有惠及自己的百姓，让百姓喜悦，远者才会闻其风而来。所以，孔子才说，治理国家的窍门没有别的，就是让你跟前的人感到高兴，让远方百姓羡慕你，投奔你。

【原文】

子夏为莒父①宰，问政。子曰："无欲速，无见小利。欲速，则不达；见小利，则大事不成。"

【注释】

① 莒（jǔ）父：鲁国城邑，在今山东境内。

【译文】

子夏做莒父的家宰，请教为政之道。孔子说："不要盲目追求速度，也不要贪图小利。盲目追求速度，往往达不到目的；贪图小利，就做不成大事。"

【品鉴】

孔子告诫他的学生，做官要特别注意两件事情。一件是片面追求速度，即所谓"欲速"，另一件是贪图小利，即所谓"见小利"。看看古今中外栽跟头的官员们，大多都是在这两个地方跌倒的。新官上任，往往都着急出政绩，但又往往事与愿违，越是着急出政绩，越是容易把事情搞糟。还有一些不"欲速"的官员，但因为经受不住小利的诱惑，丧失了原则，致使功败垂成。

孔子的告诫对于今天的为政者有重要的警示作用。

【原文】

叶公语孔子曰："吾党有直躬①者，其父攘②羊，而子证③之。"

孔子曰："吾党之直者异于是：父为子隐④，子为父隐。直在其中矣。"

【注释】

① 直躬：正直的人，直身而行的人。

② 攘（rǎng）：偷，窃取。

③ 证：检举，揭发。

④ 隐：隐瞒。

【译文】

叶公对孔子说："我的家乡有个正直的人，父亲偷羊，儿子告发了他。"孔子说："我家乡的正直的人不同：父为子隐瞒，子为父隐瞒。正直就在其中了。"

【品鉴】

叶公对于攘羊的态度与孔子是不同的。叶公认为，父亲偷了羊，儿子出来揭发，这是一种正直的行为。而孔子则从另一个角度说："如果我们那地方发生了同样的事，父亲为儿子隐瞒，儿子也为父亲隐瞒，而正直就在其中了。"那么，哪一种行为是真正的正直？这其实是一个忠孝不能两全的二难选择。

叶公作为一个地方的司法长官，认为儿子揭发父亲的偷窃行为是一种正直行为。孔子则是从人情孝亲的角度去思考这个问题，认为真情实感是第一位的。《孟子·尽心上》有一段孟子和弟子桃应的对话。桃应说，如果舜的父亲瞽瞍杀人，舜是先让执法者皋陶把父亲抓起来，"执之而已矣"，还是以儿子的身份"窃负而逃"？这样对于舜来说，无疑是一个两难的道德选择。但是，依照舜的性格，他是那种视王位为敝屣的人，所以，假如真的遇到这样的事情，舜一定会丢下君位，偷偷地背着父亲逃走，沿海边住下来，终其一生，享受天伦之乐。朱熹说："父子相隐，天理人情之至也。"

儒家的这一思想虽合于父子之慈孝情，却与现代法制思想相背，因而，它不仅不值得我们倡导，反而是我们应当予以批判和抛弃的糟粕。

【原文】

樊迟问仁。子曰："居处恭①，执事敬，与人忠。虽之②夷狄③，不可弃也。"

【注释】

① 恭：谦逊有礼。敬，尊重，尊敬。恭与敬是同义词，"恭"着重在外貌方面，"敬"着重在内心方面。
② 之：动词，到。
③ 夷狄：对我国古代东部各民族的统称。泛指边远落后地区。

【译文】

樊迟请教仁德。孔子说："在家守规矩，在工作上一丝不苟，与人交往忠心耿耿。即使到了贫困落后的地方，也不能背弃这一做人的准则。"

【品鉴】

这一节孔子回答樊迟问仁的话，可与第十五章第六节"子张问行"的一段话相对照。"言忠信，行笃敬，虽蛮貊之邦，行矣。言不忠信，行不笃敬，虽州里，行乎哉？"言语忠信，做事专一恭敬，即使到了落后野蛮的地方，都能行得通。言语不忠信，行事不专一恭敬，就是在本乡本土，能行得通吗？子张把孔子的这些话写在腰间的衣带上。这两段话昭示出一个共同的思想：忠信仁义无论到了什么地方都能行得通，用我们今天的话说就是"放之四海而皆准"。离开了仁义礼智，走到哪里都行不通。

【原文】

子贡问曰："何如斯可谓之士①矣？"子曰："行己有耻，使于四方，不辱君命，可谓士矣。"

曰："敢问其次。"曰："宗族称孝焉，乡党称弟焉。"

曰："敢问其次。"曰："言必信，行必果，硁硁然②小人哉！抑亦可以为次矣。"

曰："今之从政者何如？"子曰："噫③！斗筲④之人，何足算⑤也？"

【注释】

① 士：中国古代社会中的一个特殊阶层，与现在所说的"知识分子"相近。商代的士还属于贵族中的下层，到春秋时代，士则成了介于贵族与平民之间的一个特殊阶层。

② 硁硁（kēng）然：浅薄而固执的样子，小人之貌。

③ 噫（yī）：感叹词。心里愤愤不平时发出的声音。

④ 斗筲（shāo）：筲，竹器，容斗二升。

⑤ 算：数也。

【译文】

子贡问道:"怎样才能算真正的士?"孔子回答说:"做事时,要有羞耻之心;出国访问时,不辱使命,可算士了。"

子贡又问:"请问次一等的士呢?"孔子回答说:"同宗族的人称赞他孝顺,同乡的人称赞他尊敬师长。"

子贡又问:"请问再次一等的士呢?"孔子回答说:"说到做到,行事果决,浅薄固执,这些都是小人的秉性啊!或许可以算再次一等的士了。"

子贡问:"现在那些从政的人怎样?"孔子说:"噫,这些器量狭小的人,算什么呢?"

【品鉴】

孔子不是一直倡导言而有信,并说:"人而无信,不知其可也"(《为政》)吗?怎么在这里突然把"言必信,行必果",说成是"硁硁然小人"了呢?

其实,孔子理解的"信"分两种情况,一是理性的信,一是盲目的信。孔子所说的"言必信,行必果",是指那些既浅薄又固执己见、盲目讲信的人。孟子发挥了孔子的思想,明确指出:"大人者,言不必信,行不必果,惟义所在。"(《孟子·离娄下》)真正的君子则可以"言不必信,行不必果",知道自己错了,该改正就得改正,"义"才是行为的标准。孔、孟的论述一反一正,观点却一脉相承,核心思想是通权达变。

【原文】

子曰:"不得中行①而与之②,必也狂③狷④乎!狂者进取,狷者有所不为也。"

【注释】

① 中行：合乎中道而行，即中道。

② 狂：狂妄不拘。

③ 狷（juàn）：洁身自好，不肯同流合污。

【译文】

孔子说："我找不到合乎中庸的人交往了，只能与狂妄或拘谨的人交往。狂妄者胆大妄为，拘谨者胆小怕事。"

【品鉴】

孔子处事既反对"过"，也反对"不及"，他希望在对立中求统一，要求人们很好地把握事物的度，也就是他所说的"中庸""中行"。但是，孔子说的中庸和一些人理解的"和稀泥"有着根本的不同。他把"和稀泥"的人称作"乡愿"，并说："乡愿，德之贼也"。朱熹在《论语集注》中说："乡人之愿者也，盖其同流合污以媚其世。"孟子说这样的人"非之无举，刺之无刺"（《孟子·尽心下》）。指责他找不出他的缺点，责骂他找不到理由，混同于流俗，迎合于浊世。这种人大概就是我们现在所说的善于见风使舵的人，或者属于墙头草那类的人吧！

【原文】

子曰："南人①有言曰：'人而无恒，不可以作②巫医③。'善夫！"

"不恒其德，或承之羞"。④子曰："不占⑤而已矣。"

【注释】

① 南人：南国之人。
② 作：担任、充当。
③ 巫医：古代以降神、祈祷、占卜给人治病的人。
④ 不恒其德，或承之羞：这是源于《易经·恒》九三爻的爻辞，原话是："不恒其德，或承之羞，贞吝。"意思是不能恒久地保持美德，就会蒙受羞辱。德，美德。或，或许，常。承，蒙受。
⑤ 占：占卜。

【译文】

孔子说："南方人有句话：'人无恒心，就连巫医也做不了。'这话说得好！"

《易经》说："不能坚守德操，就会蒙受羞辱。"孔子说："没恒心的人就不必去占卜了。"

【品鉴】

《论语》中的这段话也见于《礼记·缁衣》，原文与本段略有不同，"南人有言曰：'人而无恒，不可以为卜筮。'"意思是说，没有恒心的人，什么事情也不会做成，因此，就不必去占卜了。《礼记》中这句话较之《论语》表达得更为清楚明白。

【原文】

子曰："君子和而不同，小人同而不和。"

【译文】

孔子说:"君子和睦相处而不同流合污,小人同流合污而不能和睦相处。"

【品鉴】

君子与他人共事,常能求大同、存小异。既坚持原则,又胸怀宽阔,这就是"和而不同"。小人则不然,凡事都要求一致,但私底下钩心斗角,离心离德,这就是"同而不和"。我们应倡导"和而不同",反对"同而不和"。

【原文】

子贡问曰:"乡人皆好①之,何如?"子曰:"未可②也。""乡人皆恶③之,何如?"子曰:"未可也。不如乡人之善者好之,其不善者恶之。"

【注释】

① 好(hào):爱好,喜欢。

② 可:合宜,适合。

③ 恶(wù):讨厌,厌恶。

【译文】

子贡问说:"周围的人都喜欢你,怎么样?"孔子说:"不好。"子贡问:"周围的人都讨厌你,怎么样?""也不好。不如做一个周围的好人喜欢、周围的坏人讨厌的人。"

【品鉴】

如果好人说你好，坏人说你坏，这说明你是个值得肯定的人。如果好人说你好，坏人也说你好，那你就是一个有问题的人。如果好人说你不好，坏人反而说你好，那你就是大有问题的人。所以，对于赞誉之词，一定先要看清楚是出自何人之口。

【原文】

子曰："君子易事而难说①也。说之不以道，不说也；及其使人②也，器之③。小人难事而易说也。说之虽不以道，说之；及其使人也，求备焉。"

【注释】

① 说（yuè）：同"悦"，高兴，愉快。以下"说"皆同。
② 使人：用人。
③ 器之：器，是一种器皿。使之为器，只为有一种用途，不要求全能。

【译文】

孔子说："为君子做事容易，但是讨他高兴却很难。不用正当方式讨好他，他是不会高兴的；他用人时，总能量材而用。为小人做事很难，讨他高兴却很容易。不以正当方式讨好他，他也高兴；等到他用人时，却总是百般挑剔，求全责备。"

【品鉴】

"君子易事而难说也。""小人难事而易说也。"为什么与君子共事容易,与小人共事就困难呢?这是因为,君子看到的是人的优点,君子用人是用人的优点和特长,正如《说苑·杂言》记载,曾子说:"夫子见人之一善而忘其百非。"小人则相反,小人用人往往是求全责备,总觉得你做得不够好,总是喜欢盯着别人的缺点和不足,而且小人往往是见人一恶而忘其百善,做好了一百件事,一件事情做不好,就全被否定了。

但是,为什么君子"难说"而小人"易说"呢?因为君子之悦,必以其道。正如《荀子·大略》所说:"君子难说(悦),说(悦)不以其道,不说(悦)也。"小人不然,不管以何种方式,只要取悦于他,他就会高兴。

【原文】

子曰:"君子泰①而不骄②,小人骄而不泰。"

【注释】

① 泰:通达,安适。
② 骄:自满,自高自大。

【译文】

孔子说:"君子安适却不骄狂,小人骄狂却不安适。"

【品鉴】

本节讲的是君子和小人两种截然不同的气象。君子于人于物、于事于理,坦坦荡荡,无不通达,其泰然之像是其泰然之性的自然流露,故其闲适安定而不骄横。小人自以为是,得一察焉以自好,以其所有,为至矣尽矣,故尽显骄横之像,而无泰然安适之貌。

【原文】

子曰："刚①、毅②、木③、讷④，近仁。"

【注释】

① 刚：无欲，刚强。

② 毅：果敢。

③ 木：质朴。

④ 讷：迟钝。

【译文】

孔子说："刚强、坚毅、朴实、谨慎，接近于仁德。"

【品鉴】

做到了无欲、果敢、质朴、迟钝，就近乎仁了。为什么呢？孔子认为"仁者静"，无欲则静，"刚"为无欲为静，故刚近于仁。仁者必"勇"，"毅"为果敢，故"毅"近于仁。仁者质必"直"，"木"为质朴，故木近于仁。"仁者其言也讱"，"讷"为迟钝，故"讷"近于仁（何晏、邢昺《论语注疏》）。

【原文】

子路问曰："何如斯可谓之士矣？"子曰："切切①偲偲②、怡怡③如也，可谓士矣。朋友切切偲偲，兄弟怡怡。"

【注释】

① 切切：切磋，互相观摩，取长补短。

② 偲偲（sī）：相互劝勉、相互督促。

③ 怡怡：和悦，安适。

【译文】

子路问道："怎样才算真正的士呢？"孔子说："切磋取正，相互鼓励、相互劝勉和睦相处，可算士了。朋友间切磋取正，相互鼓励、相互劝勉，兄弟间和悦安适，友好相处。"

【品鉴】

什么是"士"？和回答其他问题一样，针对不同的人孔子会有不同的回答。子路好"勇"，因此对他来说，与朋友相处就很难做到互相切磋，互相鼓励，互相劝勉，取长补短，共同进步；与兄弟相处，也很难做到谦虚和悦，和睦相处。因此，孔子所指出的这三个方面：切切、偲偲、怡怡，都是子路所欠缺的。

【原文】

子曰："善人教民七年，亦可以即①戎②矣。"

【注释】

① 即：就也，从事。

② 戎：兵器，军旅，军队。

【译文】

孔子说："善人训练百姓七年，也就可以让他们当兵打仗了。"

【品鉴】

孔子的仁政路线有两条：一是"圣王之道"，也称"王者之道"；一是"善人之道"。孔子曾感叹说："圣人，吾不得而见之矣；得见君子者，斯可矣。"圣人，这辈子是见不到了，善人君子还能见到。孔子说的善人是那种"不践迹，亦不入于室"的人，是可以"教民为善"的人，也是可以"为邦百年""胜残去杀"的人。有人说，"善人之道"是指走民主政治路线，他教民为善，培养人民的正义感，是颇有道理的。

但是，孔子的"善人之道"，并不是一味只讲善德，而是"宽猛相济""宽以济猛，猛以济宽，政是以和。"（《左传·昭公二十年》）宽猛相济，是把德政和刑政紧密联系在一起的。所以孔子才会说"苟有用我者，期月而已可也，三年有成"，给他三年时间执政，他就能让世界变个样。孔子的圣人气象、王者风度于此可见一斑。

【原文】

子曰："以①不教民②战③，是谓弃之。"

【注释】

① 以：用。
② 不教民：不教之民，没有经过战斗训练的百姓。
③ 战：打仗。

【译文】

孔子说："用未经训练的百姓去打仗，就是让他们去送命。"

【品鉴】

　　在孔子看来，战争是需要谋略的，仅靠勇敢是无济于事的，所以，他反对匹夫之勇。在谈到子路时，孔子说他是一个"勇人"，并说"丘弗如也"。但是，真正的"勇"是同"怯"结合在一起的。当勇时则勇，当怯时则怯。所以，孔子认为，和子路相比，自己的特点是"勇且怯"，这是一种很高的境界。

第十四章　宪问篇

【原文】

　　宪①问耻。子曰:"邦有道,穀②;邦无道,穀,耻也。"
　　"克③、伐④、怨⑤、欲不行焉,可以为仁矣?"子曰:"可以为难矣。仁则吾不知也。"

【注释】

　　① 宪:孔子弟子原宪,字子思。
　　② 穀:俸禄,做官领俸禄。
　　③ 克:战胜。
　　④ 伐:自夸。
　　⑤ 怨:怨恨,仇恨。

【译文】

　　原宪问孔子什么是耻辱。孔子说:"国家有道,就可以做官领取俸禄;国家无道,再去做官领取俸禄,这就是耻辱。"
　　"好胜、自夸、怨恨、贪欲都没有的人,可以算做到仁了吧?"孔子说:"做到这些称得上难能可贵了,至于是不是做到了仁,那我就不知道了。"

【品鉴】

原宪，字子思，孔子的弟子，春秋时期鲁国人。原宪出身贫寒，个性狷介，一生安贫乐道，不肯与世俗合流。孔子死后，隐居卫国。《史记·游侠列传》中说：原宪"终身空室蓬户，褐衣疏食不厌"。我行我素，不愿与上流社会交往。《史记·仲尼弟子列传》载，原宪隐居卫国后，已做官的子贡骑着骏马、穿着华服去看他，而原宪则穿着破旧的衣服与子贡相见，子贡感到不解，便问："你病了吗？"原宪回答说："吾闻之，无财者谓之贫，学道而不能行者谓之病。若宪，贫也，非病也。"我只听说过没钱才叫穷，学的东西不会实践叫作有病，现在我是贫穷，不是有病。子贡听后羞愧不已，也为这次说错了话而懊丧不已。

【原文】

子曰："士①而怀居②，不足以为士矣。"

【注释】

① 士：贵族的最低等级，位列大夫之下。也指具有某种品质或某种技能的人。
② 居：住处，停留。

【译文】

孔子说："士如果留恋家庭的安逸生活，就不配做士了。"

【品鉴】

晋文公重耳，春秋时期晋国的国君和政治家。他是继齐桓公之后，真正的霸主，一般把他同齐桓公、宋襄公、秦穆公、楚庄王并称为春秋

"五霸"。《左传·僖公二十三年》记载，晋公子流亡到齐国，齐桓公为他娶妻妾，供他肥马轻裘。重耳因生活富足，而不舍离开。其妻姜氏认为重耳"有四方之志"，就对他说："怀与安，实败名。"人一旦贪图享受，怀恋安逸生活，便会毁掉自己的名声。从此以后，重耳便彻底觉醒了。

【原文】

　　子曰："邦有道，危①言危行；邦无道，危行言孙②。"

【注释】

　　① 危：正直。比喻说正直的话，做正直的事。
　　② 孙（xùn）：通"逊"，恭顺。

【译文】

　　孔子说："国家政治清明的时候，言行要正直；国家政治昏暗的时候，行为要端正，说话要随和、谨慎。"

【品鉴】

　　国家有道，政治必定清明，这个时候言行都要正直；国家无道，政治昏暗，行为更要正直，谨言慎行，以免祸从口出，遭受飞来横祸。

【原文】

　　子曰："有德者必有言，有言者不必有德。仁者①必有勇，勇者②不必有仁。"

【注释】

①仁者：心里没有拖累，见到符合义的事情就会去做的人。
②勇者：只是有血气之强的人。

【译文】

孔子说："有道德的人，一定会有自己表现于外的话语，有话语、文章的人不一定有道德。有仁德的人一定勇敢，勇敢的人不一定有仁德。"

【品鉴】

有人说："一流老师讲境界，二流老师讲方法，三流老师讲知识。"

所谓讲境界，就是"立德"，讲方法和知识，则是"立言"。人达到一种境界以后，自然对自己理解的东西，形成深切的体验，从而转化成自己的精神。这时，不管你怎么讲，都如同在讲你自己的东西，大家对你的思想和观念都理解得很清楚。当一个人讲方法和知识的时候，由于某种原因，只凭空去讲，可能自己压根就不相信这些方法和知识，这就仅仅是"立言"，而没有"立德"，在这种情况下也很难做到"立德"。有些人尽管到处宣讲，但是他说的那一堆话如果连他自己都不相信，那么听众是不可能领情的。如果他讲的是自己切身感受的东西，别人就会容易理解和接受。所以孔子才说："有德者必有言，有言者不必有德。"

【原文】

南宫适问于孔子曰："羿善射①，奡荡舟②，俱不得其死然。禹③、稷④躬稼而有天下。"夫子不答。南宫适出，子曰："君子哉若人！尚德哉若人！"

【注释】

① 羿（yì）善射：羿，有穷国之君，是传说中的射箭能手，后因喜欢狩猎，不理民事，被其臣寒浞（zhuó）杀死。
② 奡（ào）荡舟：奡，寒浞之子。传说他善于水战，大力士，为夏后少康所杀。荡，推也。荡舟，能陆地推舟而行。
③ 禹（yǔ）：禹是传说中夏朝第一代君主。受舜的禅让。
④ 稷（jì）：稷，后稷，是传说中掌管农事的官，能播种百谷，亲身稼穑，德及后世。

【释义】

南宫适问孔子："羿善于射箭，奡善于水战，最后都不得好死。禹和稷都亲自种植庄稼，却得到了天下。"孔子没有回答，南宫适出去后，孔子说："这个人真是个君子呀！尊重道德就应该像他那样！"

【品鉴】

"尚力"，也就是崇尚"暴力""武力"，"尚力"是殷商文化的一个重要特点。《诗经·商颂·长发》说："如火烈烈，则莫我敢曷"，便是这一精神的写照。与殷商文化"尚力"传统不同，周人形成了"尚德"的文化传统。《诗经·大雅·文王》："周虽旧邦，其命维新。"周邦之新，就在于文王把殷商以来的"尚力"传统改造发展成为一种新型的、具有人文精神的形态，就是重视道德的文化形态。实际上，"尚德"和"尚力"两种文化传统并不是截然分开的，"德"也是一种力，殷人也"重德"，周人也"尚力"，"重德"和"尚力"两种力量相互激荡，互相补充。孔子赞同周代的重德传统，所以，便对南宫适的分析表示肯定。

【原文】

子曰:"君子而不仁者有矣夫①,未有小人而仁者也。"

【注释】

① 夫:感叹词。

【译文】

孔子说:"君子中没有仁德的人是有的,小人中有仁德的人是没有的。"

【品鉴】

管仲"九合诸侯",不动用一车一卒就终止了战争,可以说是仁人君子了,但是,他"山节藻棁",把自家的居室修饰得像天子庙宇一般,这显然是僭礼,是不仁。在孔子眼里,君子会偶有不仁,因为他们不可能总是做到"仁",但这无碍其为君子;小人偶有仁,但终究是小人。这是因为小人之"仁"是暂时的,他们虽然做了仁德的事情,但是从心里没有接受仁德的观念。

【原文】

子曰:"爱之,能勿劳①乎?忠②焉,能勿诲③乎?"

【注释】

① 劳:操劳,烦劳。

② 忠:尽心竭力。

③ 诲(huì):教导,指教。

【译文】

孔子说:"爱他,能不为他操劳吗?忠于他,能不教诲他吗?"

【品鉴】

程树德《论语集释》引苏氏解释说:"爱而勿劳,禽犊之爱也。忠而勿诲,妇寺之忠也。"就是说,没有爱的关怀,无异于禽兽的舐犊之爱,没有进劝善言的忠无异于妇女和官宦的愚忠。《诗经·大雅·瞻卬》是讽刺周幽王乱政亡国的诗,其中有:"匪教匪诲,时维妇寺。""寺"指的是寺人、宦官,整句意思是:"不可教不可诲的是妇人和宦官。"这里的"妇人"和"宦官"指的是被幽王宠幸的妃子和奸邪之人。

【原文】

子曰:"为命①,裨谌②草③创④之,世叔⑤讨论之,行人⑥子羽⑦修饰之,东里⑧子产⑨润色之。"

【注释】

① 命:指与诸侯国交往的外交辞令。

② 裨(bì)谌(chén):郑国大夫。《左传·襄公三十一年》说他"能谋"。

③ 草:略也。

④ 创:造也。

⑤ 世叔:子太叔,郑国贤大夫游吉,《左传·襄公三十一年》说他"美秀而文。"

⑥ 行人:掌使之官,古代的外交官。

⑦ 子羽:公孙挥,郑国大夫。《左传·襄公三十一年》说他"能知四

国之为","善为辞令"。

⑧ 东里：地名，在今河南省郑州市。

⑨ 子产：复姓公孙，名侨，春秋时政治家。《左传·襄公三十一年》说他从政能够"择能而使之"。

【译文】

孔子说："郑国发表的外交公文，都是由裨谌起草的，世叔提出意见，外交官子羽加以修饰，由子产做最后润色和修改。"

【品鉴】

裨谌是春秋时期郑国政治家子产的幕僚，他思考问题的方式非常特别。据《左传·襄公三十一年》记载，裨谌"能谋，谋于野则获，谋于邑则否"。他在空旷无人的田野里，安静地思考，总是能有所收获，但是，在嘈杂的地方他就无计可施。所以遇到问题需要商议对策的时候，子产就会让他"乘以适野，使谋可否"，坐车到郊外去，思考一下行动的具体步骤和谋略。

对待特殊的人才，需要使用特殊的办法啊！

【原文】

或问子产。子曰："惠①人也。"

问子西②。曰："彼哉！彼哉！"

问管仲。曰："人也③。夺伯氏④骈邑⑤三百，饭疏食，没齿⑥无怨言。"

【注释】

① 惠：爱也。

② 子西：公孙夏，郑国大夫，子产的同宗兄弟。

③ 人也：此句有多种说法，或说"人"即"仁"，或说"人"上脱一"仁"字，或说"人"上脱一"夫"字。

④ 伯氏：齐国大夫。

⑤ 骈（pián）邑（yì）：齐国地名。

⑥ 没（mò）齿：终身，一辈子。

【译文】

有人问孔子子产是个怎样的人。孔子说："是个恩惠于人的人。"

又问子西是怎样的人。孔子说："就那样吧！就那样吧！"

又问管仲是怎样的人。孔子说："他是个有才干的人，他夺走伯氏骈邑的三百户封地，使伯氏终生吃粗茶淡饭，直到老死也没有怨言。"

【品鉴】

子产是春秋时期的政治家，他不但擅长择其能而任用贤臣，还非常有爱心。朱熹说他"不专于宽，然其心则一以爱人为主。"（《四书章句集注》）《左传·襄公三十一年》载，子皮想委任尹何做自己封邑的长官，子产不同意，说尹何年纪还小，子皮辩解说，尹何为人忠厚，不会背叛我，所以我喜欢他，可以让他边学边干，时间长了就懂得治理的方法了。

子产说："人之爱人，求利之也。今吾子爱人则以政，犹未能操刀而使割也，其伤实多。子之爱人，伤之而已，其谁敢求爱于子？"一个人喜爱另一个人，总要让被爱的人得到好处，现在你爱一个人，却让他管理政事，就如同让一个不会用刀的人拿着刀去割东西，这样会让他受到伤害。你爱他，却让你所爱的人受伤害，以后还有谁敢亲近你？子产的厚爱仁义之心被孔子赞誉为："古之遗爱"。

【原文】

子曰："贫而无怨①难，富而无骄②易。"

【注释】

① 怨：埋怨，责备。
② 骄：自满，自高自大。

【译文】

孔子说："贫穷却没有怨言难做到，富裕但不骄傲容易做到。"

【品鉴】

朱熹说："处贫难，处富易，人之常情。"(《四书章句集注》) 子贡曾经问孔子说："贫而无谄，富而无骄，何如？" 孔子回答说："可也，未若贫而乐，富而好礼者也。" 贫，却还能保持乐道，富还能好礼，这应该是儒家的极高境界了。

【原文】

子曰："孟公绰①为赵魏②老③则优④，不可以为滕薛⑤大夫。"

【注释】

① 孟公绰（chuò）：鲁国大夫。
② 赵魏：晋国卿大夫赵氏、魏氏。

③ 老：古代大夫的家臣称为老。

④ 优：有余。

⑤ 滕薛：当时在鲁国附近的滕国和薛国两个小国。

【译文】

孔子说："让孟公绰做晋国赵氏、魏氏的家臣，是才力有余的，要是做滕薛这样的小国的大夫肯定是不行的。"

【品鉴】

赵、魏之国贤者多，所以公事不繁杂，故赵、魏的家臣没有太多的事情可做，孟公绰做他们的家臣才力就比较有余；而滕、薛之国不然，生存于春秋时期的滕、薛两个小国，国家时局动荡，政治烦琐。当年滕文公问政于孟子时就显得举棋不定，忧心忡忡："滕，小国也，间于齐、楚。事齐乎？事楚乎？""滕，小国也。竭力以事大国，则不得免焉，如之何则可？"（《孟子·梁惠王下》）春秋时期的滕国处于列强之间，今日朝鲁，明日事宋，改日又得侍晋，虽然不断希望竭力侍奉大国，但是仍然无法避免顷刻被大国所灭的命运。不是说孟公绰没有治国才能，而是让廉洁奉公、清心寡欲、喜欢安静的孟公绰到滕、薛这样的小国做大夫，太不容易了，实在是勉为其难。

【原文】

子路问成人①。子曰："若臧武仲②之知，公绰③之不欲，卞庄子④之勇，冉求之艺，文⑤之以礼乐，亦可以为成人矣。"曰："今之成人者何必然？见利思义，见危授命⑥，久要⑦不忘平生⑧之言，亦可以为成人矣。"

【注释】

① 成人：完人，道德人格全面发展的人。
② 臧武仲：鲁国大夫臧孙纥。
③ 公绰：鲁国大夫孟公绰。
④ 卞庄子：鲁国大夫。
⑤ 文：掩饰、修饰。
⑥ 授命：交出生命。朱熹解释说："授命，言不爱其生，持之与人也。"(《四书章句集注》)
⑦ 要（yāo）：是"约"的借字，贫困之意。
⑧ 平生：平素。

【译文】

子路问怎样做才是一个完人。孔子说："具有臧武仲的智慧，孟公绰的清心寡欲，卞庄子的勇敢，冉求的多才多艺，再加以礼乐的修饰，就可以算是一个完人了。"孔子又说："现在的完人何必一定要这样呢？见到利能想到义的要求，遇到危险能献出生命，长久处于穷困还不忘平日的誓言，这样也可以成为一个完人了。"

【品鉴】

具有智慧、克制、勇敢、多才多艺，加上礼乐文明的熏陶，就可以"成人"。但是，如果还能在见利的时候思义，合义而取之；见到危险的时候，能奋不顾身，牺牲生命以救之，便可以称为完美的人格了。"见利思义，见危授命，久要不忘平生之言"，是孔子为"成人"立下的标准。人可以通过自己的努力达到这些标准。

【原文】

子问公叔文子①于公明贾②曰:"信乎夫子不言、不笑、不取乎?"

公明贾对曰:"以告者过③也。夫子时④然后言,人不厌其言;乐然后笑,人不厌其笑;义然后取,人不厌其取。"

子曰:"其然,岂其然乎?"

【注释】

① 公叔文子:卫国大夫公孙拔。
② 公明贾:卫国人。
③ 过:误也。
④ 时:应该的时候。

【译文】

孔子向公明贾问到公叔文子说:"你信不信,先生他不说、不笑、不取钱财,是真的吗?"

公明贾回答道:"告诉你这话的那个人说错了。先生他是该说的时候才说,因此别人不厌烦他说话;他是该笑的时候才笑,因此别人不讨厌他笑;合于礼的财和利他才获取,因此别人不厌恶他取。"

孔子说:"原来是这样,难道真是这样吗?"

【品鉴】

《左传·定公六年》载,鲁国侵袭郑国,从卫国穿过,卫灵公不许,遂派人追击鲁军。此时的卫国大夫公叔文子年事已高,被人用车子推着去劝说卫灵公。"今将以小忿蒙旧德,无乃不可乎?"以小的怨恨破坏了过去鲁国对卫国的恩德，恐怕不应该吧？于是，卫灵公停止了追击。

《礼记·檀弓下》载，公叔文子去世以后，他的儿子请求国君赐给父亲一个谥号，卫灵公认为，公叔文子在卫国发生饥荒的时候，有仁爱惠施的表现；卫国有难的时候，表现出了对国君的忠贞；在卫国执政的时候，又能够依照尊卑秩序行事；在和邻国交往中，能够使卫国不受玷辱，所有这些都是公叔文子博文知礼的表现，于是卫灵公赐其"贞惠文子"的谥号。公叔文子懂得仁爱惠施，又具有治国才略，他有理由赢得这样的谥号。

【原文】

子曰："臧武仲以防①求为后②于鲁，虽曰不要③君，吾不信也。"

【注释】

① 防：地名，武仲所封邑也。
② 为后：立后也。
③ 要（yāo）：有挟而求也。

【译文】

孔子说："臧武仲以交出防邑请求鲁国国君替臧氏立后代，虽然有人说他不是要挟君主，我不相信。"

【品鉴】

《左传·襄公二十三年》载，臧武仲受季武子攻击，逃到齐国。齐庄公与他谈论攻打晋国的事情，并准备赠田邑给武仲。武仲预见齐国将遭遇失败，不愿意接受他的田邑，以免后患，所以，故意用语言激怒齐庄公，使其作罢。孔子对此深有感触，说："知之难也！有臧武仲之知，而不容于鲁国，抑有由也，作不顺而施不恕也。"意思是说，做个智者难哪！像臧武仲这样有智慧的人，却不被鲁国所容纳是有原因的，因为他的所作所为与道理不合，而且没有宽恕他人的气度。

或许因为武仲太过聪明，太有谋略，让孔子都佩服他的"知"，所以，当他以交出防邑为条件，请求国君为自己立后的事，即使大家都说他不是在要挟国君，孔子也不相信。

【原文】

子曰："晋文公①谲②而不正，齐桓公③正而不谲。"

【注释】

① 晋文公：春秋时期晋国国君，献公之子，姓姬，名重耳。因献公立幼子奚齐为太子，他曾出奔在外十九年，后由秦送回。继位后整顿内政，增强军队，使国力强盛。是春秋五霸霸主之一。

② 谲（jué）：欺诈，玩弄手段。此处可译为"有计谋"。

③ 齐桓公：春秋时期齐国国君，姓姜，名小白。襄公的弟弟。襄公被杀后，从莒（今山东莒县）回国执政，任用管仲进行改革，国力富强，成为春秋时期的第一个霸主。

【译文】

孔子说："晋文公有计谋但不正派，齐桓公正派但没有计谋。"

【品鉴】

《左传·僖公二十八年》载，晋文公召请周襄王，自己带领诸侯朝见，并请周襄王打猎，而河阳这个地方不是打猎的地方。虽然晋文公没有觊觎之心，篡夺之意，只是欲合诸侯之师，共尊天子。而圣人的做法，是要贻训后世的，故孔子说："以臣召君，不可以训。"晋文公做的这件事不符合礼法，因此孔子说他"谲而不正"。

《左传·僖公四年》载，齐桓公率领诸侯的军队侵袭蔡国，蔡国溃败，于是攻打楚国。楚成王派人去询问原因，管仲代替齐桓公质问他们苞茅（包扎捆束好的菁茅，菁茅是一种带刺的草，用来滤酒）为什么没有按时进贡。齐桓公伐楚，寻找的借口并不怎么高明，恃强凌弱的本性暴露无遗。兴师动众，最后却未动楚国一兵一卒，看起来符合礼法，却没有什么计谋，所以孔子说他"正而不谲"。

【原文】

子路曰："桓公杀公子纠①，召忽死之，管仲不死。"曰："未仁乎？"子曰："桓公九合②诸侯，不以兵车，管仲之力也。如其仁！如其仁！"

【注释】

① 公子纠：齐襄公的弟弟，齐桓公的哥哥。
② 九合：齐桓公多次与诸侯国会盟，这里的"九"是虚指。

【译文】

子路说："齐桓公杀了公子纠，召忽自杀以殉，但管仲却没有自杀。

管仲不能算是仁人吧？"孔子说："桓公多次召集各诸侯国的盟会，不用武力，这都是管仲的力量。这就是他的仁德！这就是他的仁德！"

【品鉴】

公子纠和公子小白（齐桓公）是齐襄公的两个弟弟。齐襄公时，政令无常，怕遭杀害，公子纠携管仲、召忽跑到鲁国，公子小白也由鲍叔牙（齐国大夫，小白的师傅）侍奉逃到莒国。齐襄公被杀后，齐国内乱，鲁国派兵护送公子纠返回齐国争取继位。但此时出逃在莒国的公子小白已先回齐国即位，并派兵击败鲁军，在齐国胁迫下，鲁君杀死了公子纠，召忽也被迫自杀殉身。此时管仲请求把自己囚禁起来送回齐国，鲍叔牙接受了管仲。在鲍叔牙的力荐下，齐桓公立管仲为卿。

孔子认为，管仲不死是因为他有胸怀天下、拯救万民之志。所以称颂他"相桓公，霸诸侯，一匡天下，民到于今受其赐"。

【原文】

子贡曰："管仲非仁者与？桓公杀公子纠，不能死，又相①之。"子曰："管仲相桓公，霸诸侯，一匡天下，民到于今②受其赐。微③管仲，吾其被④发左衽⑤矣。岂若匹夫匹妇之为谅⑥也，自经⑦于沟渎⑧而莫之知也？"

【注释】

① 相：辅佐，帮助。

② 于今：如今。

③ 微：如果不是，如果没有。

④ 被（pī）：同"披"。

⑤ 左衽（rèn）：衣襟向左边开。

⑥ 谅：信。

⑦ 自经：自缢。

⑧ 沟渎（dú）：沟渠。

【译文】

子贡问："管仲不能算是仁人了吧？桓公杀了公子纠，管仲不能为公子纠殉死，反而做了齐桓公的宰相。"孔子说："管仲辅佐桓公，称霸诸侯，匡正了天下，老百姓到了今天还享受着他带来的好处。如果没有管仲，恐怕我们也要披散着头发，衣襟向左开了。难道要像普通百姓那样盲目恪守诚信，上吊自杀抛尸于沟渠里没人知道才对吗？"

【品鉴】

在如何评判管仲的人品问题上，子贡和子路同样感到不解，齐桓公杀了公子纠，管仲没殉死，还做了桓公的宰相，这能算仁吗？孔子却赞赏说，如果不是管仲，我们恐怕现在就披头散发、衣襟向左边开，成了落后民族了！天之生管仲，使其匡正天下。召忽虽死而无憾，管仲不死而有功。

【原文】

公叔文子之臣大夫僎①与文子同升诸公②。子闻之，曰："可以为文③矣。"

【注释】

① 大夫僎（zhuàn）：公叔文子的家臣。古代"选""撰""僎"三字并通。

② 公：公朝。

③ 文：以文为谥号。

【译文】

公叔文子的家臣僎，和文子一同做了卫国的大夫。孔子知道了这件事后说："配得上'文'的谥号了。"

【品鉴】

大夫僎本是公叔文子的家臣，因他有才德，文子不愿意掩埋贤才，故力荐给卫国国君。大夫僎被提升为大夫，与文子平起平坐。公叔文子不避身份举贤的大臣风度得到了孔子的赞赏。

【原文】

子言卫灵公①之无道也，康子曰："夫如是，奚②而不丧？"孔子曰："仲叔圉③治宾客，祝鮀④治宗庙，王孙贾⑤治军旅，夫如是，奚其丧？"

【注释】

① 卫灵公：春秋时期卫国国君，名元，卫襄公之子。

② 奚：疑问代词，为什么。

③ 仲叔圉（yǔ）：卫国大夫，孔文子，"文"是他的谥号。

④ 祝鮀（tuó）：字子鱼，卫国大夫，具有外交才能。
⑤ 王孙贾：王孙商，卫国大夫。卫灵公在位时负责卫国的军事。

【译文】

孔子讲到卫灵公的昏聩，季康子说："既然如此，为什么他没有败亡呢？"孔子说："有仲叔圉接待宾客，祝鮀管理宗庙祭祀，王孙贾统率军队，像这样一种情况，怎么会败亡呢？"

【品鉴】

《孔子家语》载，哀公曾问政于孔子："当今之君，孰为最贤？"孔子回答说："丘未之见也，抑有卫灵公乎？"意思是，我没有见过谁最贤，但是，卫灵公身边有这么多可以信赖的人辅佐，况且他又善于使用人才，仲叔圉、祝鮀、王孙贾这三个有能力的大臣一起辅佐他，卫国怎么会灭亡呢？

【原文】

子曰："其言之不怍①，则为②之也难。"

【注释】

① 怍（zuò）：惭愧。
② 为（wéi）：做。

【译文】

孔子说："如果一个人说话大言不惭，那么他做起事来就很困难了。"

【品鉴】

人在表达自己志向的时候,最好先思忖一下自己的能力,然后再说。不想想自己能否做到,就贸然说出口,话不着边际,到时候要做起来可就难了。

【原文】

陈成子①弑②简公。孔子沐浴而朝③,告于哀公曰:"陈恒弑其君,请讨④之。"公曰:"告夫三子⑤!"

孔子曰:"以吾从大夫之后,不敢不告也。"君曰:"'告夫三子'者。"

之⑥三子告,不可。孔子曰:"以吾从大夫之后,不敢不告也。"

【注释】

① 陈成子:田常,田成子,又称田恒,陈恒,"成"是其谥号,春秋齐国大臣,推行争取民众的政策,大斗借贷,小斗收进。
② 弑(shì):古代称子杀父、臣杀君为弑。
③ 沐浴而朝:当时孔子已不任官职,为此事特地朝见鲁君,斋戒沐浴,以示郑重。
④ 讨:声讨,讨伐,征伐。
⑤ 三子:季孙、孟孙、叔孙三卿。
⑥ 之:往也。

【译文】

陈成子杀了齐简公。孔子斋戒沐浴以后,随即上朝去见鲁哀公,禀告说："陈恒把他的君主杀了，请你出兵讨伐他。"哀公说："你去报告那三位大夫吧！"

孔子退朝后说："因为我曾经做过大夫，所以不敢不来报告，君主却说'你去告诉那三位大夫吧'！"

孔子去向那三位大夫报告，但三位大夫不愿派兵讨伐，孔子又说："因为我曾经做过大夫，所以不敢不来报告呀！"

【品鉴】

孔子得知陈恒在齐国杀死了他的国君，所以主张鲁哀公攻打齐国，就是因为他看不惯齐国君不君、臣不臣礼制混乱的局面。孔子断定齐国国内会有一半人不支持陈恒。虽然鲁国被齐国削弱了很久，但是鲁国的广大民众，再加上齐国不支持国君的那一半民众，鲁国的势力必然大于齐国，战争一定能取得胜利。可惜鲁哀公目光短浅，未听从孔子的建议，坐失了攻打齐国的良机。齐国陈恒却抓住机会，扭转局面，度过了危险期。鲁国则在公元前256年被楚国灭掉。

《左传·定公十年》记载，犁弥曾对齐景公说："孔丘知礼而无勇"，这实在是一个误会，实际上，孔子的文武韬略，及其所具有的大智慧和敏捷的应变能力，是一般人难以企及的。孔子对于战争持十分审慎的态度，他反对鲁莽行事，反对打无准备之仗，更反对发动欺负弱小国家的不义战争。他说过"有文事者必有武备，有武事者必有文备"(《史记·孔子世家》)，军事知识与礼乐文献知识应该是融会贯通的。当齐景公听从犁弥的劝告攻打鲁定公的时候，孔子说，边远地区的人不能图谋中原，夷人不能扰乱华人，俘虏不能侵犯盟会，武器不能用来威逼友好，这样做是对神灵的不敬，是丧失道义的，对做人来说则是失去了礼。齐景公听了，赶忙撤走了夷人。

【原文】

　　子路问事君。子曰:"勿欺也,而犯①之。"

【注释】

　　① 犯:当面进谏。

【译文】

　　子路问怎样侍奉君主。孔子说:"不能欺骗他,但要做到犯颜直谏。"

【品鉴】

　　子路生性好强,好勇尚义,为人直率鲁莽。"片言可以折狱者"说的就是子路,仅凭原告或被告一方的证据和陈词就可以断案,由此可见子路直率鲁莽的性情。孔子认为,让他做到不欺骗君主很容易,但是,如何很好地侍奉君主,对于子路这样直率鲁莽的人来说,则需要一些智慧。孔子给他出的主意是"勿欺也,而犯之"。

【原文】

　　子曰:"君子上达①,小人下达。"

【注释】

　　① 达:到达,追求。

【译文】

　　孔子说:"君子向上追求大道,小人向下追求具体的事物。"

【品鉴】

孔子认为自己是下学而上达者。上达者，就是要从洒扫应对、诗书礼乐等形下之事中，发现形上之理，上升为形上之道。下达者致力于具体的事物，眼光向下，盯着自己的一点私利，这样的人虽日进而有所长，却终究不能上达于大道。

【原文】

子曰："古之学者为己①，今之学者为人②。"

【注释】

① 为己：为了提高自身的道德修养。
② 为人：为了显示给别人看。

【译文】

孔子说："古代的人学习是为了提高自己，而现在的人学习是为了给别人看。"

【品鉴】

墨子说过："古之学者，得一善言，以附其身；今之学者，得一善言，务以悦人。"（程树德《论语集释》第1004页）《颜氏家训·勉学篇》也说："古之学者为己，以补不足也。今之学者为人，但能说之也。"古之学者学习，更多的是明白日用之事，弥补自身不足，修身立道，不求人知；而今之学者学习，则更多的是关心自己能否获得功名，取悦于人。与古代圣贤尧、舜、禹以身帅天下、以道求立身的德行相比，孔子感叹自己生活在春秋末年浮躁的时代，许多人的学习更多的是为了取悦他人，教诲他人，而不注重修养自己，很多人说得好听，自己却做不到。

既要学习修身立道，又要学习躬行践履，把两者结合起来，是时代赋予我们的使命。

【原文】

蘧伯玉①使人②于孔子。孔子与之坐而问焉，曰："夫子何为？"对曰："夫子欲寡其过③而未能也。"

使者出，子曰："使乎！使乎！"

【注释】

① 蘧（qú）伯玉：卫国大夫，名瑗，字伯玉。
② 使人：派人。
③ 寡其过：减少他的过失。

【译文】

蘧伯玉派使者去拜访孔子。孔子让使者坐下，然后问道："他老人家最近在做些什么？"使者回答说："先生想要减少自己的错误，但没能做到。"

使者走了以后，孔子说："好使者！好使者！"

【品鉴】

卫献公被孙文子、宁殖等人驱逐出国。伯玉认为，臣不可犯君，于是出境避难。十二年过去了，襄公二十六年时，宁殖的儿子宁喜想帮献公返回卫国，告伯玉，伯玉说："瑗不得闻君之出，敢闻其入？"于是又出境。伯玉的"邦有道则仕，邦无道则可卷而怀之"（《卫灵公》）的君子之风，令孔子非常赞赏。据《史记·仲尼弟子列传》载，孔子非常敬重蘧伯玉的人品。

因此，当伯玉的使者说"夫子欲寡其过而未能"时，孔子连声赞叹说："真是一个好使者！真是一个好使者！"

【原文】

子曰："不在其位①，不谋其政。"②

曾子曰："君子思③不出其位。"

【注释】

① 位：职位。

② 此句重出：已见《泰伯篇》。

③ 思：思考，想。

【译文】

孔子说："不在那个职位，就不要考虑那个职位上的事情。"

曾子说："君子考虑问题，从来不超出自己的职权范围。"

【品鉴】

孔子说过："丘闻之：民之所由生，礼为大，非礼无以节事天地之神也；非礼无以辨君臣、上下、长幼之位也；非礼无以别男女、父子、兄弟之亲、昏姻、疏数之交也。"(《礼记·哀公问》)礼是人们社会生活的重要原则，是一切行为的标准。"为人君，止于仁；为人臣止于敬；为人子，止于孝；为人父，止于慈。"(《礼记·大学》)认识和区分这些不同的"职分"，同时扮演好这些不同的角色。

"不在其位，不谋其政"，就是说不在那个职位上，就不要操心和处理那个职位上的事情。曾子发挥了老师的思想，说"君子思不出其位"，君子在考虑问题的时候不要超出自己的职分和角色，在言论上也要与自己的职分角色相符，否则就是违礼。

【原文】

子曰："君子耻①其言而②过③其行。"

【注释】

① 耻：以……为耻辱。
② 而：用法同"之"。
③ 过：胜过。

【译文】

孔子说："君子认为说得多而做得少是可耻的。"

【品鉴】

《礼记·杂记下》说："君子有五耻：居其位，无其言，君子耻之；有其言，无其行，君子耻之。"身居官职，拿不出自己的见解，没有自己的主张；身居官职，有自己的见解，却不见实施，有自己的主张却没有行动，这些都为君子所不耻，而说得多做得少，言过其行，更是君子之耻。

【原文】

子曰："君子道①者三，我无能焉：仁者不忧，知者不惑，勇者不惧。"子贡曰："夫子自道②也。"

【注释】

① 道：主张，思想，学说。

② 道：说，讲。

【译文】

孔子说："君子主张做三件事，我都没能做到：有仁德的人不忧愁，聪明的人不迷惑，勇敢的人不畏惧。"子贡说："这正是老师对他自己的评价啊！"

【品鉴】

见第九章第二十九节。

【原文】

子贡方人①。子曰："赐也贤乎哉？夫我则不暇②。"

【注释】

① 方人：议论人的短长。

② 暇（xiá）：空闲。

【译文】

子贡议论别人的短处。孔子说："赐啊，你自己就那么贤良吗？我可没有闲工夫去评论别人。"

【品鉴】

曾子也主张"不说人之过，成人之美"（《大戴礼记·曾子立事》），背后不要说别人的坏话。在孔子看来，要说别人的短处的时候，首先要先看看自己，想想自己是不是也有这方面的缺陷和不足。

【原文】

子曰："不患人之不己知，患其不能也。"

【译文】

孔子说："不害怕别人不知道自己，只担心自己没有本事。"

【品鉴】

机会总是为那些做好准备的人提供的。当你没有被这个社会认可，没有被大家称颂时，不要担心，千万不要急于求成。如果你能耐得住青灯黄卷、踽踽孤影的寂寞，默默耕耘，韬光养晦，修身待时，最终你就会赢得属于你的机遇，收获属于你的功业和果实。是金子总会发光！

【原文】

子曰："不逆①诈，不亿②不信，抑③亦先觉④者，是贤乎！"

【注释】

① 逆：揣测。

② 亿：推测。

③ 抑：连词，表示轻微转折。

④ 觉：发觉。

【译文】

孔子说:"不凭空揣测别人的欺诈,不凭空猜测别人的不诚实。但能事先觉察别人的欺诈和不诚实,这样的人就是贤人了吧!"

【品鉴】

《荀子·非相》篇说:"圣人者,以己度者也。故以人度人,以情度情,以类度类,以说度功,以道观尽,古今一度也。"度者,揣度、猜测之意。就是说圣人者,不以恶念揣度他人,但也不被他人所欺诈,其中都在一个"度"字。朱熹说:"言虽不逆不亿,而与人之情伪,自然先觉,乃为贤也。"正如杨氏注云:"君子一于诚而已,然未有诚而不明者。故虽不逆诈、不亿不信,而常先觉也。"(《四书章句集注》)贤人之所以能够先觉,就是因为他们能够心存诚信,洞悉人之善恶情伪。

【原文】

微生亩①谓孔子曰:"丘何为是栖栖者②与?无乃为佞③乎?"孔子曰:"非敢为佞也,疾④固⑤也。"

【注释】

① 微生亩:姓微生,名亩,是一名隐士。

② 栖栖(xī):形容不安定。

③ 佞(nìng):用花言巧语谄媚人。

④ 疾:厌恶,憎恨。

⑤ 固:固执,固塞,执一而不通。

【译文】

微生亩对孔子说:"孔丘,你为什么老是这样忙碌不安呢?你不就是要显示自己的花言巧语吗?"孔子说:"我不敢做花言巧语的人,只是痛恨那些顽固分子。"

【品鉴】

这里说的微生亩,有人说与"微生高"乃同一人。观其直呼孔子的名字,且言有倨傲,故推测其年长于孔子。他对孔子的误解,引起孔子的反唇相讥。据《论语集释》引《读四书大全说》说:"微生亩亦老庄之徒。"微生亩既然有可能是老庄之徒,其思想必定与以孔子为代表的儒家有所不同,儒家积极济世的生活态度,正为道家所不齿,因而,两个人的思想发生冲突也就在所难免。

【原文】

子曰:"骥①不称其力,称其德②也。"

【注释】

① 骥(jì):骏马,好马。

② 德:好的品质。

【译文】

孔子说:"千里马不以其日行千里之力见称,而以其非凡耐力的品质著称。"

【品鉴】

"德"是中国哲学中的一个重要范畴。"德"这个字最早出现于甲骨文中,其最初的意思是"目视也",就是用眼睛来看路,随着人们认识水平和实践经验的不断提高和发展,德字又逐渐获得了正途、正道的意义。在"德"概念的发展、演变过程中,人们不断赋予它伦理和哲学的意蕴。"德"的道德含义表现为许多不同的道德原则,譬如,礼、仁等都属于道德的内容;其哲学含义表现为"德"的概念可以表示天地万物包括人在内的整个物质世界的最一般的本质和最普遍的规律,譬如说,"天德""地德""人德"等概念,就是关于宇宙人生的最一般的本质和普遍的规律的概念,具有高度的抽象性和概括性。

【原文】

或曰:"以德①报怨,何如?"子曰:"何以报德?以直②报怨,以德报德。"

【注释】

① 德:恩德。
② 直:正直。

【译文】

有人说:"用恩德来报答怨恨怎么样?"孔子说:"那又用什么来报答恩德呢?应该是用正直来报答怨恨,用恩德来报答恩德。"

【品鉴】

有人问:"用你的仁德来报答伤害过你的人,行吗?"孔子回答说,那你拿什么来报答对你有恩德的人呢？正确的做法应当是用正直报答伤害过你的人，用仁德报答给过你恩惠的人。

何为"以直抱怨"？"直"在孔子思想体系中是一种美德。他所说的"直"，是符合仁、义、礼、智、信的直，是从心底里发出的一种真性情，而不是"直躬"之直，不合仁亲之性，故为孔子所不取。相反，"父为子隐，子为父隐"这是合乎仁亲之性的直。唯有这样的直，才会不虚假，不造作，不匿怨，"当报则报，不当报则止。"

【原文】

子曰："莫我知也夫！"子贡曰："何为其莫知子也？"子曰："不怨天，不尤①人，下学而上达。知我者其天乎？"

【注释】

① 尤：责怪。

【译文】

孔子感叹说："没人了解我啊！"子贡说："怎么能说没人了解您呢？"孔子说："我不怨天，也不责怪人，下学礼乐而上达天命。了解我的只有上天吧？"

【品鉴】

"上达"是哲学的使命。上达和下学并不是矛盾的，只有实现了下学的上达，下学才能最终找到哲学的依据，而真正达至上达才能使下学更加清楚明白。关注超验的形而上学层面的问题，把人的精神提升到哲学的高度，是为了更好地耕耘现实的社会生活，更好地为人类服务。

【原文】

公伯寮①愬②子路于季孙③。子服景伯④以告,曰:"夫子⑤固有惑志于公伯寮,吾力犹能肆⑥诸⑦市朝⑧。"

子曰:"道之将行也与,命也;道之将废也与,命也。公伯寮其如命何!"

【注释】

① 公伯寮(liáo):孔子弟子,姓公伯,名寮,《史记·仲尼弟子列传》作:"公伯寮,字子周。"
② 愬(sù):同"诉"。告也。
③ 季孙:鲁国大夫。
④ 子服景伯:鲁国大夫。
⑤ 夫子:指季孙。
⑥ 肆:陈设。古代人被处死刑后陈尸于市叫作"肆"。《周礼·秋官·掌戮》记载:"凡杀人者,踣诸市,肆之三日。"踣,倒毙。
⑦ 诸:之于。
⑧ 市朝:大夫以上陈尸于朝,大夫以下陈尸于市。

【译文】

公伯寮向季孙诬告子路。子服景伯把这件事告诉孔子说:"季孙氏他老人家已经被公伯寮迷惑了,但是,我有能耐把公伯寮杀了,让他陈尸于市。"

孔子说:"大道能够推行,是天命决定的;大道不能推行,也是天命决定的。公伯寮还能奈何得了天命!"

【品鉴】

　　命者，顺应自然，符合规律，合于道义。尧舜之禅让，汤武之征伐，皆是时世之命使然。克制自己的内心，处贫贱则安于贫贱，处富贵则安于富贵，当生则生，当死则死，这些都是命，是正命，是合于道义的命。所以，大道将行于天下，那是命的安排；如果大道将废，也是老天的安排。

【原文】

　　子曰："贤者辟①世，其次辟地，其次辟色，其次辟言。"
　　子曰："作者七人②矣。"

【注释】

　　① 辟：同"避"，避开，躲开。
　　② 七人：古书中对这七个人有不同的说法，如包咸说七人是："长沮，桀溺，丈人，石门，荷蒉，仪封人，楚狂接舆。"王弼则说是："伯夷，叔齐，虞众，夷逸，朱张，柳下惠，少连。"郑玄也有不同说法。

【译文】

　　孔子说："贤人逃避动荡的社会而隐居；次一等的，逃避到另外一个地方去；再次一等的，不看别人的脸色；再次一等的，听到难听的话就避开。"
　　孔子又说："这样做的已经有七个人了。"

【品鉴】

　　为了实现自己治国平天下的社会理想，孔子一生周游列国，宣传自己的主张。在周游列国期间，孔子遭到过诸如晨门、荷蒉等的讥讽，听到过长沮、桀溺等的批评，受到过楚狂接舆的讽劝，尽管如此，他还是不改鸿鹄之志。在他思想深处或许曾经产生过隐居的思想，因为他对"贤者避世，其次避地"的做法非常认同。也曾赞美伯夷、叔齐和吴太伯等人的让贤、逃避和隐居的做法，推崇他们的人格，这些是孔子思想中极度矛盾的地方。

但是，在孔子思想的深处，一直以"邦有道，危言危行，邦无道，危行言逊"为其行动的指导，他主张尽人事知天命，又主张遇到事情不能鲁莽，要靠智谋。社会用你时，就展示自己的才能。社会不用你时，就退而修身。或许正是这种通权达变的思想，使孔子颠沛一生，依然孜孜不倦，无怨无悔。

【原文】

子路宿①于石门②。晨门③曰："奚自？"子路曰："自孔氏。"曰："是知其不可而为之者与？"

【注释】

① 宿：住宿。
② 石门：地名。
③ 晨门：晨，阍人，晨门，守门的人。

【译文】

子路晚上住在石门，看门的人问："从哪里来？"子路说："从孔氏那里来。"看门的人说："是那个明知做不到却还要去做的人吧？"

【品鉴】

许多人认为，知其不可而为之，是迂腐行为，殊不知这恰恰是知识分子追求真理的使命感的展现。北周宣帝时的大臣乐运就抱着"知不可而为之"的心态，为天下苍生百姓，抬棺死谏。海瑞也曾抬棺向嘉靖皇帝进疏，大有不成功便成仁的无畏气概。谏言被纳，自是苍生之福。若谏言不被采纳，也就只能杀身成仁了。正如孟子所说："天下有道，以道殉身；天下无道，以身殉道。"

【原文】

子击磬①于卫。有荷蒉②而过孔氏之门者，曰："有心哉，击磬乎？"既而曰："鄙哉，硁硁乎③！莫己知也，斯己而已矣。深则厉④，浅则揭⑤。"

子曰："果⑥哉！末⑦之难矣。"

【注释】

① 磬（qìng）：古代一种石制的敲击乐器，形状就像曲尺。

② 荷蒉（kuì）：荷，担也；蒉，草器也，此"荷蒉"是一个隐士之名。

③ 硁硁（kēng）乎：敲打石头的声音，形容浅薄固执的人。

④ 厉：不脱衣服涉水。

⑤ 揭（qì）：举，提起衣服过河。

⑥ 果：坚决，果断。

⑦ 末：无。

【译文】

　　孔子在卫国,一次正在敲击磬,有一位背着草筐的隐士从孔子家门前走过,说:"这个人有心事,为什么击磬呢?"一会儿又说:"声音硁硁的,可鄙呀,没有人了解自己,就只为自己罢了。水深就穿着衣服趟过去,水浅就撩起衣服趟过去。"

　　孔子说:"说得容易,不知道有多么的难。"

【品鉴】

　　"深则厉,浅则揭"源于《诗经·邶风·匏有苦叶》,意思是"水深就穿着衣服过河,水浅就提起你的衣服过河"。隐士意在告诉孔子,社会黑暗,就顺其自然,不能做就不做,不要逞强。殊不知,孔子是为了实现国治天下平的理想而奔走于世的,他一生发奋好学,诲人不倦,都是为了"博施于民而能济众"。荷蒉以隐士自居,击磬自娱,讽喻孔子。对此,孔子只能发出鸿鹄之叹。

【原文】

　　子张曰:"书云:'高宗①谅②阴,三年不言。'何谓也?"子曰:"何必高宗,古之人皆然。君薨③,百官总己以听于冢宰④三年。"

【注释】

　　① 高宗:殷王武丁。

　　② 谅(liáng)阴(ān):也称"亮阴"。指古代帝王居丧。一说"凉阴"是凶庐,即守丧之处。

　　③ 薨(hōng):死。古代称候王死叫作"薨"。唐代以后称二品以

上官员的死也叫"薨"。古代对死的称呼有严格的等级制度,《礼记·曲礼下》说:"天子死曰崩,诸侯死曰薨,大夫死曰卒,士曰不禄,庶人曰死。"

④冢（zhǒng）宰:官名,即后来所称的"家宰"。

【译文】

子张说:"《尚书》上说,'高宗守丧,三年不谈政事。'这是什么意思?"孔子说:"不仅是高宗,古人都是这样。国君死了,继位的君王使朝廷百官都各管自己的职事,居丧的三年间一切事情皆听命于宰相。"

【品鉴】

依照《尚书》《礼记》等书的记载,国君驾崩,继王位者三年不谈政事。子张对此存有疑惑,国不可以一日无君,若三年不言政,天下岂不大乱?孔子的解释是,一方面百官各尽职守,另一方面百官听命于宰相。关于这一礼俗,《尚书·无逸篇》《礼记·檀弓下》《礼记·丧服四制篇》《白虎通·爵篇》《春秋公羊传·文公九年》,都有记载。

【原文】

子曰:"上好礼,则民易使也。"

【译文】

孔子说:"在上位的人恭行礼仪,百姓就容易役使。"

【品鉴】

许多人一看到"礼",首先想到的是"礼仪道德",这就把"礼"的内涵大大地压缩了。其实,"礼"在孔子那里是一个哲学范畴,它既包括人类社会中的各种礼仪制度和思想道德,也包括社会秩序和社会法则,还包括整个物质世界的秩序和规律,这就是《礼记·乐记》所说的"礼者,天地之序也"。

试想,老百姓如果懂得了社会秩序和人伦法则,懂得敬畏"天命"(天即宇宙;命即必然性,规律性;天命即宇宙人生的基本原理与规律),懂得了敬畏"大人"(大人是指内圣以后去从事治国平天下社会实践的统治者),懂得了敬畏"圣人之言"(圣人就是掌握了宇宙人生原理的人),那么,何者当为,何者不当为,自然清楚明白。正如本书第十三章第四节所说"上好礼,则民莫敢不敬;上好义,则民莫敢不服;上好信,则民莫敢不用情。夫如是,则四方之民襁负其子而至矣"。

【原文】

子路问君子。子曰:"修己以敬。"

曰:"如斯而已乎?"曰:"修己以安人①。"

曰:"如斯而已乎?"曰:"修己以安百姓。修己以安百姓,尧、舜其犹病②诸③?"

【注释】

① 人:这里指与自己关系密切的人,如亲族朋友等。

② 病:犹难也。

③ 诸:之。

【译文】

子路问怎样才算君子。孔子说:"修养自己,以保持恭敬严肃的心。"

子路说："这样就够了吗？"孔子说："修养自己，实现朋友九族的安乐。"

子路说："这样就够了吗？"孔子说："修养自己，实现天下百姓的安乐。修养自己实现天下百姓的安乐，尧、舜恐怕都难以做到吧？"

【品鉴】

孔子回答子路说，君子有三个层次：第一，"修己以敬"；第二，"修己以安人"；第三，"修己以安百姓"。这里，孔子从"修己"讲起，讲到安朋友九族，再到安万民百姓。其中，"修己"是起始点，也是手段；"安人""安百姓"是归宿，也是目的。在后两条中，"安百姓"又是君子的最高层次，因为此处"安人"之"人"只不过是"朋友九族"之谓也。所以，孔子才说，这个最高层次恐怕连尧舜也难做到啊！可见，孔子"正心""修身"是为了"治国""平天下"，孔子思想始终围绕着的核心是"治国""平天下"的社会实践（"行"）。

《大学》开头的那段话亦可与孔子的上述思想相印证："大学之道，在明明德，在亲民，在止于至善。""古之欲明明德于天下者，先治其国；欲治其国者，先齐其家；欲齐其家者，先修其身；欲修其身者，先正其心；欲正其心者，先诚其意；欲诚其意者，先致其知；致知在格物。物格而后知至，知至而后意诚，意诚而后心正，心正而后身修，身修而后家齐，家齐而后国治，国治而后天下平。"从这里我们不仅可以看到格物、致知、诚意、正心、修身、齐家是国治、天下平的前提条件，而且还可以看到国治、天下平是"正心""修身"的目的和归宿。因此，治国平天下的社会实践不仅是孔子思想的实质和核心，而且是整个儒家思想的实质、核心、目的和归宿。

【原文】

原壤①夷②俟③。子曰："幼而不孙④弟，长而无述⑤焉，老而不死，是为贼⑥。"以杖叩其胫⑦。

【注释】

① 原壤（rǎng）：鲁国人，孔子的老熟人。

② 夷：蹲踞，傲慢。

③ 俟（sì）：待也。

④ 孙（xùn）：顺也。

⑤ 述：遵循，依照。

⑥ 贼：有危害的人。

⑦ 胫（jìng）：小腿。

【译文】

原壤张开双腿坐着等待孔子。孔子骂他说："年幼的时候不讲孝悌，长大以后也没有什么成就，老而不死，真是个害人精。"说着，用手杖敲他的小腿。

【品鉴】

《礼记·檀弓下》记载，原壤是孔子的老熟人。原壤母亲去世的时候，孔子为他处理丧事。没想到原壤却站在棺材上唱起歌来，随从让孔子阻止他，孔子却说："亲者勿失其为亲也，故者勿失其为故也。"原壤没有大恶，所以孔子装作没看见。现在原壤又以这样一副样子迎接孔子，孔子既严厉批评他，又不想抛弃这个老友，所以说他是害人精，边说还边用拐杖轻敲他的小腿。杨伯峻认为，原壤可能是一位"另有主张而立意反对孔子的人"。

【原文】

阙党①童子②将命③。或问之曰："益④者与？"子曰："吾见其居于位⑤也，见其与先生并行也。非求益者也，欲速成者也。"

【注释】

① 阙（quē）党：孔庙东南五百步有双石阙，故名阙里。因为孔子的住宅在那里，所以又叫阙党。
② 童子：未冠者之称。
③ 将命：在主人和客人之间传话的人。
④ 益：长进。
⑤ 位：古代成人有座位，童子是没有座位的。

【译文】

阙里的一个童子来向孔子传话。有人问孔子："这孩子追求上进吗？"孔子说："我看见他坐在成年人的位子上，又见他和长辈并肩而行。他不是一个追求上进的人，只是一个急于求成的人。"

【品鉴】

礼之于人非常重要。老者无礼则足以害人，少者无礼则足以害己。人无论老少皆应该遵循礼。现代社会一些老者不践行礼仪，无礼而行，没有起到教育示范的榜样作用；而一些年轻人也不知礼节，自以为取得一点成绩便能与长者并肩齐行，平起平坐，没有丝毫恭敬谦顺之心。在孔子看来，老的没有老的样子，小的没有小的样子，不成体统。如果人人知礼，个个尊礼，这个社会将会是一个推行大道的社会。

第十五章　卫灵公篇

【原文】

卫灵公问陈①于孔子。孔子对曰:"俎豆之事②,则尝闻之矣;军旅之事,未之学也。"明日遂行。

【注释】

① 陈(zhèn):同"阵",布阵。
② 俎(zǔ)豆之事:礼器之事,同"笾豆之事""胡簋(guǐ)之事"。

【译文】

卫灵公向孔子询问军队排兵布阵的方法。孔子回答说:"祭祀礼仪方面的事情,我还懂得一些;用兵打仗的事,还从来没学过。"第二天,孔子便离开了卫国。

【品鉴】

孔子支持正义战争,反对不义的战争。《左传·哀公十一年》记载,齐国率军攻打鲁国,冉求下令部下用矛与齐军交战,孔子称赞说:"冉求合乎义。"当孔文子打算攻打太叔疾时,向孔子求教。孔子说:"胡簋之事，则尝学之矣；甲兵之事，未之闻也。"于是准备套车上路，文子赶忙劝阻说，我是担忧卫国的祸难，不是为了自己的私利谋划啊！孔子才决定不走。这表明孔子对于那些不义的战争时刻保持着警觉。

卫灵公不好好治理自己的国家，却要询问布兵打仗的事情，孔子当然不赞同，于是孔子选择了离卫西去。据《史记·孔子世家》记载，孔子不得用于卫，决定投奔晋国赵简子，只是走到大河边听说赵简子杀了两个曾经帮助过他的贤人，不由得临河而叹，然后又返回卫国到了曹国，因为曹国不容，无奈又去宋国，在宋国遭匡人之难，逃到郑国，郑国不接待，只好取道前往陈国。

【原文】

在陈①绝粮，从者病，莫能兴②。子路愠见曰："君子亦有穷乎？"子曰："君子固③穷，小人穷斯滥④矣。"

【注释】

① 陈：陈国。

② 兴：起也。

③ 固：固有。一说固守。今从前说。

④ 滥：指没有操守，为所欲为。

【译文】

孔子一行在陈国断了粮，随从的人都饿得爬不起来了。子路一脸怒色来见孔子说："君子也有穷得毫无办法的时候吗？"孔子说："君子固然也有穷困的时候，但是小人一遇穷困就胡作非为了。"

【品鉴】

吴国讨伐陈国，楚国要救陈国。孔子欲赶往楚国接受聘礼，于是陈国和蔡国密谋围困孔子于陈蔡之间，绝水断粮，企图困住孔子。孔子说他们胡作非为，认为这是小人才能做出来的事情。

【原文】

子曰："赐①也，女②以予③为多学而识④之者与？"对曰："然。非与？"曰："非也。予一以贯之。"

【注释】

① 赐：端木赐，子贡。

② 女（rǔ）：同"汝"。

③ 予（yú）：我。

④ 识（zhì）：记住。

【译文】

孔子说："赐啊！你以为我是学的多了才记住的吗？"子贡答道："是啊，难道不是这样吗？"孔子说："不是的。我是用一个基本思想把这些知识贯穿始终的。"

【品鉴】

只依靠认知能力，人永远不可能穷尽无限的知识，但是，掌握了学习的方法，情况就不同了。孔子认为，要用一个基本理念，来贯穿所学的知识。天下万物殊途而同归，百虑而一致，这个"一致"是贯穿知识的横线，也是贯穿学问的大道。唯有这一点是万变不离其宗的。

【原文】

子曰:"由,知德①者鲜矣。"

【注释】

① 德:伦理道德,天地宇宙的原理和法则。

【译文】

孔子说:"由啊!懂得道德的人太少了。"

【品鉴】

"德"不仅是人伦道德,还是天地宇宙间的根本法则和规律。因此,懂得了"德"的人,也就懂得了宇宙和人生的最一般的本质和最普遍的规律,这样的人就会在生活和实践中游刃有余。

【原文】

子曰:"无为而治者,其舜也与?夫何为哉?恭己①正南面②而已矣。"

【注释】

① 恭己:圣人敬德之容。
② 正南面:端正地面向南。

【译文】

孔子说:"能够无所作为而治理天下的人,大概只有舜吧?他干了些什么呢?他只是庄严端正地坐在朝廷的王位上罢了。"

【品鉴】

《周易》说，黄帝尧舜皆垂衣裳而天下治。舜治理天下的时候，推举贤良，任命禹平治水土；弃为掌管农事的官，教百姓种植谷物；任命契为司徒之官，主管调顺邻里矛盾；任命皋陶为掌管刑狱的官；任命垂为百工之长；益来分管山林川泽鸟兽；伯夷担任主持祭祀礼仪的官；夔主管音乐，最后让龙做"纳言"，诚信不违地传达民众的意见。布好了四方君长，使他们承受上天旨意，最后扶助舜成就了功业。舜的经验贵在其清静无为，恭敬自守，修养道德，坐在王位上，而使天下百姓皆被教化。孔子认为，这一点唯有舜才能做到。

【原文】

子张问行①。子曰："言忠信，行笃②敬，虽蛮貊③之邦，行矣。言不忠信，行不笃敬，虽州④里，行乎哉？立，则见其参⑤于前也，在舆⑥，则见其倚于衡⑦也，夫然后行。"子张书诸绅⑧。

【注释】

① 行：行为。顺遂能也，行得通。

② 笃（dǔ）：一心一意。

③ 蛮貊（mò）：貊，我国古代东北部一个民族。蛮貊，落后民族。

④ 州：古代的居民组织，二千五百家为一州。一说一万家为一州。《周礼·地官·大司徒》说："五党为州"，五百家为党，正好是二千五百家为一州。

⑤ 参（cān）：直向，对着，凌逼。《经义述闻·通说上》说："参字可训为直。"《墨子·经篇》也说："直，参也。"此参于前，谓相直于前也。包咸注说："立则常想见，参然在目前。"

⑥ 舆：车厢。

⑦ 衡：车辕头上套牲畜用的横木。

⑧ 绅（shēn）：古代士大夫束在腰间的大带子。

【译文】

子张问如何才能使自己走到哪里都行得通。孔子说："言语要忠信，行事要一心一意地恭敬，即使到了落后野蛮的地方，都能行得通。言语不忠信，行事不一心一意的恭敬，就是在本乡本土，能行得通吗？站在哪里，忠信笃敬这几个字就出现在哪里，坐在车上，这几个字就出现在车辕前的横木上，时时刻刻记着它，无论走到哪里都能行得通。"子张把这些话写在腰间的大带子上。

【品鉴】

言必忠信，行必笃敬，就会到哪里都能行得通。日夜念叨着忠信，时刻想着忠信，忠信几个字便能够直接出现在眼前。看来，能不能行"忠信"，关键是看人的心中有没有忠信。

【原文】

子曰："直①哉史鱼②！邦有道，如矢③；邦无道，如矢。君子哉蘧伯玉④！邦有道，则仕；邦无道，则可卷而怀之⑤。"

【注释】

① 直：正直。

② 史鱼：春秋时期卫国大夫。名鳝（qiū），字子鱼。

③ 矢：箭也。

④蘧（qú）伯玉：春秋时期卫国大夫。名瑗，字伯玉。

⑤卷而怀之：卷，收也。怀，藏也。形容放在心里不说出来。

【译文】

孔子说："史鱼真是正直！国家政治清明有道，他的言行像箭一样直；国家政治黑暗无道，他的言行也像箭一样直。蘧伯玉真是一位君子！国家政治清明有道，就出来做官；国家政治昏暗无道，就把自己的主张埋藏在心里。"

【品鉴】

据《孔子家语·困誓》记载，卫国大夫史鱼病得快要死掉了，遂对儿子说，我多次向国君推荐蘧伯玉的贤能，多次说过弥子瑕的无能，国君不听。现在我要死了，作为一个人臣，我活着不能完成效忠的职责，死了也不应该在正堂里停放尸体，我死后就把我的尸体停放在屋子里吧！生不能正君，死无以成礼。孔子为此感慨道："古之列谏者，死则已矣，未有如史鱼死而尸谏，忠感其君者也，可不谓直乎？"死后还要以忠信礼仪感化君主，这样的人不是直臣是什么？简直是太正直的大臣啊！

【原文】

子曰："可与言而不与之言，失①人；不可与言而与之言，失言。知者不失人，亦不失言。"

【注释】

①失：丧失，失掉。

【译文】

孔子说:"可以同他说的话却不跟他说,这就是失掉了朋友;不可以同他说的话却同他说,这就是说错了话。有智慧的人既不失去朋友,又不说错话。"

【品鉴】

行不出轨,思不出位。该说就说,这是做人的本分。虽然有时话不中听,但那是拿他当朋友看待才会说。应当跟他说的却不跟他说,你就会失去信任,失去朋友。生活中有些人就是这样,为了不得罪人,凡事都说好好好,结果害了自己的朋友,这样的人是不值得交往的。而有些人又是过分的直,不分场合,不分人,不该说的全都说,这样就会把事情搞得很糟糕,这就是孔子所说的"失言",结果是给别人和自己都带来不便。既不要失人,也不失言,这才是聪明人的做法。

【原文】

子曰:"志士①仁人②,无求生以害仁,有杀身以成仁。"

【注释】

① 志士:有志之士。
② 仁人:有仁德之人。

【译文】

孔子说:"志士仁人,别为了求生而损害仁德,要勇于牺牲自己的性命来成全仁。"

【品鉴】

在儒家文化中，仁是人之为人的根本，孔子讲："仁者爱人"，孟子说："仁也者，人也。"朱熹说："仁者，人之所以为人之理也。"所以，仁既然是人之为人的内在规定，所以，丧失了仁德的人也就不成其为人了。失去了仁的人，虽生犹死；得到了仁的人，虽死犹生。杀身成仁的人虽然死了，但是他还活着；害人求生的人，虽然活着，他已经死了。

【原文】

子贡问为仁。子曰："工①欲善其事，必先利其器。居是②邦也，事其大夫③之贤者，友其士④之仁者。"

【注释】

① 工：工匠。
② 是：指示代词，这，这个。
③ 大夫：古代统治阶级，在国君之下有卿、大夫、士三级，因此为一般任官职者之称。
④ 士：商、西周、春秋时最低级的贵族阶层。春秋时期，士多为卿大夫的家臣，有的有食田，有的以俸禄为生，也有参加农业生产的。春秋末年以后，逐渐成为统治阶级中知识分子的称谓。

【译文】

子贡问怎样实行仁德。孔子说："工匠想把活儿做好，必先磨利他的工具。住在这个国家，就要侍奉大夫中的那些贤者，与士人中的仁者交朋友。"

【品鉴】

孔子特别注重人才的使用和选拔。他认为,这一工作做好了就会产生事半功倍的效果,如同工匠要干活之前先磨好他的工具一样。在孔子看来,侍奉大夫之贤者,交往士之仁者,就如同"工欲善其事,必先利其器"一样。

【原文】

颜渊问为邦。子曰:"行夏之时①,乘殷之辂②,服周之冕③,乐则《韶》④《舞》⑤。放郑声⑥,远佞人⑦。郑声淫,佞人殆⑧。"

【注释】

① 行夏之时:使用夏朝的历法。

② 乘殷之辂(lù):乘坐殷朝的车子。辂,殷代的车被称为"大辂",也称木辂。

③ 服周之冕(miǎn):戴周朝的礼帽。

④《韶》:舜时期的音乐。

⑤《舞》:周武王时期的音乐。《群经平议》说:"舞当读为武。"故训"舞"为"武"。

⑥ 放郑声:放,禁绝,放逐。郑声,郑国之音。

⑦ 佞人:花言巧语阿谀奉承的小人。

⑧ 殆(dài):危险。

【译文】

颜渊问治国之道。孔子说:"用夏朝的历法,乘殷朝的车子,戴周朝的礼帽，奏《韶》和《舞》，禁绝郑国的乐曲，疏远花言巧语阿谀奉承的人。郑国的乐曲靡靡不正，佞人太危险。"

【品鉴】

"夏之时"，指的是夏朝的历法，就是现在我们所说的阴历，因为阴历比较适合农时，所以自三代以来一直被采用。"殷之辂"，说的是殷代的车子，它是木制的，不像周代的车子都以金玉来装饰，显得过于奢侈，不符合节俭的精神，所以没有什么可以借鉴的。"周之冕"，说的是周朝的帽子。周代礼文皆备，尤其是把祭祀的礼帽做得非常华贵，所以，孔子主张要戴周代的帽子，可以做到"华而不为靡，费而不及奢"。音乐要听《韶》和《舞》，因为舜和武时期的音乐是最美的音乐，《韶》有尽善尽美的感觉，《舞》虽有未尽之善，但有尽美的感觉，所以孔子非常喜欢。

孔子主张对前人文化采取批判继承的态度，用他自己的话说就是"损益"，用今天的话说就是综合创新，取长补短。所以，他说：商代对夏代的继承有"损"有"益"，周代对商代的继承也是有"损"有"益"。也即"殷因于夏""周因于殷"，都有"损益"和变化。以此类推，将来"继周者"也会有"损益"和变化。

【原文】

子曰："人无远虑①，必有近忧②。"

【注释】

① 虑：打算，考虑。
② 忧：担忧，发愁。

【译文】

孔子说:"人没有长远的考虑,一定会有眼前的忧患。"

【品鉴】

"人无远虑,必有近忧。"这句话已经成了人们耳熟能详的处世警言。如果没有长远的眼光,不做长远的打算,满足现状,不思进取,就一定会有让你忧虑的事情降临。如果你把生命的历程放在"做一天和尚撞一天钟"的打算上,最终你必然就会遭到困顿和麻烦。

人要有忧患意识,要有长远的打算,要学会为自己今后的发展不断寻找生长点和突破口,这样才会为自己未来带来勃勃发展的生机。

【原文】

子曰:"已矣乎①!吾未见好德如好色者也。"

【注释】

① 已矣乎:叹其终不得而见之也。

【译文】

孔子说:"唉!我从来没有见过好德如好色这般的人。"

【品鉴】

据《史记·孔子世家》记载,孔子在卫国的时候,有一次卫灵公与夫人南子同乘一辆车,宦官雍渠也陪同在车上,却让孔子乘在第二辆车上,然后一起招摇过市,孔子以此为耻辱,感叹说:"吾未见好德如好色者也。"于是离开了卫国。其实孔子是在感慨卫灵公的厚色薄德,而并不是仅仅在乎乘坐哪辆车子。春秋末期，国家动乱，礼崩乐坏，孔子欲治世而不能，所以他对执政者的这种行为感到非常失望。

【原文】

子曰："臧文仲①其窃位者②与？知柳下惠③之贤，而不与立④也。"

【注释】

① 臧文仲：鲁国大夫臧孙辰。
② 窃位：不能称其位而有愧心，如盗得东西而私藏之也。
③ 柳下惠：鲁国大夫，姓展，名禽，字季，谥号惠。
④ 立：通"位"。一说立即主于朝上任官的意思。今从前说。

【译文】

孔子说："臧文仲大概是一个窃居官位的人吧？他明知道柳下惠是个贤人，却不举荐他一起做官。"

【品鉴】

柳下惠，春秋时期鲁国贤臣，具有治国安邦之才。《左传·僖公二十六年》载，齐国攻打鲁国，还没有进入鲁国境内，齐孝公就被他劝说撤兵回国，从而避免了两国之间的战争。柳下惠还以善于讲究贵族礼节而著称，颇具君子之风，孟子说他："鄙夫宽，薄夫敦。"（《孟子·万章下》）对待鄙吝者宽容，对待刻薄者敦厚。"不以三公易其介"（《孟子·尽心上》），是说他不以高官职位改变自己的节操。在他任职期间，执法严明，刚正不阿，曾有"三黜而不去"，三次被罢免的经历，所以，

孟子赞他说："柳下惠，圣之和者也。"(《孟子·万章下》)

【原文】

子曰："躬①自厚②而薄责于人，则远③怨矣。"

【注释】

① 躬：自身，亲自。

② 厚：重，深，与"薄"相对。

③ 远（yuàn）：疏远，避开。颜师古注："远谓疏而离之。"

【译文】

孔子说："多责备自己，少责备别人，可以避免怨恨。"

【品鉴】

杨伯峻解释为："躬自厚"本当作"躬自厚责"，"责"字探下文"薄责"之"责"而省略。"躬自"是一双音节的副词，和《诗经·卫风·氓》的"静言思之，躬自悼矣"中"躬自"的用法一样。

【原文】

子曰："不曰'如之何①如之何'者，吾末②如之何也已矣。"

【注释】

① 如之何：怎么办。

② 末：无。

【译文】

　　孔子说:"遇到事情时从来不说'怎么办怎么办'的人,我拿他也不知怎么办才好。"

【品鉴】

　　天下之事当防微杜渐于未然。防微杜渐于未然,就是要多想想"怎么办"。可怕的是,事情已经发生了,有的人还是不去想想"怎么办",对于如此惰性和没有主意的人,就是圣人也拿他无可奈何。

【原文】

　　子曰:"群居终日,言不及义,好行小慧①,难矣哉!"

【注释】

　　① 小惠:小聪明。

【译文】

　　孔子说:"如果一群人整天混在一起,说的都是些无用的话,还专好卖弄小聪明,这些人最终是干不了什么大事的!"

【品鉴】

　　一些人整日聚在一起,胡吹乱侃,漫无边际,整天不说什么正经的话,不谈论正事,还好耍小聪明,觉得自己了不起,别人都不如自己,这些人无法成就大事。

【原文】

子曰:"君子义以为质①,礼以行之,孙②以出③之,信以成之。君子哉!"

【注释】

① 质:本质,根本。
② 孙(xùn):通"逊",谦逊。
③ 出:出言。

【译文】

孔子说:"君子以义作为根本,用礼加以推行,用谦逊的语言来表达,用忠诚的态度来完成。这就是君子!"

【品鉴】

"义者制事之本,故以为质干。"(《四书章句集注》)义为君子之本质所在,君子当"先立乎其大",然后行动上以礼来推行,言语上以谦逊来表达,最后以诚信来完成,几个环节缺一不可,正如朱熹所说:"行之必有节文,出之必以退逊,成之必在诚实,乃君子之道也。"(《四书章句集注》)

【原文】

子曰:"君子病①无能焉,不病人之不己知也。"

【注释】

① 病:犹"患",担心,忧虑。

【译文】

孔子说:"君子只怕自己没有才能,不怕别人不知道自己。"

【品鉴】

大才有大用,小才有小用,但是不管才能大小,首先得有用。君子最怕的就是自己无才、无用,而不担心不被别人知道,因为君子相信:是金子总会发光。

【原文】

子曰:"君子疾①没世②而名不称焉。"

【注释】

① 疾:犹病也。
② 没(mò)世:终身,一辈子。

【译文】

孔子说:"君子担心的是一直到死自己的名字还不为后人所称颂。"

【品鉴】

《左传·襄公二十四年》载,穆叔去晋国,范宣子到郊外迎接他,问他说:"古人有句话叫'死而不朽',这是什么意思?"穆叔说:"鲁国原先有个大夫叫臧文仲,他死后,其言论世代流传。这种情况就是所谓'不朽'了吧?我听说:'最高的境界是树立德行,其次是建立功业,再次是留下言论。'虽然死去很久但业绩长存,这才叫作'不朽'。"

《孝经·开宗明义章》说:"立身行道,扬名于后世。""立德,立功,立言。""三不朽"原则成为儒者为人处世的最高标准，成为儒家世代积极入世，奋发进取，提升人生道德境界的理想和目标。

【原文】

子曰："君子求①诸②己，小人求诸人。"

【注释】

① 求：责备。

② 诸（zhū）：于也。

【译文】

孔子说："君子责己，小人责人。"

【品鉴】

为君子者，必在很多事情上谴责自己多于谴责别人。善良的人为什么活得累？就是因为善良的人遇到事情总是先从自身找原因，总是首先去责备自己，而不是一味地把责任推给他人，从而掩盖自己的错误。

【原文】

子曰："君子矜①而不争，群②而不党③。"

【注释】

① 矜：庄重，慎重。

② 群：聚集，会合。

③ 党：小集团。

【译文】

孔子说:"君子庄重自尊不与别人争执,团结群众不搞派别。"

【品鉴】

孔子曾说过:"君子无所争"(《八佾》),如果有"争",就是在射箭比赛上,而射击比赛上的"争"也是讲究射礼的君子之争,在射礼之外的任何场合,君子都应该是无所"争"的。在日常生活中,君子应该始终保持君子风度,矜持而庄重,慎重而自尊,不要和别人发生争执,这是因为,君子胸怀宽广而能够容纳百川,气量容人而能够团结四方民众。所以,孔子又说:"君子周而不比,小人比而不周。"(《为政》)

【原文】

子曰:"君子不以言举①人,不以人废②言。"

【注释】

① 举:推荐。
② 废:废弃,扔掉,不再使用。

【译文】

孔子说:"君子不因为一个人话说得好就举荐他,也不因为一个人不好就否定他的一切言论。"

【品鉴】

一个人的内在之德和他的外在之言,是可以脱节的。君子不能因为一个人话说得好听就推举他,也不能因为一个人不怎么样就连他说的正确的话也丢弃。

言论和一个人的道德德性并不总是完美统一的。"有德者必有言，有言者不必有德。"(《宪问》)

【原文】

子贡问曰："有一言①而可以终身行之者乎？"子曰："其恕②乎！己所不欲，勿施于人。"

【注释】

① 恕：用自己的心推想别人的心。
② 一言：一个字。

【译文】

子贡问孔子："有没有一句可以奉行终身的话呢？"孔子回答说："那就是恕吧！自己不愿意的，不要强加给别人。"

【品鉴】

"其恕乎！己所不欲，勿施于人。""恕"就是以己之心推想别人的心。自己不愿意要的，不要强加给别人；只顾及自己的感受，忽略他人感受；只看到自己的存在，看不到别人的存在，这是以个人利益为中心的极端自私自利的行为。

"恕"的原则，是人与人交往的黄金准则，是"可以终身行之"的一条重要的道德规范，无怪乎曾参谈到老师的思想时说："夫子之道，忠恕而已矣。"(《里仁》)

如果每个人都能做到以己度人，推己及人，多站在他人立场和角度上思考和处理问题，人与人之间也就更容易理解和谅解，人与人之间的矛盾和隔阂也就更容易化解，社会也会因此变得更加和谐和稳定。

【原文】

子曰："吾之于人也，谁毁谁誉？如有所誉者，其有所试①矣。斯民②也，三代③之所以直道④而行也。"

【注释】

① 试：检验。
② 斯民：三代之民。
③ 三代：指夏朝、商朝、周朝。
④ 直道：笔直的道路，比喻人的无偏党私狭，正直坦荡的行为方式。

【译文】

孔子说："我对于他人，诋毁过谁？赞美过谁？如果赞美谁，必定是曾经考验过他。夏、商、周三代的人都是这样做的，所以三代能直道而行。"

【品鉴】

孔子认为自己没有轻易赞许过谁，也没有轻易诋毁过谁。如果有也必定是经过了仔细的考察。孔子的这一思想和他说的"众恶之，必察焉；众好之，必察焉"（《卫灵公》），是完全一致的。夏、商、周三代之所以能够直道而行，是因为他们的民众能够扬善抑恶，明是非、辨曲直。

【原文】

子曰:"吾犹及史之阙①文也。有马者借②人乘之,今亡③矣夫!"

【注释】

① 阙:缺少,空缺。

② 借:凭借。

③ 亡(wú):无。

【译文】

孔子说:"我还能够看到史书里空缺的地方。有马的人,自己不训练马,却借给别人使用,这种人今天已经没有了啊!"

【品鉴】

在史书里找不到的资料,干脆就空着,以待知道的人来填补;有马的人不学习驯良自己的马,却借给别人,让他人帮助训练,现在哪里还有这样的人?

"知之为知之,不知为不知,是知也。"(《为政》)知道就是知道,不知道就是不知道,这才是聪明智慧的人。古人尚且知道史书中找不到的资料,哪怕空在那里,也不能乱填。自己有马,只是不会驯良,要么就自己学习如何训马,要么就送给别人,借给别人乘骑,这匹马以后还是自己的吗?

这与子路"愿车马衣轻裘与朋友共敝之而无憾"(《公冶长》)是不同的,子路把自己的衣服借给别人穿而没有怨言,那是高尚的品质。

【原文】

子曰:"巧①言乱德,小不忍则乱大谋。"

【注释】

① 巧:虚浮不实。

【译文】

孔子说:"花言巧语损害人的德行。小事情不忍耐,就会败坏大事情。"

【品鉴】

每个人都愿意听好话,听顺耳的话,所以,一批善于讨巧的人就应运而生了,他们专门拣好听的、顺耳的、"养人"的话来说。你想听什么他就说什么,想让他怎么说他就会怎么说。孔子最讨厌这种阿谀奉承的人,认为这些人的行为混乱人的德行,贱害人的品性,使人不分善恶,不明是非,"巧言令色,鲜矣仁!"(《学而》)善于使用讨巧语言、端着和善面孔奉承人的人没有多少仁德。而真正对你有利的话,正是那些让你觉得不怎么中听的话,有时候甚至刺伤你自尊心的话。这正是:"良药酒苦口而利于病,忠言逆耳而利于行。"(《孔子家语·六本》)善于倾听逆耳忠言才是人们得以进步的妙门。

【原文】

子曰:"众恶之,必察①焉;众好之,必察焉。"

【注释】

① 察：考察。

【译文】

孔子说："大家都厌恶他，我必须考察一下；大家都喜欢他，我也一定要考察一下。"

【品鉴】

有才德的人周围会有一些人积聚在他周围，无才德的人周围也会积聚一批人，古人称之为："阿党比周"，指拉帮结派，相互勾结，相互偏袒，结党营私。这些人只是勾结在一起，没有善恶的观念。《左传·文公十八年》记载，昔日帝鸿氏有个不成器的儿子，他压制道义之事，包庇盗贼，喜欢做凶残之事，喜欢和不讲道德忠信、不友爱的人关系密切，被天下人称为"浑敦"。

如果你只根据被众人喜欢或者被众人厌恶这样的标准来认识人，就会走入误区。以为很多人都喜欢他，就认定他是好人，不考察一下喜欢他的都是些什么人；如果很多人都骂他，就认定他是坏人，而不去看看骂他的都是些什么人，这就不能分清善恶，自然也就无法正确认识这个人。

因此，凡事都要有自己亲身的实践，才能获得正确的认识，不能"以言举人"，也不"以人废言"。实事求是地评价一个人，不能人云亦云，这是君子认识人的标准。

【原文】

子曰："人能弘①道②，非道弘人。"

【注释】

① 弘：扩大，广大。

② 道：规律、法则；宇宙万物的本原、本体。

【译文】

孔子说："人能弘扬大道，而不是大道来规范和限制人。"

【品鉴】

"人能弘道，非道弘人"。人可以认识规律、把握大道、改造世界，让大道服务于人的社会生活与实践，但不能让大道束缚和限制人。

"人外无道，道外无人。然人心有觉，而道体无为；故人能大其道，道不能大其人也。"（《四书章句集注》）道，是人们日用而不知，须臾不可离的东西，寂然不动，感而遂通，行之由人。人可以弘扬发挥大道，是因为道与人不可分离，人外无道，人在道中；道外无人，道中有人。人道和天道融而为一，弘扬人道就是彰显天道，彰显天道就体现了人道。正是活生生的人的作为，使天道降落于人间，流传于人间，弘扬于四海。

【原文】

子曰："过①而不改，是谓过矣。"

【注释】

① 过：错误，过失。

【译文】

孔子说："知道错了还不改正，这才真叫错了。"

【品鉴】

人这一辈子谁能不犯错？但是犯错不要紧，"过而能改，善莫大焉。"犯了错误，不能改才是真正的犯错。过错，有时候对犯错的人来讲是一笔财富，如果你能从中汲取教训，从此不再重蹈覆辙，这个过错就使你能够更好地规划未来。

【原文】

子曰："吾尝①终日不食，终夜不寝，以思，无益，不如学也。"

【注释】

① 尝：曾经。

【译文】

孔子说："我曾经整天不吃饭，彻夜不睡觉，左思右想，结果没有什么益处，还不如去学习。"

【品鉴】

《大戴礼记·劝学》引孔子的话："吾尝终日而思矣，不如须臾之所学也。"徒思无益，很多事情光靠想来想去没用，只有立刻去学习，而且不断去学习，才能真正有所助益。孔子重"学"，并不是说"思"无益，而是要求人们正确认识"学"与"思"的关系。《为政》篇中孔子说过："学而不思则罔，思而不学则殆。"学习了不去思考问题，你就容易迷惑；而光思考问题，不去学习，你就容易丧失信心，使自己陷入危险的境地。

【原文】

子曰："君子谋①道不谋食。耕也，馁②在其中矣；学也，禄在其中矣。君子忧道不忧贫。"

【注释】

① 谋：谋求，图谋。
② 馁（něi）：饥饿。

【译文】

孔子说："君子谋求大道，不谋求衣食。耕田，就能解决温饱；读书学习，就有俸禄在其中。君子只担心得不到道，不担心得不到财。"

【品鉴】

只要耕田，就能解决温饱；只要读书，就能解决俸禄。但是，学习若只是为了谋求物质利益，就没有达到君子的境界。真正的君子只担忧自己能不能得到大道就可以了，至于财货，那是不需要担心的，因为"正其义则利自在，明其道则功自在。"

【原文】

子曰："知①及②之③，仁不能守之，虽得之，必失之；知及之，仁能守之。不庄④以莅⑤之，则民不敬。知及之，仁能守之，庄以莅之。动之不以礼，未善也。"

【注释】

① 知（zhì）：同"智"，智慧。

② 及：得到。

③ 之：指官职。以下"涖之""动之"中的"之"指百姓。

④ 庄：庄重，严肃。

⑤ 涖（lì）：临，从上监视着，统治。

【译文】

孔子说："凭借聪明才智得到它，如果仁德不能保持它，即使得到了，最终也一定会失去；凭借聪明才智得到它，仁德可以保持它，不用严肃态度来治理百姓，那么百姓就会不恭敬；凭借聪明才智得到它，仁德可以保持它，能用严肃态度来治理百姓，但动员百姓时不符合礼的要求，也不好。"

【品鉴】

凭借才智获得了统治者的地位，依靠仁德来保护它，用恭敬庄重的态度对待他的百姓，才会获得百姓的认可。以礼来役使百姓，这样老百姓就会勤勉工作而没有怨言。"知以通其变，仁以安其性，庄以安其慢，礼以安其情，化民之道必备此四者。"（程树德《论语集释》）

【原文】

子曰："君子不可小知①而可大受②也；小人不可大受而可小知也。"

【注释】

① 知：认识，使人知道。朱熹解释说："知，我知之也。"

② 受：接受，承受。朱熹解释为："受，彼所受也。"

【译文】

孔子说:"君子不可以从细微之处去考察,却可以承担重大的使命;小人不能承担重大的使命,却可以从细微之处去考察。"

【品鉴】

为君子者,其道深远,仰之弥高,钻之弥坚,不可以从区区小事上考察他,但却可以委以大任;而小人不同,他们知道的也就是这么多了,虽然不可以委以大任,却在小事上可以做得很好。朱熹甚得孔子思想真意:"君子于细事未必可观,而材德足以任重;小人虽器量浅狭,而未必无一长可取。"(《四书章句集注》)

【原文】

子曰:"民之于仁也,甚于水火。水火,吾见蹈①而死者矣,未见蹈②仁而死者也。"

【注释】

① 蹈:踩,踏,践履。
② 蹈:遵循,实行。

【译文】

孔子说:"百姓们对于仁德(的需要),比对于水火(的需要)更迫切。我只见过跳到水火中而死的人,没有见过实行仁德而死的人。"

【品鉴】

"民非水火不生活"(《孟子·尽心上》),民众依赖水火而生活,水火是生命的必须，不可一日无。仁德对于民众更是如此，因为仁德是"成人"的必须。儒家重视人生命境界的提升，强调人与动物的区别在于人有德性。在孔子看来，人若践踏了水火，有可能丧失性命，而践行仁德，非但不能丧失性命，而且还能使自己修养得更加全面和完善。可以说，水火能养人，能害人，能杀人，而仁德不同，仁德能养人，能养身，能养心。水火是人的物质食粮，仁德是人的精神食粮。从这一点来说，民众不能一日无仁德。

【原文】

子曰："当①仁不让②于师。"

【注释】

① 当：对着，面对。
② 让：谦让。

【译文】

孔子说："以仁为己任，就是老师在跟前，也不同他谦让。"

【品鉴】

一般来说，弟子侍奉老师的礼仪，是先请示而后行动，唯有当面对仁义之事的时候，就不要固执地恪守从师之道，应该以行仁为要紧，不同老师谦让。

【原文】

子曰："君子贞①而不谅②。"

【注释】

① 贞：正而固也。

② 谅：诚信。引申为无原则守信，或固执、坚持成见。注家多据《说文解字》释"谅"为"信"也。所以杨伯峻把这句话解释为"君子讲大信，却不讲小信。"与文义不合。唯刘宝楠《论语正义》曰："谅者，信而不通之谓。"即持信而不通达的意思，就是过于守信，甚至无原则守信。《宪问》篇"岂若匹夫匹妇之为谅也"中的"谅"也是这个意思。

【译文】

孔子说："君子坚守正道，但不固守小信。"

【品鉴】

《孔子世家》记载，孔子路过一个叫蒲的地方，正好遇上公叔氏据蒲反叛卫国，蒲人扣留了孔子，并对孔子说："如果你不到卫国去，我就放你们走。"孔子就与他们订立了盟约，保证不到卫国去，这才逃出蒲人的包围。但是最后孔子还是到了卫国。子贡不解："盟约可以违背吗？"孔子说："在要挟下订立的盟约，神是不会认可的。"孔子的行为正好诠释了盟约是要符合大义的，不能固执地信守毫无意义的承诺这样一个道理。

【原文】

子曰："事①君，敬其事②而后其食③。"

【注释】

① 事：事奉，为……服务。

② 事：职分之内的事情。

③ 食：禄。

【译文】

孔子说："侍奉君主，要先尽力把属于自己分内的事情做好，然后再谈报酬。"

【品鉴】

《礼记·儒行》记载，鲁哀公问孔子："敢问儒行？"孔子说了许多儒者行为的标准，其中有一条是儒者具有"先劳而后禄"的高贵品质。这是因为儒者总是先恭恭敬敬地做好自己分内的事情，而不是先有求禄之心。樊迟曾经请教什么是"仁"，孔子回答说："仁者先难而后获，可谓仁也。"(《雍也》)也就是说，有仁德的人是先付出，然后才能谈回报。

【原文】

子曰："有教无类①。"

【注释】

① 类：种类。

【译文】

孔子说："人人都可以接受教育，不分族类。"

【品鉴】

"性相近也，习相远也。"(《阳货》)是孔子人性论的基本主张。孔子认为，人的性情本是相近的，只是由于外界环境的习染，使人们有了差别。因此，人都有接受道德教育的可能。基于这种想法，加上当时士阶层的兴起及文化学术的下移，学在官府的局面逐渐被打开，孔子首开中国历史上私人讲学之风，无论是谁，无论贫富、贵贱、尊卑，只要有愿意求学者，皆可受教。

【原文】

子曰："道①不同，不相为谋②。"

【注释】

① 道：志向。
② 谋：筹划。

【译文】

孔子说："志向不同，不能在一起谋划功业。"

【品鉴】

《史记·伯夷列传》引孔子这句话说："子曰：'道不同，不相为谋'，亦各从其志也。"每个人的追求不同，志向不同，所趋向的全善、大道不同，是不能相互谋划的，"夫道一而已矣"(《孟子·滕文公上》)。这里的"道"，就是在世界观、方法论意义上讲的。世界观不同，待人待物的根本看法不同的人，是不可能在一起谋划未来的。

"道"还有第二个含义,这就是方式、方法。孟子说,伯夷、伊尹和柳下惠"三子者不同道,其趋一也。一者何也?曰仁也。君子亦人而已,何必同?"(《孟子·告子下》)伯夷、伊尹和柳下惠三个人虽然求道的途径不同:伯夷是处在低下的职位而不以才能侍奉没出息的人;伊尹是五次投奔成汤,五次投奔夏桀;柳下惠则不嫌弃昏暴的国君、不推辞微贱官职。三人差别很大,但是他们追求的那个"一",却是相同的。孟子说,"一"就是仁。君子求仁,具体做法上不一定一致,因为天下万物"同归而殊途,一致而百虑。"(《易传·系辞下》)

【原文】

子曰:"辞①,达②而已矣。"

【注释】

① 辞:言辞,文辞。
② 达:表达清楚。

【译文】

孔子说:"言词,只要能表达出意思就行了。"

【品鉴】

"辞不达意",通常是针对讲话者不能清楚明白地表达自己的意思而言。夏商周时期,人们非常重视诸侯间的交往,外交官们被指派到别的国家进行交流,受命不受辞,不辱君命者则得到赞扬,不能专对者则受到讥讽。因此,到了别的国家,你说什么,怎么说,那是个人的事情,有时候说得多了，就会显得啰唆，说得少了，又唯恐不能完全表达出自己的意思。孔子说，言辞足以表达出自己的思想观点就可以了，不要舍本逐末。朱熹也说："辞，取达意而止，不以富丽为工。"(《四书章句集注》)

【原文】

师冕①见②，及阶，子曰："阶也。"及席，子曰："席也。"皆坐，子告之曰："某在斯③，某在斯。"

师冕出。子张问曰："与师言之道④与？"子曰："然，固相⑤师之道也。"

【注释】

① 师冕（miǎn）：盲人乐师，名冕。古代乐师一般由盲人担任。

② 见（xiàn）：出现。

③ 斯：这里。

④ 道：礼节。

⑤ 相：帮助。

【译文】

盲人乐师冕来见孔子，走到台阶前，孔子说："这儿是台阶。"走到座席旁，孔子说："这是座席。"等大家都坐下来，孔子告诉他："某某在这里，某某在那里。"

师冕走了以后，子张就问孔子："这就是与盲人谈话的礼节吗？"孔子说："这就是帮助盲人的方法。"

【品鉴】

　　"古者瞽者必有相,其道如此。"(《四书章句集注》)古代盲者一定有帮助他的人。孔子与盲人相见,言辞从容有礼,不矫揉造作,不故弄玄虚,尽显圣人接天地万物皆有其道的精神气象,这大概就是平常、自然、顺应天地万物的圣人之道。

第十六章　季氏篇

【原文】

季氏将伐颛臾①。冉有、季路见于孔子曰："季氏将有事②于颛臾。"

孔子曰："求！无乃尔是过③与？夫颛臾，昔者先王以为东蒙主④，且在邦域之中矣，是社稷之臣也，何以伐为？"

冉有曰："夫子欲之，吾二臣者皆不欲也。"

孔子曰："求！周任⑤有言曰：'陈力就列⑥，不能者止。'危而不持⑦，颠而不扶⑧，则将焉用彼相⑨矣？且尔言过矣。虎兕出于柙⑩，龟玉毁于椟中⑪，是谁之过与？"

冉有曰："今夫颛臾，固⑫而近于费⑬，今不取，后世必为子孙忧。"

孔子曰："求！君子疾⑭夫，舍曰欲之⑮，而必为之辞。丘也闻有国有家者，不患寡而患不均，不患贫而患不安⑯，盖均无贫，和无寡，安无倾。夫如是，故远人不服，则修文德⑰以来之。既来之，则安之。今由与求也，相夫子，远人不服，而不能来也；邦分崩离析，而不能守也；而谋动干戈于邦内。吾恐季孙之忧不在颛臾，而在萧墙⑱之内也。"

【注释】

① 颛（zhuān）臾（yú）：国名，在今山东费县以西，属于鲁国的附属国。

② 有事：有征伐之事。

③ 过：责怪。

④ 东蒙主：东蒙，山名。鲁国东边的费县，费县境内有蒙山，先王封颛臾国的诸侯主祭于蒙山。主，主持祭祀。

⑤ 周任：古代的一位史官。

⑥ 陈力就列：陈，陈列，就是拿出来摆一摆，展示一下。力，才力。列，行列，位次，就是说按自己的才力担任合适的职务。

⑦ 危而不持：危，当"危险"讲时，含有不稳定或者危急的意思。持，扶持。

⑧ 颠而不扶：颠，跌倒，倒下。扶，扶助，扶持。

⑨ 彼相：彼，指示代词，那，与"此"相对。相，扶助，帮助，有时候特指扶助或者帮助盲人的人，有时候指扶助君主掌管国事的最高官吏，后来称作宰相、丞相、相国。

⑩ 虎兕（sì）出于柙（xiá）：兕，雄性的犀牛。柙，关兽类的木笼。

⑪ 龟玉毁于椟（dú）中：椟，木柜，木匣。

⑫ 固：城郭完整坚固，兵甲利也。

⑬ 费（bì）：地名，季氏私邑。

⑭ 疾（jí）：厌恶，憎恶。

⑮ 舍曰欲之：舍，放弃，不要。曰，说；欲之，贪利。

⑯ "不患寡而患不均"两句：前后句中"寡"与"贫"当互换。下有"均无贫，和无寡，安无倾"承应。

⑰ 文德：以仁、义、礼、乐为主要内容的政令教化。

⑱ 萧墙：门屏。萧，严肃。墙，屏也。萧墙，又称"塞门"，其作用是遮挡视线，防止外人向大门内窥视。萧墙之内就是宫室，古代君臣相见要行相见之礼，臣子走到屏前要整理仪范，表情严肃恭敬。萧墙因此可以借指内部，后世因此称内乱为"萧墙之祸"。

【译文】

季氏准备要讨伐颛臾。冉有、子路来告诉孔子说："季氏要攻打颛臾了。"

孔子说："冉求！这难道不是你的过错吗？颛臾这个附属国，从前周天子分封它的时候就让它的诸侯主持蒙山的祭祀，而且它就在鲁国境内，是国家的臣属，为什么要攻打它呢？"

冉有说："是季氏想去攻打它，我们两个人都不愿意。"

孔子说："冉求，周任有句话说：'考量自己的才力去执行你的职务，力不能及就辞职。'遇到危急的情况不去扶助，跌倒了不去搀扶，那还用辅助的人干什么呢？而且你的话也说错了。老虎、犀牛从笼子里跑出来，龟甲、美玉在木匣子里毁坏了，这是谁的过错呢？"

冉有说："现在的颛臾，城墙完整坚固，离季氏的封地费邑又很近。现在不把它夺过来，将来一定会成为季氏子孙的忧患。"

孔子说："冉求，君子最痛恨那种不肯说自己是贪图财利，还找出种种理由来为自己辩解的人。我听说，对于诸侯和大夫，不怕财货少，就怕财货分配不均；不怕人口少，就怕人心不安定。大概财物政策合理了，即使财货少也不怕；大家和睦团结了，就是人少也不要紧；上下安定了，国家就没有倾覆的危险了。如果能做到这些，远方的人还不归服，就用修仁、义、礼、乐的政令教化招徕他们；既然已经来了，就用德泽安抚他们住下去。现在，仲由和冉求你们两个人辅助季氏，远方的人不归服，还不能招徕他们；国内民心离散，你们不但不能坚守国家，反而谋划在国内动用武力。我只怕季孙的忧患不在颛臾，而是在自己的内部。"

【品鉴】

孔子提出的"不患寡而患不均，不患贫而患不安"，对于今天的社会也具有重要的借鉴意义。"寡"，少。可以指人口少，也可以是财物匮乏；"贫"，不足，或者穷（与富相对）。这里的"寡"可以理解为"人口不足"。朱熹解释说："均，谓各得其分。安，谓上下相安。"（《四书章句集注》）对于一个有诸侯又有大夫的国家来说，财货少不要紧，害怕的是分配不均；人口少不要紧，怕的是人心不安定。对于一个国家来说，人少，财货匮乏，都是次要的，分配公正合理，人心安定团结才是最重要的。

孔子这样说并不是让国家安于贫穷落后和人口稀少的局面，在《子路》篇中，当冉有说："既庶矣，又何加焉？"孔子明确地说："富之。"冉有又问："既富矣，又何加焉？"孔子回答说："教之。"孔子在和冉有的对话中已经明确阐明了自己的思想：社会人口增多了，就要让他们富裕起来；生活富裕了，就要让他们受到教育，这一思想无疑和管子的"凡治国之道，必先富民"思想是一致的。

【原文】

孔子曰："天下有道，则礼乐征伐自天子出；天下无道，则礼乐征伐自诸侯出。自诸侯出，盖十世①希②不失矣。自大夫出，五世③希不失矣。陪臣④执国命，三世⑤希不失矣。天下有道，则政不在大夫。天下有道，则庶人不议。"

【注释】

① 十世：古代称三十年为一世。自周幽王被犬戎杀害，平王东迁，周朝开始微弱。诸侯自作礼乐，专行征伐，自从隐公开始，历经桓公、庄公、闵公、僖公、文公、宣公、成公、襄公、一直到昭公，十世而失去政权，最后昭公死在乾侯，死在他不该死的地方。

② 希：少也。

③ 五世：古时称父子相继为一世。五世者，季友、文子、武子、平子、桓子。自季友初得政权而专行滥伐，至五世而失家，季桓子最后被家臣阳虎囚禁。

④ 陪臣：大夫的家臣。

⑤ 三世：由陪臣掌管国政的，如南蒯、公山不狃（公山弗扰）、阳虎都逃不出三世之内大权旁落的下场。

【译文】

孔子说："天下太平政治清明的时候，制作礼乐和出兵打仗都由天子做决定；天下无道政治昏暗的时候，制作礼乐和出兵打仗则由诸侯做决定。由诸侯做决定的，很少有经过十世不失去政权的；由大夫做决定的，很少有经过五世而不失去政权的；由大夫的家臣做决定的，很少有经过三世不失去政权的。天下有道，国家政权就不会落在大夫手中。天下有道，老百姓也就不会议论国家政治了。"

【品鉴】

杨伯峻认为，尧、舜、禹、汤以及西周的"礼乐征伐"都是"自天子出"。"天下无道"则是指自齐桓公以后，周天子就没有发号施令的力量了。自周平王东迁之后，周天子失去了天下共主的地位。西周时期

"礼乐征伐自天子出",遂为"礼乐征伐自诸侯出"所取代。当时的各个强国为了争夺霸主地位,都想挟天子以令诸侯,因此,这一时期相互之间征战不断,社会动荡不安,礼崩乐坏,天下无道。

【原文】

孔子曰:"禄①之去公室②五世矣,政逮③于大夫四世④矣,故夫三桓⑤之子孙微矣。"

【注释】

① 禄:爵禄。

② 公室:诸侯之家。

③ 逮:及,达到。

④ 五世:指鲁国宣公、成公、襄公、昭公、定公五世。朱熹《四书章句集注》说:"鲁自文公薨,公子遂杀子赤,立宣公,而君失其政。历成、襄、昭、定,凡五公。"

⑤ 四世:指季氏操纵政权以来,经历了文子、武子、平子、桓子四世。

⑥ 三桓(huán):鲁桓公的后代,鲁庄公的三个弟弟仲孙(孟孙)、叔孙和季孙。宣公时,"三桓"强大,至鲁定公时,"三桓"开始败落。

【译文】

孔子说:"爵禄不从国君手里出已经有五代了,政权落在大夫之手已经四代了,所以三桓的子孙也衰微了。"

【品鉴】

在孔子看来，鲁国公室的衰微，是统治者僭礼的结果，而始作俑者便是鲁宣公。固然，鲁宣公继位是他的母亲、鲁文公的第二个妃子敬嬴与襄仲相勾结，"杀嫡立庶"的结果。但鲁国国君的失势不是因为他们僭礼，而是因为他们不能修德，不能顺应社会历史发展规律，造福广大百姓的原因，所以，鲁国从立宣公开始，鲁国国君便不能控制政权，政权旁落季氏手中。有意思的是，昭公被季氏赶走，死在乾侯，百姓居然不怜惜他，而季氏却得到民众的拥护和爱戴，正如史墨所说："鲁君世从其失，季氏世修其勤，民忘君矣。"（《左传·昭公三十二年》）

孔子是"圣人"，但是，他从是否"僭礼"出发来分析社会历史的发展，而没有看到"社稷无常奉，君臣无常位"的根本原因在于统治者违背了社会历史的发展规律和人民群众的利益。当然，这不能怪孔子。在孔子的时代，我们要求一个思想家从社会物质生产出发解释社会历史的发展，这本身就是非历史的观点，也是根本不可能的。

【原文】

孔子曰："益者三友，损者三友。友直①，友谅②，友多闻③，益矣。友便④辟⑤，友善柔⑥，友便佞⑦，损矣。"

【注释】

① 直：正直。

② 谅：诚信。

③ 多闻：博学。

④ 便（pián）：便，习熟也。

⑤ 辟（bì）：同"避"，巧避人之所忌，以求容媚。

⑥ 善柔：当面奉承背后诋毁。

⑦ 佞（ning）：佞，能说会道。

【译文】

孔子说："有益的朋友有三种，有害的朋友有三种。同正直的人交朋友，同诚信的人交朋友，同见闻广博的人交朋友，是有益的。同惯于阿谀奉承的人交朋友，同擅长搞两面派的人交朋友，同善于花言巧语的人交朋友，是有害的。"

【品鉴】

古人非常重视交友之道。《诗经》里面就有了很多朋友之间相处的方法。如："忘我大德，思我小怨。"（《诗经·小雅·谷风》）是说朋友之间应该"以德相养"，"以德相报"，"穷达不弃"，不能见利忘义，或者因为一点小恩怨就将多年的友谊毁掉，要多想想朋友曾经对你的恩德。孔子更是劝人与那些正直的、有诚信的、见闻广博的人交朋友。孟子则提出："天下有道，小德役大德，小贤役大贤"（《孟子·离娄上》），在政治清明的世道里，小德、小贤之人服从大德、大贤之人，无德者服从有德者。天下有道时，以德交友，以有德者为长、为师，这应是每个人发自内心的自觉。

与其说古人重视交友之道，毋宁说古人重视的是增益自己，修身养性，修己安人，因为与大德之人交友的过程，也是加强和提升自己的道德修养的过程。

【原文】

孔子曰："益者三乐，损者三乐。乐节礼乐①，乐道②人之善，乐多贤友，益矣。乐骄乐，乐佚③游，乐晏④乐，损矣。"

【注释】

① 节礼乐：动静皆得礼乐的节制而获得的快乐。
② 道：称道。
③ 佚（yì）：通"逸"，安逸，安闲。
④ 晏（yàn）：通"燕"，安逸，安闲。

【译文】

孔子说："有益的喜好有三种，有害的喜好有三种。以礼乐调节得到的快乐为快乐，以称道别人的好处得到的快乐为快乐，以交许多贤德之友得到的快乐为快乐，这是有益的。以骄傲放肆无度为快乐，以闲游怠慢不知善为快乐，以沉溺于大吃大喝没有节制为快乐，这是有害的。"

【品鉴】

儒家提倡的快乐来自节制。正当的快乐总是与善为伴，称道别人的善行，交贤德的朋友，从中增益人的德性，这是儒家所倡导的快乐。《四书近指》说："乐有损益，益者之乐，在彼不在此，节礼乐全在日用间应事接物上讨求，心安理顺，此便是孔颜乐处。""孔颜乐处"的真实快乐来自内心礼义的支撑，因此它快乐得自然，快乐得安心，快乐得符合天理与天道。

【原文】

孔子曰："侍于君子有三愆①：言未及之而言谓之躁②，言及之而不言谓之隐③，未见颜色而言谓之瞽④。"

【注释】

① 愆（qiān）：过失，过错。

② 躁：急躁，不安静。

③ 隐：隐瞒。

④ 瞽（gǔ）：瞎眼，比喻不会察言观色。

【译文】

孔子说："陪君子说话容易犯三种过失：还没有问到你的时候就说话，这是急躁；已经问到你的时候你却不说，这叫隐瞒；不看君子的脸色而贸然开口，这是瞎眼。"

【品鉴】

"君子"是孔子理想人格的一个典范，无论是从处事要求，还是个人人格魅力彰显等方面，孔子都提出了自己的见解。例如，"君子三愆"，"君子三畏"，"君子三戒"等，都反映了孔子对君子人格的基本认识。

【原文】

孔子曰："君子有三戒：少之时，血气①未定，戒之在色；及其壮也，血气方刚，戒之在斗；及其老也，血气既衰，戒之在得。"

【注释】

① 血气：精力，血性，生命。朱熹说是"形之所待以生者，血阴而气阳也"。(《四书章句集注》)

【译文】

孔子说:"君子有三种事情要引以为戒:年少的时候,血气未定,要戒除对女色的迷恋;等到身体成熟了,血气方刚,要戒除与人争斗;等到老年的时候,血气已经衰弱,就要戒除贪得无厌。"

【品鉴】

孔子认为,人的血气和人的处事行为有关:年少的时候,血气未定,初出茅庐,凡事还容易被眼前的缤纷世界所诱惑,这时要注意不要近女色。年龄稍长,身体发育成熟,血气方刚,精力旺盛,就感觉到浑身有力量,要在这个世界上争得自己的地位,获得他人的认同,因此,总想用武力和别人比试高低,《左传·昭公十年》载:"凡有血气,皆有争心,故利不可强,思义为愈",这个时候一定要注意控制自己的争斗之心。年老的时候,各个方面都衰竭,血气衰弱,力量减少,容易贪恋眼前的利益,一不留神还会"晚节不保",所以要特别注意戒除自己的贪恋之心。

孔子提出"君子三戒",对现代人应该具有启发意义。

【原文】

孔子曰:"君子有三畏:畏天命①,畏大人②,畏圣人③之言。小人不知天命而不畏也,狎④大人,侮圣人之言。"

【注释】

① 天命:天地运行的法则和规律。

② 大人:有道德又有职位的人。

③ 圣人:认识和把握了物质世界规律的人,也就是其动静行事皆能

够与天地相贯通，与天地合德的人。

④ 狎（xiá）：轻视，忽视。

【译文】

孔子说："君子有三件敬畏的事情：敬畏自然的规律，敬畏有德又有位的人，敬畏圣人说的话。小人不懂得宇宙的基本规律，所以不会去敬畏，不敬重有德又有位的人，不拿圣人的话当回事。"

【品鉴】

为什么要敬畏天命呢？因为天命就是物质世界的必然性和规律性。在中国哲学的话语系统中，"天"就是物质世界，"命"就是物质世界的必然性和规律性。物质世界的必然性和规律性理当要敬畏。为什么要敬畏圣人呢？因为圣人是认识和把握了物质世界的必然性和规律性的人。为什么要敬畏大人呢？"大人"在中国古代哲学中是内圣外王的人，是既有德又有位的人，即掌握了物质世界规律，又去从事治国平天下的社会实践的人，这样的人我们当然要去敬畏。可见，孔子之所以敬畏大人和圣人是因为他们是掌握了物质世界规律（天命）的人，因此，孔子的"三畏"归根结底就是"一畏"，即"畏天命"。

【原文】

孔子曰："生而知之者上也；学而知之者次也；困①而学之，又其次也；困而不学，民斯为下矣。"

【注释】

① 困：困惑，有所不通。

【译文】

孔子说:"生下来就知道的人,是上等人;经过学习以后才知道的,是次一等的人;遇到困惑再去学习的,是又次一等的人;遇到困惑还不知道学习的人,这种人就是下等的人了。"

【品鉴】

孔子把人学习知识的天赋划成四个等级,认为,"生而知之者"是天赋极高的人,一般人达不到,就连孔子自己也不敢妄自称是"生而知之"的人,他曾说:"我非生而知之者,好古,敏以求之者也。"(《述而》)"学而知之者"是指那些虽然没有什么特别的天赋,但是却勤奋好学的人,这类人可以通过后天的努力获得成功。"困而学之者"是那些在人生中有了困惑,遇到了难解之事,才迫不得已学习的人,这样的人虽然是被动地学,但毕竟还知道学习。最为下等的、不可救药的是那些"困而不学"的人,遇到了问题和困惑,还是不学习,不愿意问教于他人,破罐子破摔。

"病不能相礼"说的是鲁国大夫孟僖子,又称孟孙氏,或称仲孙氏,鲁国的"三桓"之一。鲁昭公七年的时候,陪同鲁昭公访问楚国,因孟僖子疏于外交,所以不能尽礼,为此他深感羞愧,于是返回鲁国下决心学习礼仪,凡是懂得礼仪的人就跟他们学。临终前他还召集家臣,告诉他们向孔子学习礼仪,学习立身之道。孔子因此赞他说:"能补过者,君子也。"(《左传·昭公七年》)孟僖子大概属于"困而学之"的人吧!

【原文】

孔子曰:"君子有九思:视思明,听思聪,色①思温,貌②思恭,言思忠,事思敬,疑思问,忿③思难,见得思义。"

【注释】

① 色："静容谓之色"，安静时候的容貌可以说是色。

② 貌："动容谓之貌"，脸上的表情有变化的时候可以说是貌。

③ 忿（fèn）：愤怒，怨恨。

【译文】

孔子说："君子有九种事情需要思考：看的时候，要想想看明白了没有；听的时候，要想想听清楚了没有；安静的时候，要想想脸上保持了温和没有；动容的时候，要想想保持了谦恭没有；说话的时候，要想想忠诚了没有；做事的时候，要想想保持了恭敬没有；有了疑问的时候，要想想问了别人没有；遇到要发火的时候，要想想后果是什么；见到利益的时候，要想想是不是符合道义。"

【品鉴】

"三思而后行"，是一般人应该知道的常理。但是生活中很多人却并不能自觉做到这一点。一般来说，人在顺利的时候能够很好地控制住自己的情绪，但在愤怒的时候，却不容易把握自己。社会上也有许多因为冲动伤害了自己或者他人，最后又后悔不迭的事情。

我国古代贤者早在几千年前就已经告诉了我们控制情绪的方法，君子"九思"之一的"忿思难"，就是要求人在愤怒的时候要多想想后果，这样就会使我们在情绪高涨、怒火中烧的时候，控制住自己的情绪。

【原文】

孔子曰："见善如①不及，见不善如探汤②。吾见其人矣，吾闻其语矣。隐居以求其志，行义以达其道，吾闻其语矣，吾未见其人也。"

【注释】

① 如：像，如同。

② 探汤：人去试探热汤，比喻去除恶疾也。

【译文】

孔子说："看到善良的行为，努力学习，唯恐达不到。看到不善良的行为，就好像把手伸到开水里，唯恐避不开。我见到过这样的人，我也听到过这样的话。以隐居避世来保全自己的志向，推行道义来贯彻自己的主张，我听到过这种话，我却没有见到过这样的人。"

【品鉴】

"隐居以求其志，行义以达其道。"一般说来，每个人都有行善的愿望。见贤思齐，见不善唯恐不能远离，而能付之以行动者却无几。逃避乱世，又能推行道义的人，在孔子的时代已经少有了，更别提能够"独善其身，兼善天下"的人了。孔子为此而感慨万千。

【原文】

齐景公①有马千驷②，死之日，民无德而称焉。伯夷、叔齐，饿于首阳③之下，民到于今称之，其斯之谓与④？

【注释】

① 齐景公：齐国国君。

② 千驷（sì）：四千匹马。

③ 首阳：山名。周武王灭商后，伯夷、叔齐隐居汨山，米薇而食，后饿死。

④ 其斯之谓与：此句"斯"字所指由来不准确，此章起首句没有"子曰"二字，前人或认为有缺文。

【译文】

齐景公虽然有四千匹马，但他死的时候，百姓们认为他没有什么德行可以称颂。伯夷、叔齐饿死在首阳山下，百姓们到现在还在称颂他们，说的就是这个意思吧？

【品鉴】

齐景公虽然衣食丰足，却没有流传千古的美名；伯夷、叔齐虽然饿死，却赢得了流芳千古的贤名。功名利禄，不代表有德；贫穷困顿，不等于无德。生不带来，死却能够带走的是"德行"，而不是财富。

【原文】

陈亢①问于伯鱼②曰："子亦有异闻③乎？"

对曰："未也。尝④独立，鲤趋⑤而过庭。曰：'学诗乎？'对曰：'未也。''不学诗，无以言。'鲤退而学诗。他日，又独立，鲤趋而过庭。曰：'学礼乎？'对曰：'未也。''不学礼，无以立。'鲤退而学礼。闻斯二者。"

陈亢退而喜曰："问一得三：闻诗，闻礼，又闻君子之远⑥其子也。"

【注释】

① 陈亢（gāng）：孔子弟子陈子禽，名亢，字子禽。《孔子家语·七十二弟子解》列陈亢为孔子弟子，《史记·仲尼弟子列传》没

有他的记载。

② 伯鱼：孔子的儿子孔鲤，字伯鱼。

③ 异闻：这里指不同于对其他学生所讲的内容。

④ 尝：副词，曾经。

⑤ 趋：小步快走，表示恭敬。

⑥ 远（yuǎn）：疏远，避开。不偏私的意思。

【译文】

陈亢问伯鱼："你在老师那里接受过与我们不同的教诲吗？"伯鱼回答说："没有。曾经有一次见他独自站在堂上，我快步从庭里走过，他问我：'学《诗》了吗？'我回答说：'没有。'他说：'不学诗，就不懂得怎么说话。'我就回去学《诗》。过了几天，他又独自站在堂上，我快步从庭里走过，他问我：'学礼了吗？'我回答说：'没有。'他说：'不学礼就不懂得怎样立身。'我就回去学礼。就听到过这两件事。"

陈亢回去高兴地说："我问一个问题得到了三方面的收获，听了《诗》的道理，知道了礼的道理，又了解了原来君子并不偏爱自己的儿子。"

【品鉴】

在《述而》篇中，孔子把当时流行的《诗经》《尚书》以及当时的礼仪，看作书面语言和肢体语言，他们都属于"雅言"，就是当时社会通用的语言。

《为政》说："《诗》三百，一言以蔽之，曰：'思无邪'。"《诗》能让人思虑纯正，祛除邪念，激发人的真性情。所以，孔子毫不忌讳地说："小子何莫学夫诗？诗，可以兴，可以观，可以群，可以怨。迩之事父，远之事君，多识于鸟兽草木之名。"（《阳货》）何不学习一下《诗经》

呢？它可以激发志气，抒发情怀；可以观察天地变化和人事活动的盛衰得失，可以使人懂得合群的重要性，从而更好地融入社会；可以使人懂得怎样针砭时政，讽谏上层。往近了说，可以用来侍奉父母；往远了说，还可以用来事奉君主，甚至还可以多知道一些鸟兽草木的名称，《诗经》里面的内容如此丰富多彩，即学习了知识，又学会了在社会上立足，还能过上一种诗意的生活，何乐而不为呢？

【原文】

邦君之妻①，君称之曰夫人，夫人自称曰小童②，邦人称之曰君夫人，称诸异邦曰寡小君③，异邦人称之亦曰君夫人。

【注释】

① 邦君之妻：诸侯的夫人。
② 小童：谦逊的称呼。
③ 寡小君：寡，谦辞，古代君主自称为"寡"，对异邦人称自己为"寡君"。其夫人对君主来说是小，所以称自己为"寡小君"。

【译文】

国君的妻子，国君称她为夫人，夫人自称为小童，国民称她为君夫人，对他国国民则自称为寡小君，他国国民也称她为君夫人。

【品鉴】

孔子非常重视礼，称呼上的用语不当，就是违礼。邦国之间的交往，称谓尤其重要。这一节对邦国之间交往时君主配偶的称谓作出了具体说明。

第十七章　阳货篇

【原文】

阳货①欲见孔子，孔子不见，归②孔子豚③。

孔子时④其亡⑤也，而往拜之。

遇诸⑥涂⑦。

谓孔子曰："来，予与尔言"。曰："怀其宝而迷其邦⑧。可谓仁乎？"曰："不可。""好从事而亟失时⑨，可谓知⑩乎？"曰："不可。""日月逝矣，岁不我与。"

孔子曰："诺⑪。吾将仕矣。"

【注释】

① 阳货：也叫阳虎，春秋后期鲁国季氏的家臣，一度掌握鲁国国政，属于典型的"陪臣执国命"一类的人。

② 归（kuì）：通"馈"。赠送。

③ 豚（tún）：小猪，猪。

④ 时（sì）：同"伺"，窥察，探察，如伺机。

⑤ 亡：出外，不在。

⑥ 诸（zhū）：代词，他。

⑦ 涂：同"途"。

⑧ 怀其宝而迷其邦：宝，宝物，珍贵的东西，可贵的方法。怀藏治国的本领，却不救国之迷乱。

⑨ 好从事而亟（qì）失时：亟，屡次；时，时机，机会。愿意做事情却屡次失去机会。

⑩ 知（zhì）：明智。

⑪ 诺：答应的声音，表示同意。

【译文】

阳货想见孔子，孔子不见，他便赠送给孔子一只小乳猪。

孔子打听到阳货不在家时，往阳货家拜谢。

两个人在半路上遇见了。

阳货对孔子说："来，我有话要跟你说。"他说："把自己的本领藏起来不去治国理政，听任国家迷乱，这能叫仁义吗？"孔子说："不能。"阳货又说："愿意参与政事而又屡次错过机会，这可以说是智吗？"孔子说："不能。"阳货又说："时间在流逝，岁月不等人。"

孔子说："好吧。我同意做官了。"

【品鉴】

在孔子看来，只有圣人才能做到博施于民而能济众，也就是说，内圣了的人就应当去从事外王的事业。但是，达到怎样的境界才算是"内圣"呢？被后人称之为"亚圣"的孟子认为，"圣人"需要符合两个条件，一个是"仁"，一个是"智"，具备了这两个条件的人就是圣人。

把自己的本领藏起来不去治国理政，任凭国家迷乱，这就违背了仁；愿意参与政事而又屡次错过机会，这就违背了"智"。孔子既"仁"且

"智",既愿意展示自己的本领,又愿意积极参政,自然不会去做"背仁弃智"的傻事。而阳货正是利用了儒家的这一基本信念和思维路数说服了孔子,从这一点可以看出,阳货是一个极为熟悉儒家思想的辩者。

【原文】

子曰:"性①相近也,习②相远也。"

【注释】

① 性:人的本性。古人认为人的本性是从天那里获得的,所以,《中庸》才说:"天命之谓性。"
② 习:学习。相对于人的先天之性来说,"习"多谓后天的学习和活动。

【译文】

孔子说:"人的本性是相近的,由于后天的习染不同才相互有了差别。"

【品鉴】

儒家认为,人的性情由两方面构成:一是先天的性情,二是后天经过社会环境习染后形成的性情。在孔子看来,先天的性情不会有太大的差别,而后天社会环境的习染则造成了人与人之间的区别和差异,所以,后世的儒者特别注重人的活动和环境对人性造成的影响。

【原文】

子曰:"唯上知①与下愚②不移③。"

【注释】

① 上知：说的是那些"生而知之"（《季氏》）的人。
② 下愚：说的是那些"困而不学"（《季氏》）的人。
③ 移：改变。

【译文】

孔子说："只有上等的智者与下等的愚者是改变不了的。"

【品鉴】

人的"性"都是一个"性"，是先天得来的，而后天的"习相远"则是有条件的。在孔子看来，"上知"是最好的、最善的人，这些人"富贵不能淫，贫贱不能移，威武不能屈"（《孟子·滕文公下》）。这些人无论后天环境如何恶劣，生存环境如何艰难，他的志向和信念都坚如磐石，不会动摇。而另一些人，如"下愚"之人，这些生性顽劣的人，不管后天如何教化，不管后天环境如何完美，其本性仍无法改变。因此，孔子的"习相远"是相对于一般人来说的，这部分人是"中人"，他们"遇善则升，逢恶则坠"，是可以通过道德教化加以改造的。孔子认为自己也"非生而知之者"，也需要进一步改造和提升。

【原文】

子之武城①，闻弦歌②之声。夫子莞尔③而笑，曰："割鸡焉用牛刀？"

子游对曰："昔者，偃④也闻诸夫子曰：'君子学道⑤则爱人，小人学道则易使也。'"

子曰："二三子！偃之言是也。前言戏⑤之耳。"

【注释】

① 武城：鲁国的一个小城，《雍也》说："子游为武城宰。"
② 弦歌：弦，指琴瑟，以琴瑟伴奏歌唱。
③ 莞尔：小笑貌。
④ 偃（yǎn）：姓言，名偃，字子游。
⑤ 道：礼乐。
⑥ 戏：戏弄，开玩笑。

【译文】

孔子到了武城，听见弹琴唱歌的声音。孔子微笑着说："杀鸡何必用宰牛的刀呢？"

子游回答说："以前我听先生说过，'君子习礼乐则学会爱人，百姓习礼乐则容易役使。'"

孔子说："诸位弟子们！言偃的话是对的。我刚才说的话不过是开个玩笑而已。"

【品鉴】

孔子认为，乐教是教化的最高层次，一般是用来教化天下国家的，在武城这种弹丸之地还用得着动用乐教吗？但他的弟子子游却认真地说，君子要是受到了音乐的影响，把握了礼乐之大道，就会爱人；普通百姓受到音乐的影响，把握了礼乐之大道，就会循规蹈矩，因此，君子和普通百姓都需要学习礼乐。

这番对话让孔子深有所感，弟子已经学会了深入理解和发挥老师的思想，这是孔子始料不及的，因此孔子赶紧说："前言戏之耳"。

【原文】

公山弗扰①以费畔②，召，子欲往。

子路不说，曰："末之也③，已④，何必公山氏之之也⑤？"

子曰："夫召我者，而岂徒⑥哉？如有用我者，吾其为东周⑦乎？"

【注释】

① 公山弗（fú）扰：人名。《左传》称他"公山不狃"，字子洩（xiè），与阳虎一道，都是季氏的家臣。

② 畔：通"叛"。背叛，叛乱。

③ 末之也：末，无；之，到、往。

④ 已：已，止，算了。

⑤ 之之也：第一个"之"字是助词；后一个"之"字是动词，到……去的意思。

⑥ 徒：空的，没有凭借的。

⑦ 东周：兴周道于东方。

【译文】

公山弗扰盘踞在费邑图谋造反，召孔子去做官，孔子准备前去。

子路不高兴地说："没有地方去就算了，为什么一定要到公山氏那里去呢？"

孔子说："来召我的那个人，难道只是一句空话吗？如果有人用我，我就要在东方复兴一个周王朝。"

【品鉴】

阳虎召孔子，拿出儒家"仁"且"智"的方法说服孔子。《阳货》记载，孔子还是口头答应了阳虎。据《史记·孔子世家》记载，鉴于当时鲁国"陪臣执国政，是以鲁自大夫以下皆僭离于正道。"孔子不满意这种陪臣乱礼的局面，决定不仕，并退而修诗、书、礼、易、乐。

公山弗扰曾让孔子去管理国政，孔子明明知道，到叛乱分子那里去做事是严重地违"礼"，可是由于他以治国安民为己任，因而还是准备去。在孔子看来，根本的问题不在于形式上是否符合礼仪，而在于能否实践自己的政治理想。因此，他就顾不得计较公山弗扰的叛乱是否合"礼"，而只是一心想着到人家那里去推行自己的学说，要实现一个东方的周王朝。

晋国的佛肸也曾召孔子去他那里治理国政，孔子明知佛肸违"礼"背"善"，但是为了实践自己的政治学说，他还是不想放弃任何能够实现政治主张的机会。

无论是阳虎召见，还是公山弗扰的劝召，抑或是佛肸的劝说，经过一番深思熟虑的理会，孔子最终都没有前往。

程子对此评价得极为到位："圣人以天下无不可有为之人，亦无不可改过之人，故欲往。然而终不往者，知其必不能改故也。"（《四书章句集注》）孔子认为，天下没有不可以有所作为的人，也没有不可改过自新的人，所以想前去。然而最终还是没有去，因为他知道，他们一定不能改过自新了。这是圣人欲"尽人事"而不能时的凄苦和无奈。

【原文】

子张问仁于孔子。孔子曰："能行①五者于天下，为仁矣。"

"请问之。"曰："恭、宽、信、敏、惠。恭则不侮②，宽则得众，信则人任③焉，敏则有功，惠则足以使人。"

【注释】

① 行：执行，实行。

② 侮（wǔ）：欺辱，欺负。

③ 任：任用。

【译文】

子张请教孔子什么是仁。孔子说："能够践行五种品德于天下的人，就是仁人。"

子张问："请问哪五种。"孔子说："恭敬、宽厚、诚信、勤敏、慈惠。恭敬就不致遭受侮辱，宽厚就会得到众人的拥护，诚信就能得到别人的委任，勤勉敏捷就会提高工作效率，慈爱恩惠就能够差使他人。"

【品鉴】

如何理解"惠则足以使人"？难道给人恩惠，就能够役使他人？若仅作这样的理解，未免肤浅。

"惠"是事物发展的内在要求，是人的内在自觉性的彰显；"使人"是外在的约束、规范，是"惠"的实现途径。从这一点上说，"惠"又是"使人"的目的。"惠"和"使人"都是为了更好地促进他人的发展。

一个人只有真心诚意为他人好，站在对方的角度，为对方的利益考虑，对方才会愿意接受你的役使。一个人给予他人的真正的"惠"，绝不是有所企图的、为达到施惠者个人利益的小恩小惠。"惠"是善意的，有"恩"在其中，其目的是要促进和实现他人的发展，是真心惠及他人。因此，当他人认识到你的想法和做法对他确实有利时，他就会服从你；如果施惠者内心里并没有为他人全盘考虑和打算，就不会被他人所接受，自然也就无法去役使他人。如果仅仅实施了恩惠，就想去使唤他人，他人也不会真正地服从你。可以说，对他人施惠的背后，支配"惠"的动机是发自人的内心的，愿意促进、发展他人的良好愿望。"惠则足以使人"是合规律性与合目的性的完美统一。

很多时候，如果没有威严，却一味实施恩惠，就不足以有威慑力，因此，还要"恩威并重"。

【原文】

佛肸①召，子欲往。

子路曰："昔者由也闻诸夫子曰：'亲于其身为不善者，君子不入也。'佛肸以中牟②畔，子之往也，如之何？"

子曰："然，有是言也。不曰坚乎，磨而不磷③；不曰白乎，涅④而不缁⑤。吾岂匏瓜⑥也哉？焉能系而不食⑦？"

【注释】

① 佛（bì）肸（xī）：春秋时晋国范氏（或中行氏）的家臣。

② 中牟：地名。春秋末期，中牟归属屡变。《左传》记载，定公九年时，中牟还属于晋国城邑，十年后，至哀公五年时，已经属于卫国。据江永《春秋地理考实》推测，中牟入属卫国的原因，是中牟宰佛肸叛晋所致。又据《史记·孔子世家》记载："佛肸为中牟宰。赵简子攻范、中行，伐中牟。佛肸畔，使人召孔子。孔子欲往。"

③ 磷（lìn）：损伤。

④ 涅（niè）：一种矿物质，古代用作黑色染料。

⑤ 缁（zī）：黑色。

⑥匏（páo）瓜：俗称"瓢葫芦"，是葫芦的一个变种，多不供食用。清人刘宝楠说："匏瓜以不食，得系滞一处。"旧时用来比喻人不受重用。

⑦系（xì）而不食：系，挂，悬。挂在那里，不能食用，比喻不受重用。

【译文】

佛肸召孔子，孔子打算前往。

子路说："从前我听先生说过：'亲自做坏事的人那里，君子是不去的。'现在佛肸盘踞中牟反叛，你却要去，这怎么解释呢？"

孔子说："是的，我说过这样的话。不是说坚硬的东西，磨也磨不坏吗？不是说洁白的东西，染也染不黑吗？我难道是个匏瓜，只能挂在那里好看而不能吃？"

【品鉴】

没有什么事情是一成不变的，这是孔子所倡导的通权达变的君子之道。佛肸的确是"身为不善"，照孔子的说法，自己是不应该同流合污，前往中牟的。但在孔子看来，只要你心里有坚定的道德原则，就是再复杂的社会环境，君子也会如莲花一样"出污泥而不染"，虽入不善之地，也会见机而作。为君子者"至坚者磨之不薄，至白者染之于涅而不黑"，"虽居浊乱，浊乱而不能污也。"（孔安国语）入不善之地，又能保持自己纯洁的品格，这又符合孔子一贯主张的"行"的思想。为君子者，不能只做系而不食的匏瓜，只是一个摆设，好看不能吃，而是要为社会做事情，要践行自己的理想信念，推行自己的思想主张。

【原文】

子曰:"由也!女闻六言六蔽①矣乎?"对曰:"未也。"

"居②!吾语女。好仁不好学,其蔽也愚;好知不好学,其蔽也荡③;好信不好学,其蔽也贼④;好直不好学,其蔽也绞⑤;好勇不好学,其蔽也乱;好刚不好学,其蔽也狂⑥。"

【注释】

① 弊:弊病,害处。
② 居:坐。
③ 荡:放纵,放荡。无所适守,没有根基。
④ 贼:害。
⑤ 绞:说话尖刻。
⑥ 狂:放荡,不受拘束。

【译文】

孔子说:"由呀,你听说过六种品德导致的六种弊端了吗?"子路回答说:"没有。"

孔子说:"坐下,我告诉你。光去学习仁德了,而不深究其理,它的弊病是容易被人愚弄;光去想着提高智慧了,而不深究其理,它的弊病是行为放荡,不知道该做什么;光想着学习诚信了,而不深究其理,它的弊病是危害他人;光想着要为人直率了,却不深究其理,它的弊病是让人说话尖刻;一味爱好勇敢,却不深究其理,它的弊病是容易犯上作乱;只想着变得刚强,却不深究其理,它的弊病就是狂妄自大。"

【品鉴】

　　爱好六种美德，却不明其理，则各有弊端。学习不是死板地学习老师教的知识，而是学习其中深含的道理。学习仁、知、信、直、勇、刚，并不是看似那么简单的学习，而是要求你抓住问题的根本，知一而十。这里的"好学"，是"学"其中的关键和核心的东西，就是孔子说的"一以贯之"的"忠恕"之道。因此，在孔子的教学中，一切都不是死的，而是活生生的，切合现实的，能够指导实际生活的理论和准则。

　　由于子路生性刚强、好勇尚义，守信用，为人又直率、鲁莽，针对子路的这些特点，孔子才耐心开导子路，留下了这番告诫。

【原文】

　　子曰："小子①何莫学夫②《诗》？《诗》可以兴③，可以观④，可以群⑤，可以怨⑥。迩⑦之事父，远之事君。多识于鸟兽草木之名。"

【注释】

　　① 小子：门人，弟子。

　　② 夫（fú）：指示代词，这，那。

　　③ 兴：《诗经》的三种写作方法之一，其基本含义是：用类比联想的方法感发志意，抒发情怀。

　　④ 观：观察天地万物的变化与人事活动的盛衰得失。

　　⑤ 群：合群。这里主要是指人的社会属性。也就是说，学习《诗经》，可以让人懂得团结的重要性，从而使人更好地融入社会中去。

　　⑥ 怨：埋怨、责备。讥讽上政为"怨"（见皇侃《论语义疏》载孔安国语）。

　　⑦ 迩（ěr）：近。

【译文】

孔子说:"弟子们,为什么不学习《诗经》呢?学《诗经》可以激发志气,抒发情怀。可以观察天地变化和人事活动的盛衰得失,可以使人懂得合群的重要性,从而更好地融入社会,可以使人懂得怎样去针砭时政,讽谏上层。近,可以用来侍奉父母,远,可以用来侍奉君主。另外,还可以多知道一些鸟兽草木的名称。"

【品鉴】

清代乾嘉时期著名学者章学诚在《文史通义》开篇就说:"六经皆史也。"其实,《诗经》《尚书》《礼经》《易经》《乐经》《春秋》六经,不仅是"史",也是"文",还是"哲"。作为"文学"的《诗经》,可以让人懂得"引譬连类",衬托情景,抒发志意;作为"史学"的《诗经》,可以让人察古今之变,知风俗盛衰;作为"哲学"的《诗经》,可以让人学会辨名析理,定位宇宙,安排人生。在这一意义上,我们也可以说"六经皆文也","六经皆哲也"。

【原文】

子谓伯鱼①曰:"女为《周南》《召南》②矣乎?人而不为《周南》、《召南》,其犹正墙面而立③也与?"

【注释】

① 伯鱼:孔子的儿子孔鲤。
②《周南》《召南》:《诗经·国风》中的前两篇。
③ 正墙面而立:面向墙壁站立着。比喻一个人如果不学习《周南》《召南》,就会目无所见,足无所行,从而使自己陷入闭目塞听的境地。

【译文】

孔子对他的儿子伯鱼说:"你学习《周南》《召南》了吗?一个人如果不学习《周南》《召南》,那不就像面对墙壁站着一样吗?"

【品鉴】

六经之中,孔子尤为推崇《诗经》,他曾说:"不学诗,无以言。"不学习《诗经》,就不会说话。这主要是把《诗经》作为一部文学著作来看的。在本篇中,孔子认为,一个人如果不学习《诗经》中的《周南》《召南》,就如同面墙而立一样,虽处至近之地,但终究是"一物无所见,一步不可行"(《四书章句集注》)。邢昺在写《论语注疏》时,也对《周南》《召南》给予高度评价,认为这两篇是"三纲之首,王教之端。故人若学之,则可以观兴;人而不为,则如面正向墙而立,无所观见也。"《论语正义》则把这两篇称作"正始之道,王化之基"。凡此等等,似乎是把《诗经》,尤其是《诗经》中的《周南》和《召南》两篇,作为一部哲学著作来看待。这恰好印证了我们上面所提出的"六经皆哲也"的说法。

【原文】

子曰:"礼云①礼云,玉帛②云乎哉?乐云乐云,钟鼓云乎哉?"

【注释】

① 云:语气词。

② 玉帛(bó):帛,丝织物的总称。瑞玉和束帛,古代典礼,最重玉帛,因而泛指礼器,又指古代诸侯参与会盟朝聘时所持的礼物。

【译文】

孔子说:"礼呀礼呀,难道说的是玉帛之类的礼器吗?乐呀乐呀,难道说的是钟鼓之类的乐器吗?"

【品鉴】

"礼乐"的根本是什么?是玉帛吗?不是,是钟鼓吗?不是。玉帛只是礼的载体,不是"礼"的根本。钟鼓只是"乐"的载体,不是"乐"的根本。在孔子看来,"礼"不仅是生活和实践中的礼仪和规范,而且还是宇宙万物的变化之序,所以,《礼记·乐记》说:"礼者,天地之序也。"同样,"乐"也决不仅仅是音乐钟鼓,而是宇宙万物的一种和谐状态,所以,《礼记·乐记》说:"乐者,天地之和也。"这才是"礼乐"的本质。

对于这一点,二程看得很清楚(程颢和程颐合称二程)。他们说:"礼只是一个序,乐只是一个和。只此两字,含蓄多少义理。""天下无一物无礼乐",譬如说,放置两个椅子,若放置不正,就是"无序","无序"就是"无礼"。"无序"也是乖异,乖异就是失和,失和就没有了"乐"。可见,"礼乐无处无之","学者须要识得"。(《四书章句集注》)

【原文】

子曰:"色厉而内荏①,譬诸小人,其犹穿窬②之盗也与?"

【注释】

① 色厉而内荏(rěn):外表强硬而内心怯弱。色,人脸上的神色。厉,严肃,严厉。荏,软弱,怯懦。

② 窬(yú):通"逾",越过。

【译文】

孔子说:"外表强大而内心怯弱,若用小人来作比喻,大概就像个钻洞爬墙的盗贼吧?"

【品鉴】

孔子历来认为,真正的"仁者"是那些敢爱敢恨的人("唯仁者能好人,能恶人")。做人要表里统一,内外一致,否则,就是小人。小人外表装得像个正人君子,满口仁义道德,但内心阴暗奸诈。这就像小偷一样,从外表看,敢于穿洞爬墙,胆子够大的了,其实他心虚得很,害怕见正义,不敢见阳光。

【原文】

子曰:"乡原①,德之贼②也。"

【注释】

① 乡原(yuàn):原,通"愿",八面玲珑、毫无原则的好好先生。孟子称之为"乡原":"阉然媚于世也者,是乡原也。"(《孟子·尽心下》)低贱地献媚于世人,就是乡原之人。

② 贼:害也。

【译文】

孔子说:"没有道德修养的伪君子,就是破坏道德的人。"

【品鉴】

孔子不喜欢无是无非的人,认为这种人混淆了德行,败坏了道德。

在生活中，我们常常会见到这种人：从表面上看，很诚实、廉洁、忠信、清高，似乎没有任何缺点，若要批评他，也找不出什么错来；若要讥讽他，又没有什么可讥讽的，所以，周围的人往往喜欢他。但遇到问题时，这样的人往往毫无原则，无是无非，总想做老好人，正如《孟子·尽心下》对这类人的精细入微的刻画："非之无举也，刺之无刺也。同乎流俗，合乎污世，居之似忠信，行之似廉洁，众皆悦之。自以为是，而不可入于尧舜之道，故曰：德之贼也。"

这类人和上文说的"色厉而内荏"，在本质上是一样的，他们都是表里不一、言行不一，还自以为是、欺世以盗名的伪君子。

【原文】

子曰："道听而涂①说，德之弃②也。"

【注释】

① 涂：同"途"，道路。

② 弃：抛弃，舍去。

【译文】

孔子说："在路上听到传言就到处去传播，这是道德所唾弃的。"

【品鉴】

"道听途说"，说得是在路上听到就四处传播。古代和现代都不乏这样的人。一些人不仅道听途说，以谬传谬，甚至还热衷于四处打探别人的隐私，然后添油加醋，到处传说，害人不浅。这种行为实属卑鄙小人的行为，是道德所唾弃的，也背离了儒家的道德准则。

【原文】

子曰:"鄙①夫,可与事君也与哉?其未得之也,患得之②。既得之,患失之。苟③患失之,无所不至矣。"

【注释】

① 鄙(bǐ):庸俗,浅陋。

② 患:担忧,忧虑。虽得之,或以为当作"患不得之"。

③ 苟:连词,如果,假设。

【译文】

孔子说:"可以和一个庸俗浅陋的人一起侍奉君主吗?他在没有得到官职的时候,总是担心得不到,已经得到了,又怕失去它。如果他担心失掉官职,那他就什么事都做得出来了。"

【品鉴】

在孔子眼里,一心想当官又患得患失的人是庸俗浅陋的人,这种人一心追求官职,有朝一日得到了,又担心丢掉,于是就会想尽办法保住官职。人常说,无欲则刚,人一旦有欲,就会想尽办法,使尽手段,得到自己想要的,保住自己拥有的,有时甚至不惜践踏道德底线,不择手段,甚至危害社会,危害他人。如果不幸与这样的人一起侍奉君主,就要谨慎小心了。

【原文】

子曰:"古者民有三疾,今也或是之亡①也。古之狂②也肆③,今之狂也荡④;古之矜⑤也廉⑥,今之矜也忿戾⑦;古之愚⑧也直,今之愚也诈⑨而已矣。"

【注释】

① 亡（wú）：通"无"，不。

② 狂：狂妄自大，愿望太高。

③ 肆：放肆，不拘小节。

④ 荡：放荡，行为没有约束。

⑤ 矜：骄傲。

⑥ 廉：有棱角。

⑦ 忿（fèn）戾（lì）：忿，愤怒，怨恨；凶暴，猛烈。

⑧ 愚（yú）：愚昧，愚蠢。

⑨ 诈：欺骗。

【译文】

孔子说："古人有三种毛病，现在的人已经不是这样了。古代的狂者愿望太高，敢说敢做没有顾忌，现在的狂妄者却是放荡不羁，行为没有约束；古代骄傲的人直来直去，感觉不好接近，现在那些骄傲的人却是带着怨恨凶恶蛮横；古代愚笨的人坦率正直，不会绕弯，现在的愚笨者却是看起来傻，其实傻中带有欺骗的成分。"

【品鉴】

孔子所言古人的三种毛病，实则是讥讽当时的人已经不再像古人那样充满真性情，矫饰伪作的成分越来越重。孔子之所以这样认为，是因为他生活的春秋末年，社会动荡，政治不明，礼治不顺，世风不厚，道德浇薄。当今社会，人们不也常常感叹现在的人越来越有自己的个性，越来越有自己的主见，他们的性格越来越带有不断发展的时代的印记。这些人正在创造着一个新的社会环境，同时也被这个新的社会环境所改造。

【原文】

子曰："巧言令色，鲜矣仁。"

此章注释与《学而》第三章相同。

【原文】

子曰："恶紫①之夺朱②也，恶郑声之乱雅乐③也，恶利口④之覆⑤邦家者。"

【注释】

① 紫：蓝色和红色合成的颜色，古代叫间色。

② 朱：红色，古代也叫正色。

③ 雅乐：正乐。

④ 利口：说的多，真话少，又能媚悦君主，因此败乱国家。

⑤ 覆：倾败也。

【译文】

孔子说："我厌恶用紫色取代红色，厌恶用郑国的淫声扰乱雅乐，厌恶用伶牙俐齿颠覆国家这样的事情。"

【品鉴】

古人把青、赤、白、黑、黄五色称为正色，两种或两种以上正色调和成的颜色称为间色。周代尚赤色，所以是正色，而紫是调和色，所以是间色。或许是春秋时期，染色工艺有了突破，所以在社会上渐渐形成尚紫风气。《群经补义》说："玄冠紫緌（ruí）自鲁桓公始，此尚紫之渐。"《韩非子·外储说左上》载："齐桓公好服紫，一国尽服紫。"齐桓公贵紫贱素，齐人皆好之，争相购买，结果价格翻出十倍。《左传·哀公十七年》记载，春秋末年，卫国的浑良夫因身穿紫衣狐裘，被太子数其三罪（紫衣、袒裘、带剑）而杀之。孔子则"恶紫之夺朱"，认为紫色取代了红色，是邪奸之色夺了正色，因此要为正色和间色定名位，以别尊卑，巩固等级制度。

【原文】

子曰："予欲无言。"子贡曰："子如不言，则小子何述①焉？"子曰："天何言哉？四时行焉，百物②生焉，天何言哉？"

【注释】

① 述：陈述，记述。
② 百物：万物。

【译文】

孔子说："我想不说话了。"子贡说："您如果不说话，弟子们还记述什么呢？"孔子说："天什么时候说过话？四季不是照常运行，万物不是照样生长，天什么时候说话了呢？"

【品鉴】

孔子所说的"天"具有三重含义：一是具有人格意志之天，它是世界的最高主宰。一切文化的兴衰,个人的安危,都是天所决定的。"天生德于予,桓魋其如予何。"(《述而》)孔子认为自己的德性生命就是由天所赐,你桓魋又能把我怎样?"天之将丧斯文也,后死者不得与于斯文也;天之未丧斯文也,匡人其如予何?"(《子罕》)天要是不想灭绝一种文化,你匡人又能把我怎样?在孔子看来,天具有无上的威力,绝对的权威,奉天之所命的东西,任何人都奈何不了,撼动不了。天不灭我,你们谁能奈何得了我?

二是与社会相对的自然之天。这个自然之天,广大而辽远,"巍巍乎!唯天为大,唯尧则之。"(《泰伯》)"列星随旋,日月递炤,四时代御,阴阳大化,风雨博施,万物各得其和以生,各得其养以成,不见其事,而见其功,夫是之谓神。"(《荀子·天论》)这一意义上的天,就是我们所说的物质世界。

三是义理之天。"天行有常,不为尧存,不为桀亡。"(《荀子·天论》)这一意义上的天,就是今人所说的支配宇宙、人生的原理、法则和规律。

【原文】

孺悲①欲见孔子,孔子辞以疾②。将命者③出户,取瑟而歌,使之闻之。

【注释】

① 孺悲:鲁国人。

② 辞以疾:以生病为理由推辞。

③ 将命者:传话的人。

【译文】

孺悲想见孔子，孔子以生病为理由推辞不见。传话的人刚出门，孔子便取过琴瑟边弹边唱，让孺悲听到。

【品鉴】

《礼记·杂记》记载，孺悲曾跟随孔子学习士丧礼，应该可以推断孺悲做过孔子的学生，但是《史记·仲尼弟子列传》中却没有孺悲的名字，因此，孺悲是不是孔子的弟子已不可考。古代人第一次见面一定要有人从中介绍，孺悲既然曾经跟孔子学习过士丧礼，估计不用介绍就可以见孔子。但是孔子为何不见？要么是孺悲得罪过孔子，要么就是孺悲自身有什么毛病，总之，孔子不喜欢他。但是不见归不见，得让他知道我不想见你，并不是我真的生病了不能见你，而是不想见。因此，孔子弹琴而歌，故意让孺悲听到，希望他悟到自己的错误，这就是孔子的圣人之诚。

【原文】

宰我问："三年之丧，期①已久矣。君子三年不为礼，礼必坏；三年不为乐，乐必崩。旧谷既没，新谷既升②，钻燧改火③，期可已矣④。"

子曰："食夫稻⑤，衣夫锦，于女安乎？"

曰："安。"

"女安，则为之。夫君子之居丧，食旨⑥不甘，闻乐不乐，居处⑦不安，故不为也。今女安，则为之！"

宰我出。子曰："予之不仁也！子生三年，然后免于父母之怀。夫三年之丧，天下之通丧也，予也有三年之爱于其父母乎？"

【注释】

① 期（qī）：预定的时间，一定的时间期限。

② 旧谷既没（mò），新谷既升：既，第一个"既"是时间副词，表示"已经"，第二个"既"也是时间副词，表示"已经"。没，没有。升，谷物成熟。意为旧谷子刚刚吃完，新谷子又成熟了。

③ 钻（zuān）燧（suì）改火：燧，取火的木头。古人钻木取火，一年之中，春、夏、秋、冬钻火的木头都不同，一年轮一遍，叫做改火。

④ 期（jī）可已矣：一年就可以了。

⑤ 稻：古代北方以稻为米，故居丧期间不食用。

⑥ 旨：味美。

⑦ 居处：这里指与平日相同的居住生活。古代父母之丧，孝子要另筑草庐而居。

【译文】

宰我问："为父母守丧三年，时间也太长了。君子三年不讲习礼仪，礼仪必然败坏；三年不演奏音乐，音乐就会荒废。旧谷刚刚吃完，新谷就已经成熟，钻燧取火的木头轮过了一遍，有一年的时间就可以了。"

孔子说："守丧不到三年，你就吃起了大米饭，穿上了锦缎衣，你心安吗？"

宰我说："心安。"

"心安，那就去做。君子守丧，吃美味不觉得香甜，听音乐不觉得快乐，住在家里不觉得舒服，所以不那样做。如今你这样做觉得心安，那你就这样做吧！"

宰我走了。孔子感叹说："宰予真是不仁！孩子长到三岁，才能离开父母的怀抱。服丧三年，这是天下通行的丧礼，宰我从他的父母那里也享受过三年之爱吧？"

【品鉴】

《礼记·三年问》说："夫三年之丧，天下之达丧也。"郑玄注说："达，谓自天子至于庶人。"上至天子，下至庶人，皆应为父母守丧三年。《尚书》记载，"高宗谅闇，三年不言。"即父母过世，殷代贤王高宗守孝，三年不问政事，这是善行。孔子认为，不仅仅是高宗，古人都是这样做的。《礼记·丧服四制》说："此丧之所以三年，贤者不得过，不肖者不得不及。"可以看出，"三年之丧"，并不是儒家学派的独出心裁，而是汉民族古已有之的基本伦理精神和重要道德传统，是儒家丧礼制度化的结果。

关键是为什么要守丧三年？孔子是从人的出生谈起，小孩生下来三年就可以脱离父母的怀抱，所以父母死后要三年守丧。古人都是这样做的，贤王高宗也不例外，宰我应该也享受过父母三年之爱吧？那便没有理由不这样做了。

【原文】

子曰："饱食终日，无所用心，难①矣哉！不有博弈②者乎？为之，犹贤③乎已。"

【注释】

① 难：厌恶、忌恨、不可、不好。
② 博弈：博，局戏也，段玉裁注："古戏，今不得其实。"（程树德

《论语集释》）弈，围棋。

③ 贤：胜。

【译文】

孔子说："整天吃饱了饭没事干，什么心思也不用，这是人最应该忌讳的事情啊！不是还有博弈的游戏吗？玩玩这个，也比闲着好。"

【品鉴】

饱食终日，无所用心的人还是有的，这些人天天吃饱了没事干，闲来滋生邪念，琢磨歪点子，出馊主意。有时候，我们称一些人做的事情非常无聊，就会讥讽说："这个人真是吃饱撑的没事干。"因此，饱食终日这样的词，就是比喻那些不干正经事的人。相比之下，孔子觉得，没事干就玩玩游戏，启迪一下心智，也比闲着没事去琢磨干坏事强吧？其实，但凡对生活有点想法的人，都会主动找点事情做。人最怕的是闲人！

【原文】

子路曰："君子尚①勇乎？"子曰："君子义②以为上，君子有勇而无义为乱，小人③有勇而无义为盗。"

【注释】

① 尚：崇尚，尊重。

② 义：合宜的道德、行为或道理。

③ 小人：普通百姓。

【译文】

　　子路说:"君子崇尚勇敢吗?"孔子答道:"君子以义作为最高尚的品德,君子有勇无义就会作乱,小人有勇无义就会沦为盗贼。"

【品鉴】

　　子路的性格多好勇尚战,孔子多以"义"来教诲之。据《孔子家语》记载,子路第一次见孔子,就拔剑而舞,有古之君子以剑自卫的发问气势,孔子这番话大概就是冲着子路的好勇性格而来的。

　　据《论语集释》转《金楼子》载,有一天,孔子带着子路到深山老林去游山,口渴让子路去找点水喝。子路在小溪边取水,遇到老虎。于是,子路奋力和虎搏斗,打死了老虎,揪断了老虎的尾巴,揣在怀里。取水回来,子路向孔子炫耀说:"上士是怎样打死老虎的?"孔子说:"上士杀老虎,先揍老虎的头。"子路又问:"那中士呢?"孔子说:"中士杀老虎,先揪虎耳朵。""那下士呢?"孔子说:"下士杀虎,拽住老虎尾巴。"子路听了,生气地跑到一边,扔掉怀里的老虎尾巴,又在怀里塞上一块石盘,心想:"先生明知溪水边有一只老虎,故意让我去打水,是存心想害死我。"于是,子路愤愤然想杀掉孔子,又问:"上士是怎么杀人的?"孔子看了他一眼,说:"用笔尖。""中士呢?"孔子慢条斯理地回答说:"用语言。""下士呢?"孔子若无其事地说:"下士杀人啊,用石盘。"子路一听,弃盘而去。

【原文】

　　子贡曰:"君子亦有恶①乎?"子曰:"有恶。恶称②人之恶者,恶居下流③而讪④上者,恶勇而无礼者,恶果敢而窒⑤者。"

　　曰:"赐也亦有恶乎?恶徼⑥以为知者,恶不孙⑦以为勇者,恶讦⑧以为直者。"

【注释】

① 恶（wù）：厌恶，憎恶。

② 称：称颂，赞许。

③ 流：疑为后人误增入。

④ 讪（shàn）：诽谤，诋毁。《礼记少仪》说："为人臣下者，有谏而无讪。"

⑤ 窒：阻塞，不通；比喻不明事理，顽固不化。

⑥ 徼（jiǎo）：抄也；抄人之意，以为己有。

⑦ 孙（xùn）：通"逊"，恭顺。

⑧ 讦（jié）：攻击、揭发别人的隐私。

【译文】

子贡说："君子也有厌恶的事吗？"孔子说："有厌恶的事。厌恶称颂他人恶事的人，厌恶为人臣而诋毁君上的人，厌恶勇敢而又不懂礼节的人，厌恶固执而又不通事理的人。"

孔子又说："赐，你也有厌恶的事吗？"子贡说："厌恶抄袭别人的东西当作自己的知识的人，厌恶把不谦虚当作勇敢的人，厌恶揭发别人的隐私而以为自己还很直率的人。"

【品鉴】

孔子和子贡的这段对话，每句都指向大家厌恶的一些人，这些人无论在古代社会，还是在现代社会都没有绝迹。其中有一种人，能熟练地玩弄两面派的手法，当着领导的面说尽好话，可背地里，不惜诋毁自己的上级。他们经常说起来看似无心，如果你听了，还以为他跟你一样，对上级是多么的不屑一顾，却殊不知实则有意，你要是感觉这下可遇上"知音"了，然后顺荐再接上几句话迎合他，那就很危险了，说不准什么时候，你的话就传到领导耳朵里。还有一种人，常常以揭发别人的隐私为快乐，还美名曰："我说的是事实！"在孔子眼里，这些都是没有忠诚之心、没有仁厚之心的恶毒小人。

【原文】

子曰："唯女子与小人为难养①也。近之则不孙②，远之则怨。"

【注释】

① 难养：畜养，比喻难相处。
② 孙（xùn）：通"逊"，恭顺。

【译文】

孔子说："唯有女子和小人难以相处，亲近他们，就不懂得恭敬谦顺，疏远他们，就要心生抱怨。"

【品鉴】

常言说，宁肯得罪君子，不能得罪小人。孔安国《论语正义》说："所以难养也，以其亲近之则多不孙顺，疏远之则好生怨恨。"君子为人大度、宽厚、豁达，如果你得罪了君子，他不会跟你记仇，但是你不幸得罪了小人，他可是会记你一辈子的仇。如果你一不小心交上小人为友，千万不要得罪他们，不可离他们太近，也不可以离他们太远，可以进行有距离的交往，以免自己受到伤害。

【原文】

子曰:"年四十而见①恶②焉,其终③也已。"

【注释】

① 见(jiàn):表示被动,相当于"被"。
② 恶(wù):动词,厌恶。
③ 终:生命完结。

【译文】

孔子说:"一个人活到了四十岁的时候还被人厌恶,他这一生也就完了。"

【品鉴】

孔子说"三十而立,四十不惑"。不惑之年,该是懂得自我反省,明白事理的时候了。如果这把年纪了,还是遭人厌恶,就说明这个人没有可取之处了。朱熹《论语集注》解释说:"四十,成德之时。见恶于人,则止于此而已,勉人及时迁善改过也。"四十岁的时候,正是人修成德性之时,而这个时候如果还是被别人厌恶,这个人也就没有太大希望了,因此,人应该注意迁善改过,不断进德修业。

第十八章　微子篇

【原文】

微子①去之，箕子②为之奴，比干③谏而死。孔子曰："殷有三仁焉。"

【注释】

① 微子：名启，殷纣王的同母兄长，见纣王无道，劝他不听，于是，离开纣王。

② 箕（jī）子：名胥馀，殷纣王的叔父。他去劝纣王，见王不听，便披发装疯，被降为奴隶。

③ 比干：名干，殷纣王的叔父，屡次强谏，激怒纣王，被剖心而死。

【译文】

微子离开了纣王，箕子做了他的奴隶，比干上谏被剖心而死。孔子说："这可是殷朝的三位仁人啊！"

【品鉴】

据《吕氏春秋·仲冬纪》记载，纣的母亲生微子启和仲衍的时候，还是妾，生纣的时候才被立为妻。纣的父亲想要立微子启为太子，太史据法而争说："有妻之子，不可置妾之子。"于是立纣为太子。帝乙去世后，纣继承帝位。

殷纣王是一个世人皆知的昏王暴君，他横征暴敛，荒淫残虐，昏庸至极。微子见周王无道，国家面临灭亡，故多次上谏纣王，见纣王不听，乃离殷投周。箕子说："知不用而言，愚也。杀身以彰君之恶，不忠也。"遂披发装疯被贬为奴隶，后被囚禁。比干说："为人臣者不得以死争。"强行上谏，纣王发怒说："吾闻圣人心有七窍。"于是"剖比干，观其心。"微子之去，箕子因奴，比干剖心，三人所行，事迹虽异，皆忠烈凛然，天地为昭。孔子赞他们为仁人。

【原文】

柳下惠①为士师②，三黜③。人曰："子未可以去④乎？"曰："直道而事人，焉往⑤而不三黜？枉⑥道而事人，何必去父母之邦？"

【注释】

① 柳下惠：姓展，名获，字禽，鲁国贤臣。
② 士师：官名，古代掌管刑狱的官。
③ 黜（chù）：废，贬退。
④ 去：离开。
⑤ 焉往：到哪里去。
⑥ 枉：曲也。

【译文】

柳下惠做了掌管刑狱的官，三次被罢免。有人说："你难道不可以离开鲁国吗?"柳下惠说:"如果按正道侍奉君主都行不通,到哪里去能保证不被多次罢官呢?如果不按正道侍君主就能行得通,何必一定要离开自己的国家呢?"

【品鉴】

　　这一节说的是柳下惠"直道事人"的性情和节操。但是,应该注意的是,柳下惠不是孔门弟子,《论语》却用一节的篇幅来讲他的事迹,这足以表明孔子后学对柳下惠持有的积极和肯定的态度。孔子对柳下惠的评价是"言中伦,行中虑",就是说,说话合乎人伦,做事情合乎思虑与人情,老百姓对他满意。但是,他的不足之处在于"降志辱身"。关于这一点,孔子在本章的第八节中作出了评论。

【原文】

　　齐景公待①孔子,曰:"若季氏,则吾不能,以季、孟之间②待之。"曰:"吾老矣,不能用③也。"孔子行。

【注释】

　　① 待:对待。
　　② 季、孟之间:鲁国三卿中,季氏为上卿,位最贵,孟氏为下卿,故有此季、孟之间的说法。
　　③ 用:任用。

【译文】

　　齐景公讲到对待孔子的礼遇规格时说:"像鲁君对待季氏那样,我做不到,我用介于季氏、孟氏之间的待遇对待他。"又说:"我老了,不中用了。"于是，孔子离开了齐国。

【品鉴】

《史记·孔子世家》记载，齐景公曾经问政于孔子。孔子给他支招说："政在节财。"景公很高兴，决定把尼谿的田地封赐给孔子。晏婴不同意，便利用孔子学说的矛盾之处，进谏景公，说："夫儒者滑稽而不可轨法；倨傲自顺，不可以为下；崇丧遂哀，破产厚葬，不可以为俗；游说乞贷，不可以为国。自大贤之息，周室既衰，礼乐缺有间。今孔子盛容饰，繁登降之礼，趋详之节，累世不能殚其学，当年不能究其礼。君欲用之以移齐俗，非所以先细民也。"

意思是，这些儒者能言善辩却不能用法度来约束；高傲自大却不懂顺从，不可以为百姓效仿；崇尚丧礼表达哀伤，破费财物厚葬死人，不能让这些成为生活习俗；四处游说乞求施予，不能靠这些来治理国家。自从大贤相继过世，周朝衰落，礼乐不兴有很长时间了。如今孔子盛装打扮，烦琐地规定尊卑上下的礼仪、举手投足的礼节，导致连续好几代人都搞不清他的学问，一年到头学不完他的礼。国君打算用这一套来改造齐国的风俗，恐怕不是引导百姓的好办法。

从晏子的进言来看，当时的儒者确实具有能言善辩，居处傲慢，四处游说自己学说的特点。儒家倡导的尊卑上下，繁文缛节，礼法巨细等行为规范，的确并不适合春秋社会末期的政治需要。晏婴能客观地刻画出儒者的面貌，抨击他们学说的弊端，因此说服了景公。此后，景公虽然恭敬地接见孔子，但不再问有关礼的事，并用介于季氏、孟氏之间的待遇对待孔子。在得知齐国大夫又企图谋害孔子时，齐景公颇多无奈地说："吾老矣，弗能用也。"意谓，我老了，管不了那么多了。于是，孔子离开了齐国，返回鲁国。

【原文】

　　齐人归①女乐②，季桓子③受之，三日不朝，孔子行④。

【注释】

　　①归（kuì）：通"馈"，赠送。
　　②女乐（yuè）：能歌善舞的貌美女子。
　　③桓子：鲁国大夫孙斯，鲁定公时为实际执政者。
　　④孔子行：事在鲁定公十三年，孔子时任鲁国司寇，他辞职离开鲁国即前往卫国。

【译文】

　　齐国人给鲁君送了一些能歌善舞的貌美女子，季桓子收下了，鲁国国君一连三天不听政，于是，孔子离开了鲁国。

【品鉴】

　　《史记·孔子世家》记载，鲁定公十四年，孔子为鲁国司寇，诛杀乱政者少正卯，鲁国一度社会安定。齐人听到这些事非常害怕，怕鲁国的强大后首先要兼并齐国，于是选中齐国能歌善舞、容貌姣好的女子八十人，外加三十匹马，赠给鲁君。季桓子微服观之再三，终于心动，又怂恿鲁君接受，鲁君也终日观赏，怠于政事，见鲁君沉迷美女歌舞，淫乐无度，大夫昏庸，国家无道，于是，孔子离开鲁国，到了卫国。

【原文】

　　楚狂接舆①歌而过孔子，曰："凤②兮凤兮，何德③之衰？往者不可谏④，来者犹可追。已⑤而已而，今之从政者殆⑥而。"

孔子下，欲与之言，趋⑦而避之，不得与之言。

【注释】

① 接舆：姓陆，名通，字接舆，楚国人。

② 凤：凤凰，古代传说中的鸟王。《史记·日者列传》说："凤凰不与燕雀为群。"孔子有圣德，故以凤凰来比喻他。

③ 德：德行。

④ 谏（jiàn）：纠正。

⑤ 已：停止。

⑥ 殆：危险。

⑦ 趋：快走。

【译文】

楚国的狂人接舆唱着歌从孔子的车前走过，他唱道："凤凰啊凤凰，是何种德行的衰微使得您如此颠沛流离、孜孜以求？过去的无可挽回，未来的还来得及赶上。算了吧！算了吧！现在从政是多么的危险啊！"孔子下车，想跟他谈谈，他却赶快避开，孔子没能和他交谈。

【品鉴】

接舆并非真狂，他只是通过佯狂来达到避世的目的。他以凤凰喻孔子，又以"往者不可谏，来者犹可追"劝谏孔子，表明他对孔子既敬仰又遗憾的态度。在他看来，孔子应该是"有道则见，无道则隐"的凤凰。在如此危险的世道，孔子还汲汲于道，四处奔走，这就如同运势衰微的凤凰一样，让人憾惜！然而，同样让人遗憾的是，接舆也许永远不会明白"天下有道，以道殉身。天下无道，以身殉道"（《孟子·尽心上》）的道理，永远不能理解孔子济世安民的博大胸襟。

【原文】

　　长沮①、桀溺②耦而耕③，孔子过之，使子路问津④焉。

　　长沮曰："夫执舆⑤者为谁？"

　　子路曰："为孔丘。"

　　曰："是鲁孔丘与？"

　　曰："是也。"

　　曰："是知津矣⑥。"

　　问于桀溺。

　　桀溺曰："子为谁？"

　　曰："为仲由。"

　　曰："是鲁孔丘之徒与？"

　　对曰："然。"

　　曰："滔滔⑦者天下皆是也，而谁以⑧易之？且而与⑨其从辟人之士也，岂若从辟世之士哉？"耰⑩而不辍。

　　子路行以告。

　　夫子怃然⑪曰："鸟兽不可与同群，吾非斯人之徒与而谁与？天下有道，丘不与易也。"

【注释】

　　① 长沮（jǔ）：隐者名。

　　② 桀（jié）溺（nì）：隐者名。

③耦而耕：两人并肩耕作。

④津：渡口。

⑤执舆（yú）：执辔。辔（pèi），驾驭牲口的缰绳。

⑥是知津矣：这是讽刺孔子的话，意谓他长期在外周游，故熟知渡口。

⑦滔滔：世道混乱的样子。

⑧以：相当于"与"。

⑨而：你。

⑩耰（yōu）：农具的名字。形状如同大木榔头，用来捣碎土块，平整土地。

⑪怃（wǔ）然：怅然、失意的样子。

【译文】

长沮、桀溺在一起耕种，孔子路过，让子路去打听渡口在哪里。

长沮问子路："那个拉着缰绳的人是谁？"

子路说："是孔丘。"

长沮说："是鲁国的孔丘吗？"

子路说："是的。"

长沮说："那他肯定知道渡口的位置。"

子路再去问桀溺。桀溺说："你是谁？"

子路说："我是仲由。"

桀溺说："你是鲁国孔丘的门徒吗？"

子路说："是的。"

桀溺说："世道混乱无序，天下到处如此，谁能去改变它呢？而且你与其跟从躲避人的人，为什么不跟从我们这些躲避社会的人呢？"说完，仍旧不停地做着农活。

子路回来后把情况汇报给孔子。

孔子失望地说:"人不能跟鸟兽同群,我不同世上的人打交道还与谁打交道呢?如果天下太平,我就用不着改革了。"

【品鉴】

孔子认为自己就应该和世上的人打交道,以推行大道,施行政治改革,拯救这个世道混乱的社会,而自己希望参与社会改革,积极入世的愿望是这些隐士所不能理解的。正是因此,孔子始终怀有强烈的社会责任感和使命感,始终不懈地为社会改革而努力奔走,四处游说,这种可贵的忧患意识和社会责任感无疑对于今天的人具有重要的启发意义。

【原文】

子路从而后,遇丈人①,以杖荷蓧②,子路问曰:"子见夫子乎?"丈人曰:"四体不勤,五谷不分③,孰为夫子?"植④其杖而芸⑤。子路拱而立。止子路宿⑥,杀鸡为黍⑦而食⑧之,见其二子焉。明日,子路行以告。子曰:"隐者也。"使子路反见之,至,则行矣。子路曰:"不仕无义。长幼之节,不可废也;君臣之义,如之何其废之?欲洁其身,而乱大伦。君子之仕也,行其义也。道之不行,已知之矣。"

【注释】

① 丈人:老人也。

② 荷(hè)蓧(diào):荷,扛,担。蓧,一种竹制的除草工具。

③ 四体不勤,五谷不分:四体,手足。勤,勤劳;五谷,黍稷之类。

分，皇侃认为是播种也。

"四体不勤，五谷不分"，有两种理解，一是包咸认为，这是丈人说自己农活很忙，没有闲暇功夫管谁是夫子，因此，并不是责备子路。《群经平议》说："分当读为粪，声近而误也。"《礼记·王制篇》有："百亩之分"，郑玄注说："分或为粪。《孟子·万章篇》作'百亩之粪'，是其证也。"另一说是丈人在责备孔子。说孔子手脚不勤，五谷不分，不配做老师。根据上下文，我们采纳第一种说法。

④ 植：竖立。

⑤ 芸：通"耘"，除草。

⑥ 止子路宿：止，留，留住；留子路住宿。

⑦ 黍（shǔ）：黏小米。

⑧ 食（sì）：供养，给……吃。

【译文】

子路跟随孔子出行，远远落在了后面，遇到一位丈人，用拐杖挑着除草的工具。子路问道："你看到我的老师吗？"丈人说："如果我手脚不勤快，五谷就不能播种，哪有工夫管你的老师？"说完，便扶着拐杖去除草。子路拱着手恭敬地站在一旁。丈人留子路到他家住宿，杀了鸡，做了小米饭给他吃，又叫两个儿子出来与子路见面。第二天，子路赶上孔子，把这件事告诉了他。孔子说："这人是个隐士。"叫子路回去再看看他，子路到了昨晚住宿的地方，老丈已经走了。子路说："不做官是不符合道义的。长幼间的礼节是不可能废弃的；君臣之间的礼节怎么能废弃呢？想要洁身自好，却搞乱了根本的伦常关系。君子做官，只是为了实行道义。至于推行大道的困难，我早就知道了。"

【品鉴】

"君子之仕也,行其义也。道之不行,已知之矣。"君子做官不是为了自己的某种私利,而是为了推行道义。子路这话可谓深得孔子思想之真意。作为孔子的高徒,子路深知,推行道义是困难的。但是,由道义而致功利,这确是儒家思想之大法。在儒家看来,道义和功利是紧密联系在一起的。一个人做到了道义,也就有了功利。孔子在解释《周易》乾卦时说:"利者,义之和也。"(《易传·文言》)离开道义,急于计功谋利,往往事与愿违。宋儒朱熹对这一思想表述得尤为清楚,他说:"利是那义里面生出来底。凡事处置得合宜,利便随之。""若只理会利,却是从中间半截子做下去,遗了上面一截义底。小人只理会后面半截,君子从头来。"(黎靖德《朱子语类》)"正其义则利自在,明其道则功自在。专去计较利害,定未必有利,未必有功。"(黎靖德《朱子语类》)一句话,只有推行大道义,才会有大功利。这对于那些急于建功立业的人,无疑具有重要的启发意义。

【原文】

逸民①:伯夷、叔齐②、虞仲③、夷逸④、朱张⑤、柳下惠⑥、少连⑦。

子曰:"不降其志,不辱其身,伯夷、叔齐与?"

谓柳下惠、少连"降志辱身矣。言中伦,行中虑,其斯而已矣。"

谓虞仲、夷逸"隐居放言⑧,身中清,废中权⑨。"

"我则异于是,无可无不可。"

【注释】

① 逸民：有德行而又隐居的人。

② 伯夷、叔齐：商朝孤竹国君主之子。孤竹君在世时有意让叔齐接替君位，等到孤竹君死后，叔齐希望哥哥伯夷继承君位，伯夷因此而出逃，叔齐也出逃。二人一起投奔西伯侯，也就是后来的周文王。文王讨伐商纣，伯夷叔齐极力谏阻。天下归周后，二人隐于首阳山，坚持不食周粟，最后饿死。

③ 虞仲：仲雍。周朝古公亶父周太王的次子，吴泰伯之弟。《史记·周本纪》说："长子太伯、虞仲知古公欲立季历，以传昌，乃二人亡如荆蛮，文身断发，以让季历。"朱熹《四书章句集注》说他在吴地时，"断发文身，裸以为饰。隐居独善，合乎道之清。放言自废，合乎道之权。"

④ 夷逸：据《尸子》载，有人劝他做官，他不肯。

⑤ 朱张：其事迹已不可考。《汉书·古今人表》存其名。孔子在文中评价了另外六人，独独没有评价朱张。针对这一点，王应麟在《困学纪闻》中说："逸民各论其行而不及朱张，或曰其行与孔子同，故不复论也。"

⑥ 柳下惠：据皇侃《论语义疏》记载，柳下惠与少连二人"并仕鲁朝"，而柳下惠三次被罢黜官职，故有"降志辱身"的说法。

⑦ 少连：据《礼记·杂记下》记载，少连是东夷之子，孔子对他的评价是："善居丧，三日不怠，三月不解，期悲哀，三年忧。"

⑧ 放言：不误世事的意思。放、置。

⑨ 权：权变，因事制宜。

【译文】

德行超逸而又避世隐居的贤人有：伯夷、叔齐、虞仲、夷逸、朱张、柳下惠、少连。

孔子说："不降低自己的志向，不屈辱自己的身份，这大概是伯夷和叔齐吧！"

柳下惠、少连"降低自己的志向，屈辱自己的身份（在这一点上比伯夷、叔齐虽然次了一等）。但他们说话合乎伦理，行为合乎思虑，应乎人心。只是如此而已！"

虞仲、夷逸"避世隐居，不言世事，合乎洁身自爱的原则。不去乱朝做官，废弃世事，合乎权变之道。"

"我却与这些人不同，没有什么绝对的可以，也没有什么绝对的不可以。"

【品鉴】

伯夷、叔齐是千古流芳的忠贤，虞仲、夷逸是避世隐居的名士，柳下惠、少连是积极有为的贤臣，但他们共同的问题是不懂得进退行止之道，不洞悉通权达变之理，因而，在孔子看来，他们的品行和作为令人钦佩和敬仰，但并不是人生的最高境界。人生的最高境界应当是"可以仕则仕，可以止则止，可以久则久，可以速则速"（《孟子·公孙丑上》），这也就是孔子所说的"无可无不可"。

【原文】

大师挚①适②齐，亚饭③干适楚，三饭缭适蔡，四饭缺适秦，鼓方叔④入于河，播鼗武⑤入于汉，少师阳⑥、击磬襄⑦入于海。

【注释】

① 大师挚（zhì）：大师，即太师，鲁国的首席乐官。挚是他的名字。

② 适：到，去。

③ 亚饭：官名。古代天子吃饭时都要奏乐，所以，乐官有"亚饭""三饭""四饭"之称。干、缭、缺分别为亚饭、三饭、四饭乐师的名字。

④ 鼓方叔：鼓，击鼓的乐师。方叔，乐师之名。

⑤ 播鼗（táo）武：播，击打。鼗，长柄的摇鼓，俗称拨浪鼓。武，乐师的名字。

⑥ 少师阳：少师，乐官名称，朱熹《四书章句集注》解为"乐官之佐"，也就是现代人说的副乐师。阳，少师的名字。

⑦ 击磬襄：击磬，乐官名称。襄，击磬乐官的名字。孔子曾跟随他学琴。

【译文】

首席乐师挚跑到了齐国，亚饭乐师干跑到了楚国，三饭乐师缭跑到了蔡国，四饭乐师缺跑到了秦国，击鼓的乐师方叔跑到了黄河边，敲小鼓的乐师武到了汉水边，少师阳和击磬的襄流落到了沿海一带。

【品鉴】

哀公主政时，鲁国国势衰微，政局动荡，于是，乐师散于四方。正如宋人蔡节《论语集说》所说，在"鲁政益微，三家僭妄"的情况下，"自太师而下，皆不得其职，故相率而逃之。夫子虑乐师去而遗音绝，于是笔其所适之所于简，使后之人知而求之，则有或有所考也。"

【原文】

周公①谓鲁公②曰："君子不施③其亲④，不使大臣怨乎不以⑤。故旧无大故⑥，则不弃也。无求备⑦于一人。"

【注释】

① 周公：姓姬，名旦。周文王之子，武王之弟。

② 鲁公：周公的儿子伯禽，封于鲁，故称鲁公。

③ 施（shǐ）：通"弛"，有"遗弃""忘却"的意思。朱熹《四书章句集注》译为"遗弃也"。时贤多译为"怠慢，疏远"，亦与文意合。

④ 亲：有血统或婚姻关系的人。六亲，父子、兄弟、夫妇。杜预为《左传》作注时认为，"亲"可泛指"九族"。《礼记·大传》说："亲，属也。"

⑤ 以：用，使用。《玉篇·人部》曰："以，用也。"

⑥ 大故：故，原因，根由。事，事情。大故，大的事情和原因。朱熹《四书章句集注》释为"恶逆"，应是引申义。

⑦ 备：齐备，具备。

【译文】

周公对鲁公说："君子不要遗弃和忘却他的亲属，不使大臣们抱怨不用他们。旧友老臣没有重大的过失，就不要抛弃他们。不要企图在一个人身上找到所有的优点。"

【品鉴】

"故旧无大故，则不弃也。无求备于一人。"

儒家思想的基本理论是从修身齐家到治国平天下。因此，"亲亲"是每一个儒者所倡导的基本观念。但是，仅仅停留在"亲亲"的层面上，还远远不够。儒家的政治理想是使天下人"不独亲其亲"，让天下人既要亲自己的亲，也要亲别人的亲，所谓"老吾老以及人之老"，"幼吾幼以及人之幼"。儒家的这一观念应用于治国平天下，就是既不能遗弃和忘却自己的亲属，也不能让非亲属的大臣们抱怨不重用他们，对自己的老友故旧也要加以关照，如果他们没有大的过失，也不要轻易抛弃他们。所以，周公在这一节中告诫他的儿子，要想做好官，需要同"三种人"处理好关系，一种人是"亲属"，第二种人是自己"故旧"，第三种人是非亲非故的"大臣"。

【原文】

　　周有八士①：伯达、伯适、仲突、仲忽、叔夜、叔夏、季随、季騧。

【注释】

　　① 八士：传说周代"有一母，身四乳而生于此八子。八子并贤，故记录之也"。皇侃认为，"四乳"不是说"一人而四乳"。"乳"有"生"的意思，"四乳"应是指生育四次。生育四次而得八子，每次生育都应是双胞胎。就这八人的名字来看，伯达、伯适、仲突、仲忽，叔夜、叔夏，季随、季騧（guā），都是"两两相随，似是双生者也"。（皇侃《论语义疏》）这八士生活在什么年代，已不能确考。有人说是周成王时人，也有人说是周宣王时人。他们皆为周代的贤人高士，但具体是什么样的人，今已无从考知。

【译文】

周代有八士：伯达、伯适、仲突、仲忽、叔夜、叔夏、季随、季騧。

【品鉴】

朱熹认为，《论语》列举八士于此，目的在于使人正确认识和把握"圣人之道"，"裁其所过而勉其所不及"（《四书章句集注》）。这一篇中谈到的"三仁"（微子、箕子、比干）、"七逸"（伯夷、叔齐、虞仲、夷逸、朱张、柳下惠、少连）、"八乐师""八贤士"等，都是为了去其过而增其不及，以彰显孔子之道。

第十九章　子张篇

【原文】

子张①曰:"士②见危致命③,见得思④义,祭思敬,丧思哀,其可已矣。"

【注释】

① 子张:姓颛孙,名师,字子张,孔子弟子。
② 士:卿大夫以下,有贤德者。
③ 致命:能舍出性命。
④ 思:思考,想。

【译文】

子张说:"士人遇见危险时能舍出自己的性命,看见利益的时候能想到是不是该得,祭祀的时候能想到是不是做到了严肃恭敬,居丧的时候能想到是不是表达了哀伤,这也就可以了。"

【品鉴】

"见危致命",在国家需要自己的时候能够献出生命,这是士人之所为。但是孔子曾有言说："危邦不入，乱邦不居"，君子应该在危难中学会保全自己，不选择在混乱的国家中做官，不做无谓的牺牲。而子张的意思是，有贤德的士人应该能够做到在国家遇到危险时，不能逃避，关键的时候应该勇于献出自己的生命，这是德性的要求。《太平御览》卷九一五记载："子路勇且多力，其次子贡为智，曾子为孝，颜回为仁，子张为武。"可见，子张身上还具有"武"的品格，他是个讲求道德，有勇且义的仗义之人。

【原文】

子张曰："执德①不弘②，信道不笃③，焉能为有，焉能为亡④？"

【注释】

① 执德：执，执行，施行；德，道德，德性。

② 弘：扩大，光大。

③ 笃：坚定。

④ "焉能为有"两句：意谓这样的人有不足为重，无不足为轻。

【译文】

子张说："施行道德却不能发扬光大，信仰大道却不够忠实坚定，怎么能说有，又怎么能说没有？"

【品鉴】

做一个持守道德的人，却不能在社会生活中光大弘扬德性，只是信仰大道，却不能在实践中坚定不移地追求，都不能说是拥有了道德或持守了大道的信仰。只是拥有了道德，自己能做到，并不是德性的最高境界。在子张的思想中，德性的最高境界应该在实践中不断发扬光大，自己的最高信仰应该在生活中能够坚定持久，不会因为任何外在的原因而改变。

【原文】

子夏①之门人问交②于子张。子张曰："子夏云何？"

对曰："子夏曰：'可者与之，其不可者拒之'。"

子张曰："异乎吾所闻：君子尊贤而容众，嘉③善而矜④不能。我之大贤与⑤，于人何所不容？我之不贤与，人将拒我，如之何其拒人也？"

【注释】

① 子夏：姓卜，名商，字子夏。
② 交：交友。
③ 嘉：赞美，嘉奖。
④ 矜：怜悯，同情。
⑤ 与：通"欤"，句末语气词，表示疑问或者感叹。

【译文】

子夏的学生请教子张怎样结交朋友。子张说："子夏是怎么说的？"

答道："子夏说：'可以交的就和他交朋友，不可以交的就拒绝他。'"

子张说："我听到的不是这样。君子既尊重贤人，又能容纳众人。能够赞美善人，又能同情能力不够的人。如果我是十分贤良的人，那我对别人有什么不能容纳的呢？我如果不贤良，那人家就会拒绝我，又怎么谈能拒绝人家呢？"

【品鉴】

子夏所谈的交友,是为人之初的交友之道,而子张谈论的"交友之道",是为大贤者的为人之道。子夏的交友之道主张在是非善恶中间选择一个,这是仁者好恶之心的彰明,子夏就是在这个前提下谈论交友之道的。孔子对交朋友也有自己的主张,"道不同不相与谋",君子以义相交,而不能苟合。

子张则不同,他主张为君子贤人者,应当有温良宽厚之心,容纳别人,宽容别人,同情能力不强的人。这是对的。正如荀子所说:"君子贤而能容罢,知而能容愚,博而能容浅,粹而能容杂"(《荀子·非相》),为君子者应当学会兼容的方法。一个贤良温厚的人,具有宽容仁慈之心的人,既能树立自己的品格,同时也应当有自己为人处事的原则。宽容不等于没有原则,仁厚不等于一定要把不同的人结交成朋友。从这一角度上看,子张的回答有点离题。

【原文】

子夏曰:"虽小道①,必有可观②者焉。致远恐泥③,是以君子不为也。"

【注释】

① 小道:与"大道"相对,指和精工技艺之道术有关的小能小善。

② 可观:可取。

③ 泥(nì):行不通。

【释义】

子夏说:"虽然都是些小的技艺,也有可取的地方。但用它来达到远大目标就行不通了，所以君子不去追求小道。"

【品鉴】

　　此段话是子夏用来比喻君子的胸怀，不拘泥于小能小善，不执着于眼前的具体事情，而是放开眼界，开放心胸，涵纳百川，"内足以明心尽性，外足以经纶参赞，有体有用，方是大道。"（程树德《论语集释》）掌握了大道，就能够在内心彰明德性，在行动上参天地之化育。

【原文】

　　子夏曰："日知其所亡①，月无忘其所能②，可谓好学也已矣。"

【注释】

　　① 亡（wú）：通"无"，没有。
　　② 所能：指已经识记在心的东西。

【译文】

　　子夏说："每天学到一些过去不知道的东西，每月都不能忘记已经学会的东西，这就可以叫作好学了。"

【品鉴】

　　学习是一个不断积累的过程。知其所无，是正向的增加。忘其所能，是负向的增加。真正的好学者只能有正向的增加，不能有负向的增加。学了新的知识，牢记原有的知识，这就是好学。

【原文】

子夏曰:"博学而笃志①,切问②而近思,仁在其中矣。"

【注释】

① 笃志:笃,坚定。志,心意,志向。
② 切(qiè)问:切,贴近,接近。询问与自己所学有关的,还没有悟到的事情。

【译文】

子夏说:"博览群书广泛学习,坚守自己的志向,就与自己学习有关的事情提出疑问并且去思考它,这里面就有仁了。"

【品鉴】

孟子认为,"仁"是人的本心所固有的,恶是后天习染的。学问之道没有别的,就是寻找自己的本心,把后天洗染了的心恢复回去,把放失了的本心找回来。与孟子求善的致思路相区别,孔子认为,后天的学习可以使人向善。博学而笃志,切问而近思,就是实现仁的有效途径。

【原文】

子夏曰:"百工①居肆②以成其事,君子学以致其道。"

【注释】

① 百工:各行各业的工匠。
② 肆:作坊。

【译文】

子夏说:"各行各业的工匠处在作坊里完成自己的工作,君子通过不断学习来实现大道。"

【品鉴】

百工和学者不同,百工在自己的作坊里,做事情,成功业。读书人则是通过不断的学习,实现大道,这是两种不同境界的人实现人生目标的不同道路。对于那些执着于"小道"的人,子夏认为他们只能成事,不能"致远",不能成就"大道"。凡是致力于"大道"的人,一定要通过学习,学习所有可以学习的东西,用心体悟,在内心生成人的德性境界,用中国哲学的话说,就是要"知道",然后"成道",最后的境界才是"行道",把所掌握的大道推行和实施于治国平天下的社会实践中,这才是三种"道"的层次中最高的层次。

【原文】

子夏曰:"小人之过也必文①。"

【注释】

①文:文饰,掩饰。

【译文】

子夏说:"小人犯了过错一定要掩饰。"

【品鉴】

小人没有承担责任的勇气,所以他们犯了错误一定要掩饰。生活中如果习惯了遮掩，人就丧失了反省的能力，那就永远只能做个小人了。而君子恰恰相反，君子"过而能知，可以谓明。知而能改，可以即圣。"所以，子贡说："君子之过也，如日月之食焉：过也，人皆见之；更也，人皆仰之。"

【原文】

子夏曰："君子有三变：望之俨然①，即②之也温，听其言也厉③。"

【注释】

① 俨（yǎn）然：庄重的样子。
② 即：接近，靠近。
③ 厉：严肃，严厉。

【译文】

子夏说："君子给人的感觉有三种不同：远远望着，庄严可畏；靠近他时，温和可亲；听他说话，严肃不苟。"

【品鉴】

君子应当具有多种不同的品格，所以《述而》说："子温而厉，威而不猛，恭而安。"《礼记·表记》也说："君子不厉而威。"为君子者，既树立威严的形象，又让人倍感温和。这样的君子既能成为他人效法的榜样，又能贴近众生，不让人感到不好接近。

【原文】

子夏曰:"君子信①而后劳其民②;未信,则以为厉③己也。信而后谏;未信,则以为谤④己也。"

【注释】

① 信:取信。
② 劳其民:役使他的臣民。
③ 厉:侵害。
④ 谤:诽谤。

【译文】

子夏说:"君子必须取得信任之后才去役使百姓;没有树立起威信,就会让百姓以为你在侵害他们。要先取得信任,然后才去规劝;没有取得信任,就会让人以为你在诽谤他。"

【品鉴】

取信于人是做好事情的前提。为君主者,要取得臣下和百姓的信任,首先要以自己的诚意对待他们,这样你才能让他们信任你,然后才能役使他们。为臣下者,要以诚意取得君上的信任,然后才能进谏君主,拯腐救弊,造福苍生。

【原文】

子夏曰:"大德不逾①闲②,小德出入可也。"

【注释】

① 逾：越过，超越。
② 闲：范围，界限。

【译文】

子夏说："大德之人行为不能超越界限，小德之人有些放松是可以的。"

【品鉴】

大德之人，就是大贤以上的人，这种人行为不能有大的过失，中贤以下的人是小德之人，这些人在行为上可以放松一些要求。《论语偶记》说："大德小德皆是有德之人，大小者，优劣之谓也。"《孟子·离娄上》说："小德役大德"，说的是天下有道、政治清明的时候，小德被大德所役使，有大德的人可以指使小德之人。天下无道时，就不行了，这时候大德很可能被小德所役使。

【原文】

子游①曰："子夏之门人小子②，当洒扫应对进退③，则可矣，抑④末也。本之则无，如之何？"

子夏闻之，曰："噫！言游过矣！君子之道，孰先传焉？孰后倦⑤焉⑥？譬诸草木，区⑦以别矣。君子之道，焉可诬⑧也？有始有卒⑨者，其惟圣人乎！"

【注释】

① 子游：姓言，名偃，字子游，孔子弟子。《史记·仲尼弟子列传》

记载:"言偃,吴人。"

② 门人小子:谓子夏的弟子们。

③ 应对进退:迎接客人,周旋进退的礼节。

④ 抑:连词,表示轻微的转折。

⑤ 倦:疑是"传"字之误,在这里当"传"字解释。

⑥ "孰先传焉"两句:意谓传授君子之道,哪里是刻板地确定什么在前什么在后,而放在后面传授的也不表示倦于教诲,其实只是根据弟子的学业情况区别对待而已。

⑦ 区:分别,区别。

⑧ 诬:言语不真实,欺骗。

⑨ 卒:完毕,结束。

【译文】

子游说:"子夏的学生,做些洒水扫地、迎送客人、周旋进退的事情是可以的,但这些不过是些末节的小事,根本的东西却没有学到,这怎么行呢?"

子夏听了,说:"唉,子游错了!君子之道,先传授哪一条,后传授哪一条,这就像草和木一样,都是应当分开加以辨别的。君子之道,怎么可以随意歪曲,欺骗学生呢?能做到按次序有始有终地教授学生们,恐怕只有圣人吧!"

【品鉴】

子游崇尚大道,以为大道和生活中的小事是无关的,子夏这样教育学生,是舍末求本。子夏不以为然,在他看来,大道就在日常的"洒扫应对进退"中。"本"在"末"中,"道"在"器"中,由末可以达于本,由器可以达于道。所以，子夏经常让弟子们学习那些简单的礼仪，训练学生从小事做起，让学生在洒扫应对进退的训练中体会宇宙人生的大道。

【原文】

子夏曰："仕而优①则学，学而优则仕。"

【注释】

① 优：有余力。

【译文】

子夏说："做官还有余力的人，就可以去学习，学习有余力的人，就可以去做官。"

【品鉴】

做官和学习是紧密联系在一起的两件事情。朱熹说得好，这两件事虽然不同，但道理是一样的。"仕而学，则所以资其仕者益深；学而仕，则所以验其学者益广。"(《四书章句集注》)

【原文】

子游曰："丧①致②乎哀而止。"

【注释】

① 丧（sāng）：跟死了人有关的（事情）。
② 致：表达，传达。

【译文】

子游说:"遇到丧事时,表达出哀伤就可以了。"

【品鉴】

孔子不是书生,他不像后世的一些"小人儒"那样,为"礼"而"礼",孔子于"礼"是取其实效,带有明显的"行"的特点。鲁人林放曾经就"礼之本"问教于孔子,孔子高兴地说:"大哉问!"接着便回答说:"礼,与其奢也,宁俭;丧,与其易也,宁戚。"(《八佾》)《礼记·檀弓上》也有一段话,与此可互相印证,其云:"子路曰:吾闻诸夫子,丧礼与其哀不足而礼有余也,不若礼不足而哀有余也。祭礼,与其敬不足而礼有余也,不若礼不足而敬有余。"可见,孔子于"礼"皆取其实效,而不拘泥于外表的繁文缛节。

【原文】

子游曰:"吾友张也为难能也,然而未仁。"

【译文】

子游说:"我的朋友子张,可以说是难得的了,然而还没有做到仁。"

【品鉴】

在儒家文化中,"仁"是一个极高的境界,一般人都做不到。众所周知,子路、宰予、冉有、冉雍、公西华等,皆各有所长,都是孔子比较得意的弟子,然孔子皆不轻许以仁,当时著名的政治家齐国的陈文子和楚国的令尹子文,孔子也只是许之以"清"和"忠",却不敢称仁。连他最得意的弟子颜回,他也只是说:"其心三月不违仁",其他弟子则只是

"日月至焉而已矣"(《雍也》)。可是，单单那个人家杀了他辅佐的公子，而他又厚着脸皮去做了人家的"卿"的既不知"礼"而又"器小""不俭"的管仲，却被孔子称作"仁"。

这是因为："桓公九合诸侯，不以兵车，管仲之力也。如其仁！如其仁！"(《宪问》)齐桓公多次主持诸侯间的盟会，停止了战争，这都是管仲的力量，管仲之"仁"正是体现在这一治国安民的实效当中，而这一点正是孔子评价一个人"仁"与不"仁"的关键。

对于管仲之"仁"，其实子贡也感到迷惑，孔子又为其解惑说："管仲相桓公，霸诸侯，一匡天下，民到于今受其赐。微管仲，吾其被发左衽矣。"(《宪问》)可见，管仲之所以被孔子称作"仁"，是因为他对上辅佐桓公称霸诸侯，使天下得以匡正；对下使百姓至于今仍蒙受其好处。如果没有管仲的话，恐怕我们都已经披头散发，沦落为衣襟向左边开的落后民族了。因此，只要能"行"得好，"行"得国治天下平，至于是否合"礼"，就是次要的事情了，这里的要害和关键是"行"。

【原文】

曾子曰："堂堂①乎张也，难与并为仁矣。"

【注释】

① 堂堂：容貌俊伟出众的样子。

【译文】

曾子说："子张已经很了不起了，但是还是难以达到仁。"

【品鉴】

子张尽管了不起，但还是很难达到仁。因为"仁"是和治国平天下联系在一起，有仁德的人一定要有事功，要能利国利民、济世安民。再好的人，没有行动，不做实事，就是说得再好听，不为老百姓做点实实在在的事情，也不能算"仁"。因此，在孔子眼里，"仁"绝不是一个空洞的思想目标，而是具有实践的内容。

【原文】

曾子曰："吾闻诸①夫子：人未有自致②者也，必也亲丧乎！"

【注释】

① 诸：之于。
② 自致：自己能够达到。

【译文】

曾子说："我听老师说过，没有人能够自动地把感情发挥到极致。如果有的话，一定是在丧失父母和亲人的时候。"

【品鉴】

人的最深层、最真切的感情或许只有在父母、亲人去世的时候，才能够发挥出来。孟子说："亲丧固所自尽也。"（《孟子·滕文公上》）父母和亲人的丧事本来就应该竭尽自己的心力。"自尽"，意谓竭尽自己的心力。孟子说，这个时候就应该竭尽自己的孝心，表达自己的哀伤之情。孟子是从伦理道德的角度谈人对父母、亲人的感情，而曾子则注重谈论在人的本性中是不是有这份真挚的感情。

【原文】

曾子曰："吾闻诸夫子：孟庄子①之孝也，其他可能也；其不改父之臣与父之政，是难能也。"

【注释】

① 孟庄子：鲁国大夫仲孙速。其父仲孙蔑，即孟献子，也是鲁国大夫，有贤德。

【译文】

曾子说："我听老师说过：孟庄子的孝，其他人也可以做到，但他不更换父亲的旧臣及其政治措施，这是别人难以做到的。"

【品鉴】

孔子认为："父在，观其志；父没，观其行；三年无改于父之道，可谓孝矣。"(《学而》)"孝"在这里是指在三年的守丧期内，无论父亲的执政措施善或者不善，都不能改变，这就是"孝"。曾子继承老师的思想，认为孟庄子为父亲尽一般的孝是容易做到的，而孟庄子在"谅阴之中，父臣及父政虽有不善者，不忍改之"，也就是说，父亲孟献子生前任用的大臣和处理的政事虽有不善，也不改变，这才是难以做到的。曾子是个大孝子，在今天看来，他的"孝"已经到了愚孝的地步。父亲打他时，无论多么重，他都不跑，老老实实地接受父亲的责罚。其所著《孝经》一书被列为十三经中的一经。

【原文】

孟氏使阳肤①为士师②，问于曾子。曾子曰："上失其道，民散久矣。如得其情，则哀矜而勿喜！"

【注释】

① 阳肤：曾子弟子七人，阳肤为其一。
② 士师：掌管刑狱的官。

【译文】

孟氏任命阳肤做掌管刑狱的官，阳肤向曾子请教。曾子说："国家政治不清明，丧失了大道，百姓早就离心离德了。如果你了解了这个实情，就应当怜悯他们，不要因为能治他们罪而自鸣得意。"

【品鉴】

社会混乱，大道沦丧，不是民众的过错。典狱之官不应该以能治人以罪而自喜，应该哀叹大道的缺失。同样的道理，孩子犯了错误，不要总是责怪孩子如何如何，应当思考父辈的错误。正是父辈教育不当，才使孩子不明是非，走向歧途。

【原文】

子贡①曰："纣②之不善，不如是之甚也。是以君子恶居下流③，天下之恶皆归焉。"

【注释】

① 子贡：姓端木，名赐，字子贡，孔子弟子。据说从师孔子之前，是个商人。在孔子眼里，子贡是个能言善辩的人，性格活泼，通达事理，喜欢评论别人的善恶是非。

② 纣：殷王帝乙之子，名辛，字受，又字纣，纣是其谥号，商王朝的最后一个君主，历史上有名的暴君。《列子·杨朱篇》说："天下之美归之舜禹周孔，天下之恶归之桀纣。"孔安国说："纣为不善以丧天下，后世憎甚之，皆以天下之恶归之于纣。"（程树德《论语集释》）

③ 下流：地形卑下之处，众流之所归。比喻人身上若有污点和卑贱的地方，恶名就会纷至沓来。

【译文】

子贡说："纣王的不善，不像传说的那样严重。所以君子憎恨处在卑下的地方，使天下一切恶名都归到他的身上。"

【品鉴】

司马迁在《史记·殷本纪》中说："(纣王)以酒为池，县肉为林，使男女裸相逐其间，为长夜之饮。"为了对付老百姓，纣又"重刑辟"，"有炮烙之法。"或许因此，后人皆认为纣王是淫荡残暴的君主，而不能历史地看待他。而据《史记·殷本纪》记载，商纣王博闻广见、思维敏捷、身材高大、膂力过人。他凭借自己的武力，多次征伐东夷，虽然劳民伤财，但是，他开拓了淮水流域，对中原文明的传播也具有积极的意义。

子贡在这里并非是想替纣王翻案，他只是警示人们应该从这件事情中得到教训，不要将自己置于不善之地，让恶名浸染自己。

【原文】

子贡曰:"君子之过也,如日月之食①焉。过也,人皆见之;更②也,人皆仰③之。"

【注释】

① 食:食,日食,月食。后来这个"食"写作"蚀"。
② 更:改也。
③ 仰:敬慕。

【译文】

子贡说:"君子的过错,好比日食、月食。他犯的错,人们都看得见;当他改正了错误,人们都敬慕他。"

【品鉴】

君子和一般人不一样,无论做什么事情都备受关注。君子所说的话、所做的事,正确的,老百姓会关注你;错误的,老百姓也会关注你。所以,做君子、做领导者,就要接受大家的监督,谨其言而慎其行。

【原文】

卫公孙朝①问于子贡曰:"仲尼焉②学?"子贡曰:"文武之道③,未坠于地④,在人⑤。贤者识其大者,不贤者识其小者,莫不有文武之道焉。夫子焉不学,而亦⑥何常师之有?"

【注释】

① 公孙朝:卫国大夫。

② 焉：哪里。

③ 文武之道：先王之道。

④ 坠于地：掉在地上。

⑤ 在人：在，在于；言人有能记之者。

⑥ 亦：副词，不过，只是。

【译文】

卫国的公孙朝问子贡说："仲尼的学问是从哪里学来的？"子贡说："周文王、周武王的大道，还没有失传，是因为有人把他们传承下来。贤能的人可以认识它的根本，不贤的人只了解它的细枝末节，文武之道无处不在。老师在什么地方不能学习，何必非要有固定的老师呢？"

【品鉴】

《庄子·知北游》记载了东郭子和庄子的一段对话。东郭子问庄子："所谓道，恶乎在？"庄子回答说："无所不在"，"在蝼蚁""在稊稗""在瓦甓""在屎溺"，就是说，道在万物之中，道无处不在，无时不有。一山一水，各有其道。处处留心皆是道。子贡深知这个道理，认为文武之道，圣王之道，早就流传于人间，深入于大众生活之中。虽然所识不同，但大贤、小贤皆在传道。正因此，孔子才说，三人行，必有我师焉。他老人家每次入太庙，就不断地询问和请教，处处留心皆学问。所以，圣人无常师，圣人也没必要非得有固定的老师。

【原文】

叔孙武叔①语大夫于朝曰："子贡贤于仲尼。"

子服景伯②以告子贡。

子贡曰:"譬之宫墙③,赐之墙也及肩,窥见室家之好。夫子之墙数仞④,不得其门而入,不见宗庙之美,百官⑤之富。得其门者或寡矣。夫子⑥之云,不亦宜⑦乎!"

【注释】

① 叔孙武叔:鲁国大夫孙州仇。

② 子服景伯:姓子服,名何,字伯,鲁国大夫。汉代鲁峻石壁画七十二弟子像有子服景伯的像,据此被清人朱彝尊补为孔子弟子。《史记·仲尼弟子列传》及《孔子家语·七十二弟子解》均没有列他为孔子弟子。

③ 宫墙:宫,房屋,住宅;宫墙,房屋外面的围墙。

④ 仞:长度单位。古代以七尺为一仞。

⑤ 官:房舍。

⑥ 夫子:指叔孙武叔。

⑦ 宜:合乎情理。

【译文】

叔孙武叔在朝廷上对大夫们说:"子贡比仲尼更贤。"

子服景伯把这话告诉了子贡。

子贡说:"用围墙来做个比喻,我家的围墙只有齐肩高,从围墙外就能看见家室之美。而老师家的围墙却有几仞高,如果找不到门进去,你就看不见里面宗庙的华美,和百官工作场所的丰富多彩。而能够找到门进去的人并不多。叔孙武叔之所以那么讲,不是合乎情理的吗?"

【品鉴】

　　古代士及庶人的围墙修建的约有肩膀那么高，而只有天子和诸侯，才有数仞之高的围墙，所以里面有宗庙和百官，唯有循得其门，进入其中，才能见到它内在的华美和富有。

　　子贡在这里用围墙的高矮来比喻自己和老师德才的差距。他认为，一般人根本赶不上老师的品格，甚至想学习都难以找到进入的门径，更不可能进入老师的境界中去，因而也就无法理解老师的智慧和品行。而叔孙武叔之所以认为子贡的贤德高于老师，是因为子贡的品德是一种看得见的品德，因为他的"院墙低"。孔子的德才有"数仞"之高，一般人"不得其门而入"，就参不透其中的奥妙与高明。

　　可见，子贡对自己老师的敬服之深。据《史记·孔子世家》载，孔子死后，弟子皆为其服丧三年，独子贡在鲁国城北的孔子墓旁，为老师守墓整整六年。

【原文】

　　叔孙武叔毁①仲尼。子贡曰："无以为也！仲尼，不可毁也。他人之贤者，丘陵也，犹可逾②也；仲尼，日月也，无得而逾焉。人虽欲自绝③，其何伤于日月乎？多④见其不知量⑤也。"

【注释】

　　① 毁：诽谤，讲别人的坏话。

　　② 逾（yú）：越过，超过。

　　③ 绝：断，断绝；自行断绝与他人的关系。

　　④ 多：只，仅仅。

　　⑤ 量：气量，抱负。

【译文】

叔孙武叔诽谤仲尼。子贡说:"没用!仲尼是诽谤不了的。其他人的贤德好比丘陵,可以超越过去;仲尼的贤德,那是太阳、是月亮,根本无法超越。虽然有人想要自绝于日月,那样做对日月有什么损害呢?只是他不自量力而已。"

【品鉴】

子贡在孔子弟子中,属于才华横溢的一类。《太平御览》卷九一五说:"子路勇且多力,其次子贡为智,曾子为孝,颜回为仁,子张为武。"子贡以其"智"著称。当有人问孔子说:"子贡何如人也?"孔子说:"辩人也。丘弗如也。"(《淮南子·人间训》)孔子承认自己的辩才赶不上子贡。据《史记·仲尼弟子列传》说子贡曾有"存鲁,乱齐,破吴,强晋而霸越"之功,故"子贡一使,使势相破,十年之中,五国各有变"。正因此,当时有一些人认为子贡比孔子更高明。但子贡不这么看,他把老师的德行比作日月。日月丽天,照临天下。任何想要诋毁圣人的人,无异于自绝于日月、天地,而无害于圣人的品格。

【原文】

陈子禽①谓子贡曰:"子为恭②也,仲尼岂贤于子乎?"

子贡曰:"君子一言以为知③,一言以为不知,言不可不慎也。夫子之不可及也,犹天之不可阶④而升也。夫子之得邦家⑤者,所谓立之斯立,道⑥之斯行,绥⑦之斯来⑧,动⑨之斯和。其生也荣,其死也哀。如之何其可及也?"

【注释】

① 陈子禽：陈亢，字子禽。

② 恭：恭敬，谦逊有礼。

③ 知：通"智"，聪明，智慧。

④ 阶：阶梯。

⑤ 得邦家：得邦，谓为诸侯；得家，谓为卿大夫。

⑥ 道（dǎo）：引导。

⑦ 绥：安抚。

⑧ 来：归服。

⑨ 动：鼓舞。

【译文】

陈子禽对子贡说："你是谦恭了，仲尼怎么能比您更有贤德呢？"

子贡说："君子的一句话可以表现出他的智慧，一句话也可以表现出他的愚蠢，所以说话不可不慎重。老师的仁德高不可及，正像天是不能够架起梯子爬上去一样。老师如果得到邦国而为诸侯或得到采邑而为卿大夫，那么教百姓立于礼，他们就会立于礼；引导百姓，他们就会跟随大道；安抚百姓，他们就会归顺；鼓舞百姓，他们就会齐心协力。老师生的光荣，死的可惜。这样的人，我怎么能赶得上他呢？"

【品鉴】

子贡并不是孔子最欣赏的弟子。但他却是维护孔子最甚的弟子。公孙朝、叔孙武叔、陈子禽等用不同的方法、从不同的方面诽谤仲尼。叔孙武叔说："子贡贤于仲尼。"陈子禽更是当面向子贡提出疑问："仲尼岂贤于子乎？"但是，子贡丝毫不为所动，还是诚心诚意地维护老师的学说，甚至说出了"夫子之不可及也，犹天之不可阶而升也"这样极端的话。透过子贡的言行，我们在体会孔子思想伟大的同时，更应感慨于子贡高洁的品质和他与孔子之间珍贵的师生之谊。

第二十章　尧曰篇

【原文】

尧曰："咨①！尔舜！天之历数②在尔躬③，允执其中④。四海困穷，天禄永终。"

舜亦以命禹。

曰："予小子履⑤，敢⑥用玄牡⑦，敢昭告⑧于皇皇后帝⑨，有罪不敢赦。帝臣不蔽，简⑩在帝心。朕⑪躬有罪，无以万方⑫；万方有罪，罪在朕躬。

周有大赉⑬，善人是富。虽有周亲，不如仁人⑭。百姓有过，在予一人。"

谨权量，审法度，修废官⑮，四方之政行焉。兴灭国，继绝世，举逸⑯民，天下之民归心焉。

所重：民、食、丧、祭。

宽则得众，信则民任⑰焉⑱，敏则有功，公则说⑲。

【注释】

① 咨（zī）：嗟叹声，在这里表示赞许的声音。《诗经·大雅·荡》是一首借文王之口指责殷纣王的讽刺诗，其中有："文王曰咨"，这

里的"咨"含有讥讽的意思。估计"咨"是当时的人常发出的一种表示感叹的声音，可以表示赞许，也可以表示讥讽。

② 历数：历，推算岁时节候的方法。《尚书·洪范》说："五祀：一曰岁，二曰月，三曰日，四曰星辰，五曰历数。""历数"，乃岁、月、日、星辰运行之法。《大戴礼记·曾子天圆》载曾子说："圣人慎守日月之数，以察星辰之行，以序四时之顺逆，谓之历。"朱熹解释说："历数，帝王相继之次第，犹岁时气节之先后也。"(《四书章句集注》)古人认为，帝位相承继，与天象运行的次序相对应，故称帝王继承的次第为"历数"，可以引申为"命运""大命"或"天命"。

③ 尔躬：尔，第二人称代词，你的。躬，身体。

④ 允执其中（zhōng）：允，信。中，中正，中和，不偏不倚，中正之道。朱熹解释说："无过不及之名。"刘宝楠《论语正义》说，"执中者"，谓"执中道而用之"。

⑤ 履（lǚ）：商朝开国国君汤的名字。

⑥ 敢：谦辞，有冒昧的意思。

⑦ 玄牡（mǔ）：玄，黑色。牡，公牛。玄牡，黑色的公牛，供祭祀所用。黑色是夏朝崇尚的颜色，商汤建国伊始，还采用夏代的礼来祭天。

⑧ 昭告：昭，明白。告，告诉。昭告，明告。

⑨ 皇皇后帝：皇皇，鲜明盛大的样子。后帝，天帝，上帝。

⑩ 简：检查，查阅。

⑪ 朕：我。自秦始皇以后专作皇帝的自称。

⑫ 无以万方：以，及、及于。无以，不要牵扯到。万方，万邦，各方诸侯，引申为全国各地、各地区。

⑬ 赉（lài）：赏赐。这里指分封诸侯。

⑭ 虽有周亲，不如仁人：《左传·昭公二十八年》记载，"昔武王克商，光有天下。其兄弟之国者十有五人，姬姓之国者四十人，皆举亲也。夫举无他，唯善所在，亲疏一也。"就是说，昔日周武王讨伐商纣，拥有天下以后，分封了一批功臣，其中自家宗亲占了大多数。古代人主张"举贤不避亲"，推举贤能的人不避讳自己的亲人，只要品德好，有能力，亲、疏一样可以提拔。

⑮ 谨权量，审法度，修废官：权，秤也。量，斗斛也。法度，谓车服旌旗之礼仪也。废官，废阙的官职。

⑯ 逸：逸，通"佚"，亡失，散失。

⑰ 任：信任。

⑱ 信则民任焉：有多个版本无此句，故有疑此句为衍文。

⑲ 说（yuè）：通"悦"，愉快，高兴。

【译文】

尧说："好哇！你这位舜！上天赐给的大命已经落在你的身上了，诚信地执行中正之道吧！假如天下百姓都陷入困苦和贫穷中，上天赐给你的禄位也就会永远终止了。"

舜也这样告诫过禹。

（商汤）说："我后生小子履冒昧地用黑色的公牛来祭天，向伟大的天帝明告：有罪的人我不敢擅自赦免，您的臣仆的罪恶我也不敢掩盖，这些您的心里都清楚明白。我本人若有罪，不要牵连到四方诸侯百姓，四方诸侯百姓若有罪，都归我一个人来承担。"

周朝加大赏赐，分封诸侯，善人都能得到富贵。（周武王）说："周朝虽有至亲，不如有仁德的人。百姓有过错，都在我一人身上。"

谨慎地检查度量衡，周密地审查礼仪制度，修复废阙的官职，让全国的政令畅通无阻。复兴被前人非理灭亡了的国家,让被断绝了的贤人之世重享祭祀,提拔被遗落的人才,天下百姓就会真心归服了。

所重视的四件事:民众、粮食、丧礼、祭祀。

宽容就能得到百姓的拥护,诚信就能得到百姓的信任,勤敏就能取得功业,公平就会使百姓高兴。

【品鉴】

《礼记·中庸》说孔子"祖述尧舜,宪章文武"。朱熹《四书章句集注》解释说:"祖述者,远宗其道。宪章者,近守其法。"孔子主张远承尧舜的传统,近取文武的法则,而"孟子道性善,言必称尧舜"(《孟子·滕文公上》)。可见,尧舜之道是以孔子、孟子为代表的儒家思想的源头,也是儒家德性思想一以贯之的一个道统,这个道统就是以尧舜之道肇启其端,并不断被后人所追述,才得以传承和发扬光大的。

上天赐予尧、舜、禹、商、周之禄位,就等于把治理国家的大命交给他们,希望他们不要辜负万方百姓的期待。而"民、食、丧、祭"是首先要重视的问题,在孔子的时代,宗教事务与人民群众的日常生活有着密切的关系。为政者对待民众的态度要"宽""信""敏""公",这样,才能赢得民众的爱戴,才能归服天下民心。

【原文】

子张问于孔子曰:"何如斯可以从政矣?"

子曰:"尊①五美,屏②四恶,斯可以从政矣。"

子张曰:"何谓五美?"

子曰:"君子惠而不费,劳而不怨,欲而不贪,泰而不骄③,威而不猛。"

子张曰:"何谓惠而不费?"

子曰:"因民之所利而利之,斯不亦惠而不费乎?择可劳而劳之,又谁怨?欲仁而得仁,又焉贪?君子无众寡、无小大,无敢慢④,斯不亦泰而不骄乎?君子正其衣冠,尊其瞻视⑤,俨然人望而畏之,斯不亦威而不猛乎?"

子张曰:"何谓四恶?"

子曰:"不教而杀谓之虐;不戒视成⑥谓之暴;慢令致期⑦谓之贼;犹之⑧与人也,出纳⑨之吝⑩谓之有司⑪。"

【注释】

① 尊:遵行。《方言》说:"尊,行也。""尊行五美,非尊崇之谓。"

② 屏(bǐng):除去,排除。

③ 泰而不骄:通达安适却不骄狂。泰,通达,安适。骄,自满,自高自大。《学而》:"贫而无谄,富而无骄。"

④ 慢:怠慢。

⑤ 瞻视:人的外表。

⑥ 不戒视成:戒,告诫,警告。视成,看到成功。马融说:"责目前之成,故谓之视成也。"(皇侃《论语义疏》)

⑦ 慢令致期:致期,期限。开始怠慢而又忽然提出期限。意谓对民众没有信任,做事情不给明确的期限,随意处罚。

⑧ 犹之:均之,同样。

⑨ 出纳:这里是"出"的意思。

⑩ 吝:迟疑不决。

⑪ 有司:管理财物的小官,这里形容气量狭小的人。李光地《论语劄记》说:"欲出则吝其利,欲纳则又吝其名,无大德,而屑屑计较

于小惠之间，是有司之事。"

【译文】

子张问孔子说："怎样才可以从事政治呢？"

孔子说："尊行五种美德，去除四种恶政，就可以治理政事了。"

子张问："五种美德是什么？"

孔子说："君子要给百姓以恩惠而自己却不会耗损资财；使百姓劳作而不使他们怨恨；追求仁德而不贪图财利；心绪舒泰而不骄慢；神态威严而不凶猛。"

子张说："怎样叫要给百姓以恩惠而自己却无所耗费呢？"

孔子说："让百姓们去做对他们有利的事，这不就是对百姓有利而不浪费自己的资财吗？让那些愿意劳动的人去干活，这又有谁会怨恨呢？追求仁德便得到了仁，不能说是贪吧？君子对人，无论多少，势力大小，都不怠慢他们，这不就是保持一颗平常心而不傲慢吗？君子衣冠整齐，仪态端庄，庄重的样子让人见了就心生敬畏，这不也是神态威严而不凶猛吗？"

子张问："什么叫四种恶行呢？"

孔子说："不经过教化便加以杀戮叫作残酷不仁；不加以告诫便要求成功叫作武断暴躁；不加规定而突然限期叫作贼害，同样是给人财物，却出手吝啬，叫作小气。"

【品鉴】

孔子的德政思想在《论语》中处处都有体现。"为政以德"是其政治思想的中心概念。而"为政以德"的"德"强调的正是为政者自己的道德修养。在《颜渊》篇中季康子问政于孔子，孔子说："政者，正也，子帅以正，孰敢不正？"在《子路》篇中，孔子又说："其身正，不令而行；其身不正，虽令不从。"为政者自身行为端正，就是不发命令，百姓也会跟从。为政者自身作风的"正"与"不正"，直接影响到国家政局的稳定与否。

孔子从来不喜欢空谈自己的想法，而是始终把为政者的行为与实际的社会政治效果联系在一起，在社会运作的层面上既强调"爱人"又强调"爱己"。为政者的心里首先装的是百姓，把给予百姓切身利益放在首位，首先要有他人，要学会爱他人，然后树立起为政者个人的道德形象，也就是要学会自爱。

在"五美"中，前面两条都是关于百姓的议题，既给予百姓恩惠又不铺张浪费，体恤百姓使他们劳作而不抱怨，后三条则是关于为政者自己，要把追求仁德作为最高的道德目标而不贪求更多的东西，要保持个人心态平和而不骄傲自大，保持个人道德威严又不使人看起来凶悍生硬。

与美善的行为相对，四种恶的行为在孔子看来是不良的行为："虐""暴""贼""有司"，即不加以教育就杀戮，不事先告诫仅凭结果如何就处置，不事先通告就突然给出最后的期限，给人财物却出手吝啬。可见，"四恶"主要是对待他人的态度和行为中不能充分体现为政者的大爱、大德。对待百姓首先要教育，要事前告诫，事先通告，不能任由自己的一时兴起，就随意决策。既然给予，就不要小里小气。

一句话，为政者要尊美屏恶，始终把老百姓的利益放在第一位。

【原文】

孔子曰："不知命①，无以为君子也；不知礼，无以立②也；不知言，无以知人③也。"

【注释】

① 命：天命，命运。这里指物质世界的必然性和规律性。
② 立：立身于世。
③ 知人：了解他人。

【译文】

孔子说："不懂得物质世界的原理和法则，就不能成为君子；不知道礼义，就不能立身处世；不善于分辨别人的话语，就不能真正了解他人。"

【品鉴】

人这一辈子，见过、听过、看过、经历过许多的事，如果你从不去思考，从不去反省，不去想想你的人生追求、人生目标，你要走一条什么样的人生道路，或许你的人生意义就被隐藏在慌乱的脚步中。

荀子早就说过："人之所以为人者，非特以二足而无毛也，以其有辨也。"《荀子·非相》人之所以为人，就在于你能思考，"人之为人者，礼义也。"《左传·昭公七年》也说："礼，人之干也。无礼，无以立。"孔子也说："不学礼，不以立。"人之所以为人，是因为懂得并且接受礼义，知道自己应尽的责任和义务。因此，人有智慧，能思辨，具有创造能力，能够把握天道，是"万物之灵"。

孔子崇尚圣贤，赞美君子，因为君子能够知道天命，能够知道自己这辈子要做什么，知道人为什么要活着，怎样活着。他说："吾十有五而志于学，三十而立，四十而不惑，五十而知天命，六十而耳顺，七十而从心所欲，不逾矩。"孔子十五岁开始立志于学，三十岁成就了立身之本，但很多事情还是等到四十岁时才明白。五十岁时终于知道了万事万物之中的大道，而六十岁时，就什么话都能够听进去了。到了七十岁时，就是随心所欲也不会超越法度和规矩了。孟子发展了孔子的思想，说得更直接和明了，"尽其心者知其性也，知其性则知天矣。"（《孟子·尽心上》）人之高明就在于知道自己，了解自己的心性，不断修养道德，最终知天命，明大德，行大道。这是人生的崇高目标。

可以说，人这一生既是"知命"明理的过程，也是"立命"行道的过程。这一过程并不是把我们局限在人生的环形跑道里，而是要我们充分发挥主体意识，不断塑造自我，实现自我。

《论语》就是一部告诉我们究竟应该怎样看宇宙，怎样看人生，怎样看自己，怎样看社会的智慧经典。

参考书目

1. 何晏、邢昺：《论语注疏》，北京大学出版社1999年版。
2. 皇侃：《论语义疏》（儒藏本），北京大学出版社2005年版。
3. 何晏：《论语集解》（儒藏本），北京大学出版社2005年版。
4. 程树德：《论语集释》，中华书局1997年版。
5. 刘宝楠：《论语正义》，中华书局2007年版。
6. 张居正：《张居正讲评论语》，上海辞书出版社2007年版。
7. 杨树达：《论语疏证》，江西人民出版社2007年版。
8. 朱熹：《四书章句集注》，中华书局1983年版。
9. 司马迁：《史记》，中华书局1999年版。
10. 朱彬：《礼记训纂》，中华书局1998年版。
11. 王聘珍：《大戴礼记解诂》，中华书局2004年版。
12. 李昉等：《太平御览》，中华书局1960年版。
13. 高亨：《诗经今注》，上海古籍出版社1980年版。
14. 马瑞辰：《毛诗传笺通释》，中华书局1989年版。
15. 孙星衍：《尚书今古文注疏》，中华书局1986年版。
16. 杨伯峻：《春秋左传注》，中华书局1990年版。

17. 洪亮吉：《春秋左传诂》，中华书局 1987 年版。

18. 杨伯峻：《孟子译注》，中华书局 1960 年版。

19. 焦循：《孟子正义》，中华书局 1987 年版。

20. 王先谦：《荀子集解》，中华书局 1988 年版。

21. 廖明春、邹新明校点：《孔子家语》，新世纪万有文库 1997 年版。

22. 黎靖德编：《朱子语类》，中华书局 1994 年版。

23. 李启谦：《孔门弟子研究》，齐鲁书社 1988 年版。

后记

中华文化从远古一直延续发展到今天，成为世界上唯一没有断流的文化。为什么中华文化能够在几千年的历史长河中顽强生存和不断发展呢？很重要的一个原因，就是我们民族有一脉相承的精神追求、精神特质、精神脉络。这种"精神追求、精神特质、精神脉络"，要到哪里去追寻呢？1988 年 75 位诺贝尔奖获得者在巴黎聚会，讨论 21 世纪世界的前途，认为："人类要在 21 世纪生存下去，就要到 2500 年前的孔子那里去汲取智慧。"

孔子是我国伟大的思想家、教育家、政治家，是中华民族的至圣先师，是儒家学派的创始人，也是儒家思想的奠基者。以孔子为代表的儒家思想是中华传统文化的基础和主流，对中华民族的心理素质、生活方式、价值取向、礼仪习俗和道德规范等方面都产生了极为重要而深远的影响。学习研究孔子思想，最主要的经典就是《论语》。

《汉书·艺文志》说："论语者，孔子应答弟子时人及弟子相与言而接闻于夫子之语也。当时夫子各有所记。夫子既卒，门人相与辑而编纂，故谓之论语。""论"是编纂的意思，"语"则是指"言论"，这里指的是孔子的言论。《论语》是孔子弟子们为记录孔子言行而编辑的语录文集，成书于战国前期，历经了前后大约 400 多年的历史才得以完全定型。可以说，《论语》是集体智慧的结晶，是儒家思想的奠基之作，也是记录孔子思想言行的第一手资料，《论语》的编纂见证了儒家学派的诞生和儒学思想形成的历史过程。

《论语》注释和疏解的本子已经很多了，本书所做的工作不是在众多《论语》注疏的本子中再增加一个重复性的文本，而是在取古今《论语》注疏众家之长的基础上，还原孔子思想的本意，呈现孔子思想的原貌，帮助读者回到儒家思想的"原点"。这就需要我们，既要充分尊重前人和时贤的研究成果，又要根据自己独立的研究给出符合实际的诠解。不存心求异，也不拘于成说。这样一项重读孔子的工作，既是儒学自我更新与不断创新的内在使命，更是实现中华优秀传统文化的创造性转化和创新性发展的客观要求。

习近平总书记指出："中华优秀传统文化是中华民族的精神命脉，是涵养社会主义核心价值观的重要源泉，也是我们在世界文化激荡中站稳脚跟的坚实根基。"因此，我们要理直气壮地继承和弘扬中华民族传统美德。对先人传承下来的文化和道德规范，要在去粗取精、去伪存真的基础上，采取兼收并蓄的态度，坚持古为今用、推陈出新的方法，有鉴别地加以对待，有扬弃地予以继承，以服务于中国特色社会主义文化建设和文化强国的伟大事业。遵循这样的思维理路，我们撰写了这本小书。不妥和错讹之处，敬请读者同仁批评赐正！

作 者

2022 年 3 月 18 日